我国预防性刑事立法的扩张及其限制研究

陈小平◎著

上海交通大学出版社
SHANGHAI JIAO TONG UNIVERSITY PRESS

前言 | PREFACE

随着工业化、信息化、全球化及风险社会的到来，不断呈现出一些新型的风险和违法犯罪行为，以结果为本位的传统刑法在面对风险社会中产生的风险显得难以有效应对。以预防法益侵害危险、防范化解和控制风险实现社会控制为目的，以犯罪化、安全价值优位、法益保护前置、刑法干预早期化、刑罚积极预防等为特征的预防性刑事立法因应而生。然而，预防性刑事立法的出现引发了学者的不同看法，有的赞同，有的反对和担忧，有的折中。本书从因应社会变迁的角度，对预防性刑事立法的形成和发展、预防性刑事立法在我国的扩张进行了梳理，分析了我国预防性刑事立法扩张的正当性根据、预防性刑事立法扩张的危险，并提出了我国预防性刑事立法过度扩张的限制构想，建构了宪法性防控机制、刑法保障机制、预防性刑事立法的方向、要求和具体限制条件。最后，以我国恐怖犯罪立法为例，对我国预防性刑事立法的扩张与限制进行个罪检验，并对我国恐怖犯罪立法提出了完善建议。

第一章，阐述预防性刑法观视野下的刑事立法，对预防性刑法观视野下的刑事立法的形成和发展进行了梳理。随着社会变迁，新的风险、危险源不断增加，传统以结果为本位的刑法观难以有效面对风险后果的严重性和风险归因的复杂性，其法益保护的滞后性使得法益损害难以提前预防和控制。以预防为导向，基于对安全的优位关注，以法益保护前置化、刑法干预早期化等为特征，着眼于防范法益侵害危险，以实现有效社会控制，有别于"事后干预性刑法"的预防性刑事立法观或立法方式因应而生。预防性刑事立法由传统的以惩罚犯罪为中心向预防和控制犯罪为中心转向;由消极的法益保护观向积极的法益保护观转向;由结果无价值向行为无价值转向;预防和控制社会风险、追求安全成为价值优先选择。其特征表现为:刑法介入及法益保护前置化,积极预防功能凸显;严密刑事法网,扩张刑罚权,犯罪化、活性化倾向明显;刑法的刑事政策化及工具属性凸显。

第二章,分析预防性刑事立法在我国的扩张。我国的刑事立法及修正案通过预备行为实行化、共犯行为正犯化,增设危险犯,将结果犯调整为危险犯,将具体危险犯调整为抽象危险犯,调整构成要件该当性要素,减少归责阻却事由,调整责任要素,增设禁止令、从业禁止令等保安处分措施,以及财产刑及刑事诉讼救济措施等方式,不断扩张刑罚适用范围,前置法益保护,提前刑法介入,严密刑事法网,以预防和控制法益侵害及其威胁,维护社会安全与秩序。

第三章,探寻我国预防性刑事立法扩张的正当性根据。从功利主义刑法立法原理、行为无价值的违法性根据、风险刑法理论三个方面分析探索我国预防性刑事立法扩张的正当性理论基础或根据。分析预防性刑事立法扩张的实践根据,即当代中国社会转型、矛盾凸显的社会背景,以及法益侵害及其重大危险发生的客观事实,促使预防性刑事立法因应而生。

第四章,列举我国预防性刑事立法扩张的危险。预防性刑事立法在预防和控制法益侵害及其危险,法益保护前置,刑法干预早期化、扩大化、能动化,积极维护安全与秩序的同时隐含着脱离法治原则极端工具化倾向、模糊刑法界限、侵犯公民自由和权利保障,甚至背离立法目的、阻碍经济社会创新发展的危险。

第五章,系统提出我国预防性刑事立法过度扩张的限制框架。从宪法层面构建了防控机制,包括:坚守人民主权原则、保障人权底线原则、贯彻比例原则和理性恪守刑法谦抑性原则。在刑法保障机制方面,着重强调对罪刑法定、法益保护、责任主义等基本原则的理性坚守。笔者进一步提出了预防性刑事立法的三重维度限制体系:首先,明确"宽严相济、严而不厉"的总体方向;其次,确立科学性、有效性的立法要求;最后,从微观层面设定具体限制条件,包括:①"确定的"紧迫法益侵害危险要件;②"严重或重大"的法益侵害危险要件;③"实质的"法益侵害危险要件;④ 限于故意及特别过失的主观要件;⑤ 例外性立法方式。这一框架由宏观至微观层层递进,形成了系统化的预防性刑事立法扩张限制体系。

　　第六章,以我国恐怖犯罪立法为例,对我国预防性刑事立法的扩张与限制进行个罪检验,并对我国恐怖犯罪立法提出完善建议。为应对恐怖犯罪日益严峻的形势、预防和控制恐怖犯罪对法益的严重侵害及其威胁、维护国家和人民生命财产安全的法益,我国通过《刑法(修正案)》不断扩张恐怖犯罪的处罚范围,加大处罚力度。通过预备行为实行化、帮助行为正犯化等方式将刑法介入提前、法益保护前置,以实现刑法干预早期化、扩大化、能动化。但目前我国恐怖犯罪立法的扩张存在基础性概念立法不明确、个别罪名法益关联性稀薄等问题。对此,我国的恐怖犯罪立法应坚守明确性原则,明确恐怖犯罪基本概念的内涵和外延,完善恐怖犯罪罪名体系,理性坚守责任主义原则,对部分罪名考虑设立目的性的主观超过要素,即增加"为了实施恐怖活动"的目的性规定,在适度扩张犯罪圈、前置法益保护的同时防止侵犯人权。

目录 | CONTENTS

导　论

一、本书研究的背景与意义

20 世纪中期以来人类社会经历了多次社会转型,工业化、信息化、全球化深刻改变了人类的生产方式和社会秩序,其一方面带来了科技的进步、物质的丰富,促进了人类社会的极大发展;另一方面,也带来了许多新型的危险,例如交通事故、核辐射、食品安全、环境污染、经济犯罪、计算机犯罪、信息网络犯罪、恐怖主义犯罪等。随着危险源、危险犯、新型犯罪的大量出现,刑法的预防机能逐渐凸显,预防性刑法作为一项整体性的国家刑事政策,在晚近各国与新类型的犯罪应对中逐渐形成,预防性刑事立法渐成趋势。

强调刑法的预防机能在我国 1979 和 1997 年《中华人民共和国刑法》(以下简称《刑法》)中均有体现,都规定了处罚预备犯和未遂犯,设立了危险犯。而预防性刑事立法作为整体性立法指导思想,则形成于我国近年来出台的《刑法(修正案)》中,特别是在《刑法修正案(八)》《刑法修正案(九)》《刑法修正案(十一)》中。这种刑事立法的犯罪圈的扩大化、干预早期化、前置化、活性化、能动化,引发了学界的不同评价。有的学者担心这种立法趋向违背了启蒙古典自由刑法精神,存在侵蚀基本价值自由、法治核心价值的潜在风险;有的学者认为这种立法趋向在总体上具有客观必然性和实践合理性,但《刑法修正案》的某些条款在目的性、明确性与体系逻辑性上存在瑕疵。预防性刑事立法的衍生有其相应的时代背景与社会现实需求,其在我国的本土化及其演进是对工业社会、信息社会、风险社会、全球化时代背景的因应,是我国不断出现的危险犯罪、信息网络犯罪、食品安全犯罪、经济犯罪、环境犯罪、恐怖主义犯罪等新类型犯罪的现实应对需求,是维护国家政治安全、保障社会安全秩序和公民权利的现实需要,是重大法益侵害及其危险保护的需要,有其正当化的理论根据和现实需要根据。如何理性面对预防性刑事立法扩张的趋向,辩证地肯定其正当性、合理性、作用性,针对预防性刑事立法扩张的危险建立合理的宪法性制约机制和刑法保障机制,并设定合理的限制条件,采取恰当的立法方式,从立法方向寻求理性、科学的预防性刑事立法限制路径,使之既能预防和控制潜在的法益侵害危险、打击犯罪,保障国家和社会的安全秩序,又能合理地控制预防性刑事立法对自由、法治核心价值侵蚀的潜在危险,依法保障公民的宪法权利,为我国在工业社会、信息社会、风险社会、全球化时代背景下的刑事立法提供有益参考,成为本书研究的目的。

在当前工业化、信息化、全球化深入发展,风险社会特征日益凸显的转型背景下,新型危险与新型犯罪不断涌现,预防性刑事立法在我国呈现出明显的扩张趋势。针对这一现象,亟须从理论和实践两个维度进行深入探讨:既要系统考察其正当化的理论基础与现实依据,又要清醒认识其对公民宪法权利和法治原则可能带来的潜在风险。在此基础上,应当构建包括宪法性制约机制、刑法保障机制和具体限制条件在内的风险防控体系,为预防性刑事立法确立科学合理的边界。这一研究具有双重重要意义:在理论层面,不仅能够丰富我国预防性刑事立法的理论内涵,而且有助于理性审视社会转型期刑事立法的价值取向与发展趋势,为构建预防性立法的限制路径提供理论支撑;在实践层面,对于准确把握我国预防性刑事立法的发展方向、建立科学的刑事立法机制,妥善平衡安全、秩序与自由之间的张力,进而推动刑事立法与司法实践的良性发展、促进法治国家建设都具有重要的现实指导价值。

二、国外研究现状

自 20 世纪 80 年代德国著名社会学者乌尔里希·贝克在《风险社会》一书中首次提出"风险社会"概念以来,社会科学各领域开始对现代社会的风险状态进行关注与思考。[1] 德国学者根据风险社会的背景、状态,提出

---

[1] [德] 埃里克·希尔根多夫:《德国刑法学:从传统到现代》,江溯、黄笑岩等译,北京大学出版社 2015 年版,第 238 页。

了风险社会下的"风险刑法"或"危险刑法"概念,对风险刑法、预防性刑法的走向等进行了探讨和研究。20 世纪 90 年代,德国一些学者对风险刑法中刑法保护的前移、刑法在预备阶段的犯罪扩大化、刑法预防功能的凸显、抽象危险犯的增加、法益保护功能的变化等发表了自己的看法。肯定者认为,在巨大的危险斗争中,刑法应当对令人难以忍受的危险行为进行提前干预,抽象危险犯的设置具有预防效果,具有合理性,例如库伦证明了抽象危险行为构成的预防效果,并认为在与"巨大危险的斗争"中,人们必须对存在于未来将出现后果的预备阶段的不适当危险行为进行安排;① 许内曼主张刑法应坚守法益保护,与此同时,应当对令人无法忍受的危险行为进行干预。② 另外一些学者则提出了批评,认为刑法前移的预防性刑法将带来危险,反对通过预防性刑事立法来解决有组织犯罪等社会风险问题,主张将刑法从危险预防性控制中撤出,缩减为"核心刑法",例如,德国赫尔左克在其 1991 年出版的《社会不安全和刑法存在的预防:关于在危险领域中刑法保护前移的研究》一书中指出:"通过危险刑法所产生的刑法的危险。"③一些"法兰克福学派"的代表也不赞成借助一种预防性的刑法来解决现代社会存在的诸如电子数据、环境、有组织犯罪等"现代"性问题,例如哈赛默主张将刑法限缩为"核心刑法",对这些所谓的"现代"性问题希望通过一种"干涉法"来解决;④阿尔布雷希特支持一种转向属于民法、公法或者社会法的"恰当的控制形式,认为刑法应从无所不包的预防性控制要求中退出。"这一观点与吕德森的观点是不一致的,吕德森不赞成将刑法仅限

---

① [德]克劳斯·罗克辛:《德国刑法学总论(第 1 卷):犯罪原理的基础构造》,王世洲译,法律出版社 2005 年版,第 18—19 页。

② [德]克劳斯·罗克辛:《德国刑法学总论(第 1 卷):犯罪原理的基础构造》,王世洲译,法律出版社 2005 年版,第 18—19 页。

③ [德]克劳斯·罗克辛:《德国刑法学总论(第 1 卷):犯罪原理的基础构造》,王世洲译,法律出版社 2005 年版,第 19—20 页。

④ [德]克劳斯·罗克辛:《德国刑法学总论(第 1 卷):犯罪原理的基础构造》,王世洲译,法律出版社 2005 年版,第 20 页。

制在传统违法行为这个"核心领域",他认为这是向"阶级刑法的倒退。"①
还有一些学者在否定中包含着肯定(或者是既不完全肯定,也不完全否
定),他们认为,面对风险来临,刑法应当介入预防,保护受威胁的法益,而
不应撤出,但不应忽视刑法的保障作用,扩张应有一定的限度,例如,埃里
克·希尔根多夫在《德国刑法学:从传统到现代》一书中评价沃尔夫冈·
瑙克在论及德国《刑法典》已脱离以保护个人权利为主旨的古典自由主义
刑法模式,并已延伸至有组织犯罪、恐怖主义犯罪、环境犯罪以及高科技犯
罪等新领域的观点时,认为瑙克的观察是正确的,德国刑法并非在谦抑,而
是在向古典刑法理论之外的其他新领域进行扩展,且在评价这种发展时,
不能轻率地进行批判,而且事实上纯粹的古典自由主义刑法从未存在过,
其在经历了多次修改之后,当今的刑法远比 30 年前更加符合时代精神。②
乌尔里希·齐白在《全球风险社会与信息社会中的刑法:二十一世纪刑法
模式的转换》一书中谈道:"预防性刑法的发展",指出恐怖主义在现代风险
社会中引发了新型的复杂的危险,并以《处罚严重危害国家暴力犯罪之预
备行为的立法草案》为对象,从教义学的角度探讨了新型预防性刑法处罚
犯罪预备行为的合法性及其界限。③

　　近年来,一些德国和日本学者对"刑法与危险"的关系进行了研究,其关
注的主题是"刑法与危险"或"危险与刑法",他们对如何应对化学性物质污染
环境、原子核等放射性物质的事故、恐怖主义犯罪等问题进行了新的思考。

　　虽然这些学者在研究风险刑法时大多离不开关于刑法预防的研究。
但多数只是停留在对这种现象的肯定或否定或折中评价上,较少进行系

---

① 〔德〕埃里克·希尔根多夫:《德国刑法学:从传统到现代》,江溯、黄笑岩等译,北京大
　　学出版社 2015 年版,第 246—248 页;〔德〕克劳斯·罗克辛:《德国刑法学总论(第 1
　　卷):犯罪原理的基础构造》,王世洲译,法律出版社 2005 年版,第 20 页。

② 〔德〕埃里克·希尔根多夫:《德国刑法学:从传统到现代》,江溯、黄笑岩等译,北京大
　　学出版社 2015 年版,第 246—248 页。

③ 〔德〕乌尔里希·齐白:《全球风险社会与信息社会中的刑法:二十一世纪刑法模式的
　　转换》,周遵友、江溯等译,中国法制出版社 2012 年版,第 197—225 页。

统、深入的研究。

三、国内研究现状

我国预防性刑事立法的研究肇始于风险刑法观念。近年来,随着我国食品药品安全、环境污染、交通事故、恐怖主义等事件的发生,我国学者开始敏锐地感觉到中国已进入风险社会的转型期。在这种背景下,一些学者开始研究风险刑法。[①] 之后,众多学者相继投入这一领域展开深入研究,例如高铭暄教授发表了《风险社会中刑事立法正当性理论研究》;[②]陈兴良教授、刘明祥教授、夏勇教授分别发表了《"风险刑法"与刑法风险:双重视角的考察》《"风险刑法"的风险及其控制》《"风险社会"中的"风险"辨析:刑法学研究中"风险"误区的澄清》;[③]张明楷教授、刘艳红教授、卢建平教授分别发表了《"风险社会"若干刑法理论问题反思》《"风险刑法"理论不能动摇刑法谦抑主义》《风险社会的刑事政策与刑法》;等等。[④] 部分学者在研究风险刑法时,注重研究刑法的预防功能,例如劳东燕教授的著作《风险社会中的刑法:社会转型与刑法理论的变迁》,谈到了风险社会理论与刑法体系的预防走向;[⑤]张晶在《风险刑法:以预防机能为视角的展开》一书中谈到了风险刑法的预防机能;[⑥]等等。

① 劳东燕:《公共政策与风险社会的刑法》,《中国社会科学》2007 年第 3 期。
② 高铭暄:《风险社会中刑事立法正当性理论研究》,《法学论坛》2011 年第 4 期。
③ 陈兴良:《"风险刑法"与刑法风险:双重视角的考察》,《法商研究》2011 年第 4 期;刘明祥:《"风险刑法"的风险及其控制》,《法商研究》2011 年第 4 期;夏勇:《"风险社会"中的"风险"辨析:刑法学研究中"风险"误区之澄清》,《中外法学》2012 年第 2 期。
④ 张明楷:《"风险社会"若干刑法理论问题反思》,《法商研究》2011 年第 5 期;刘艳红:《"风险刑法"不能动摇刑法谦抑主义》,《法商研究》2011 年第 4 期;卢建平:《风险社会的刑事政策与刑法》,《法学论坛》2011 年第 4 期。
⑤ 劳东燕:《风险社会中的刑法:社会转型与刑法理论的变迁》,北京大学出版社 2015 年版。
⑥ 张晶:《风险刑法:以预防机能为视角的展开》,中国法制出版社 2012 年版。

随着我国《刑法修正案(八)》和《刑法修正案(九)》的出台,我国学者开始对这种立法犯罪圈扩大化、活性化、干预早期化的预防性立法现象进行研究与评价。反对者认为,"风险社会"是文化或治理的产物,并不一定是社会的真实状态,不应该将"风险社会"当作刑法必须做出反应的社会真实背景,以刑法控制风险的做法反而会增加更多的风险。[1] 何荣功教授在《社会治理"过度刑法化"的法哲学批判》一文中认为,《刑法修正案》使得国家刑罚权力扩大、公民自由受到限缩,这昭示着工具主义在我国的刑事立法中得以体现,使国家权力与公民权利之间的结构得到改变,刑法的公众认同遭到削弱,社会创新也会受到阻碍。[2] 之后,他又发表了《预防刑法的扩张及其限度》一文,认为预防刑法源于社会变迁的适应性及刑法的开放发展,与传统刑法相比存在结构性差异,我国经历了碎片化条款到类型化立法的转变,这一转变虽然实现了有效的社会控制,但隐含着模糊和扩张刑法干预界限的风险。[3] 支持者认为,立法犯罪圈扩大化、干预早期化是对当下社会情势的反应。反对者的批判通常以古典理念的刑法思想为支撑,例如,劳东燕教授在其《风险社会中的刑法:社会转型与刑法理论的变迁》一书中强调,风险社会是一种客观存在的状态,刑法应根据社会情势进行变化应对,并提出了"风险刑法"的观点。[4] 周光权教授在《积极刑法立法观在中国的确立》一文中指出,学界对《刑法修正案(八)》以及《刑法修正案(九)》所体现出的大幅扩张的态势,基本上全是批评,主要是批评《刑法》膨胀过快、对社会生活进行了过度干预,且呈现出工具化特征,有违《刑法》的谦抑性,而且与刑法教义学的基本原理相抵触等,但他认为,上述批评并非与我国当下的时代精神相契合,而且某些批评经不起推敲,其将消极刑

---

① 张明楷:《"风险社会"若干刑法理论问题反思》,《法商研究》2011 年第 5 期。

② 何荣功:《社会治理"过度刑法化"的法哲学批判》,《中外法学》2015 年第 2 期。

③ 何荣功:《预防刑法的扩张及其限度》,《法学研究》2017 年第 4 期。

④ 劳东燕:《风险社会中的刑法:社会转型与刑法理论的变迁》,北京大学出版社 2015 年版。

法立法观作为立足点,无法有效回应当前中国的社会情势。① 折中者的观点认为,刑法干预早期化、犯罪圈不断扩大,虽然总体上具有客观必然性和实践合理性,但是并不代表可以忽略法治保障,预防性刑法理念是对风险社会的因应,需要合理控制,例如梁根林教授在《刑法修正:维度、策略、评价与反思》一文中认为,《刑法(修正案)》体现的刑法干预能动化、早期化、犯罪圈不断扩大的立法趋向,既不代表自由刑法的诉求已过时,也不代表在我国确立了积极刑法立法观,犯罪圈扩大的立法趋向从总体上来看具有实践合理性和客观必然性,但是在合目的性、明确性与体系逻辑性方面,《刑法(修正案)》的部分条款存在不足。② 高铭暄与孙道萃在《预防性刑法观及其教义学思考》一文中认为,预防性刑法理念是当代风险社会的因应,应正视刑法工具属性的客观性与刑法功能主义的发展性,需以比例原则控制极端工具化的异变。③ 刘艳红在《积极预防性刑法观的中国实践发展:〈刑法修正案(十一)〉为视角的分析》一文中认为,《〈刑法〉修正案(十一)》及时回应了社会关切的问题,通过严密刑事法网打击违法犯罪,对于维护风险社会的安全具有重要意义,然而整部修正案都是积极预防性刑法观的立法实践,具体体现在通过对新型行为的犯罪化强化对侵犯集体法益的犯罪治理,并通过提升法定刑加大处罚力度。然而《〈刑法〉修正案(十一)》的积极预防性刑法观值得反思,应遵循法益侵害实质化与宪法比例原则,避免因集体法益的抽象化与入罪标准的降低而导致法益保护原则的虚空,刑法应避免成为单纯的社会控制手段,应当重返以自由和人权为核心的刑法,防止积极预防性刑法观演变为激进式刑法观。④ 黎宏教授在《〈刑法修正案(十一)〉若干要点解释——从预防刑法观的立场出发》一文中认为,通过降低未成年人负刑事责任年龄、增设新犯罪等弥补刑法处罚上的空白、

① 周光权:《积极刑法立法观在中国的确立》,《法学研究》2016 年第 4 期。
② 梁根林:《刑法修正:维度、策略、评价与反思》,《法学研究》2017 年第 1 期。
③ 高铭暄、孙道萃:《预防性刑法观及其教义学思考》,《中国法学》2018 年第 1 期。
④ 刘艳红:《积极预防性刑法观的中国实践发展——以〈刑法修正案(十一)〉为视角的分析》,《比较法研究》2021 年第 1 期。

调高相关犯罪的法定刑、加大对相关利益方的保护力度的方式,对近年来重大的社会问题和当前的焦点议题进行积极回应,体现了《刑法》与社会生活的发展和人民群众的要求"与时俱进"这一积极一般预防的理念,对全面建设社会主义法治社会具有重要意义,但通过"犯罪化""重罚化"来体现积极的一般预防理念所具有的边界值得关注。[①]

综上可见,对我国犯罪圈扩大化、干预早期化、活性化的预防性刑事立法趋同的研究大多停留在肯定或否定的立场表白阶段,虽然后来也有学者从教义学的角度进行了一定程度的深化研究,但专门、深入研究预防性刑事立法的论著较为少见,例如什么是预防性刑事立法、其内涵是什么? 其在我国刑事立法的扩张中都有哪些体现,其理论正当性和实践正当性的根据是什么? 其存在哪些隐忧和风险? 如何合理有效构建我国理性的预防性刑事立法的限度等都未涉及或展开。

---

① 黎宏:《〈刑法修正案(十一)〉若干要点解释——从预防刑法观的立场出发》,《上海政法学院学报(法治论丛)》2022 年第 2 期。

第一章

预防性刑法观视野下的刑事立法

第一节　预防性刑法观的形成、
发展及其立法体现

一、预防性刑法观的形成、发展

1986 年,德国社会学者乌尔里希·贝克在《风险社会》一书中提出了风险社会理论,他认为自 20 世纪中期以来,工业社会的运行机制开始发生变化,当今时代与以往历史上的任何时代都不同,各种迹象表明工业社会正在向风险社会过渡,传统的思维管理模式将在应对险象环生的风险社会时显得力不从心。[①] 风险社会概念的提出引发了法学、哲学、政治学、经济学、社会学等众多学科的关注。1993 年,德国学者普里特维茨出版《刑法与风险:风险社会中刑法和刑事政策的危机研究》,书中阐述了两个概念:"风险社会"和"风险刑法",以及其在刑法中的意义。[②] 部分学者主张,应在刑法法益理论以及归责原则的基础之上,构建融功能性与防御性于一体的刑法,从而更好地运用刑法以抵御风险,[③]例如克劳斯·罗克辛在其 2005 年出版的《德国刑法学总论(第 1 卷):犯罪原理的基础构造》中谈到"危险刑法、风险刑法,通过刑法对未来的保护:法益保护的终结?"其认为,并非只有在法益受到侵害时才具备刑事可罚性,在具体危险犯中,符

[①] 　[德]乌尔里希·贝克:《从工业社会到风险社会(上篇)——关于人类生存、社会结构和生态启蒙问题的思考》,王武龙编译,《马克思主义与现实》2003 年第 3 期。

[②] 　郝艳兵:《风险刑法:以危险犯为中心的展开》,中国政法大学出版社 2012 年版,第 7 页。

[③] 　郝艳兵:《风险刑法:以危险犯为中心的展开》,中国政法大学出版社 2012 年版,第 7 页。

合刑事可罚性条件的行为构成本身具有对法益的危险就足够了。与此同时,在抽象的危险行为(例如酒后驾驶)中,行为构成完全没有提到所要保护的法益,而只是提及了制定该《刑法》条文的动机,并未与法益保护的理论相矛盾。然而,另一派学者则对预防性刑法持批判态度,认为其可能侵蚀法治国家的基本保障。他们主张,刑法介入风险防控必须以明确的法益关联性和传统归责原则为前提,否则就不应动用刑事手段。例如,部分法兰克福学派的学者反对通过预防性刑法应对电子数据犯罪、环境犯罪及有组织犯罪等现代性问题。哈赛默(Hassemer)甚至主张将刑法严格限定于"核心刑法"范畴,而针对新型风险,他建议通过专门的"干涉法"予以规制。①

此外,还有学者尝试在两种立场之间寻求平衡。他们既反对以牺牲传统法治国家自由保障为代价扩张刑法,也不赞成完全放弃刑法对未来风险的防范功能,例如斯特拉滕维特在 1993 年巴塞尔刑法学教师大会的开幕词中提出了"第三条道路",他批判纯粹功能化的刑法观,认为这种理念过度追求风险防控效率而忽视法治保障,同时,他也反对法兰克福学派彻底否定刑法对未来保障功能的立场,认为完全放弃刑罚在涉及人类整体利益领域的适用是不可接受的;斯特拉滕维特主张,刑法可以通过保护"与未来相关的行为规范"来应对新型风险,但传统的法益归责理论必须经过调整才能适用于基因技术、环境犯罪等新领域。他强调,在因果关系、主观罪过、共犯责任和企业刑事责任等问题上,需要探索新的理论解决方案,而非简单套用既有模式。②

随着社会向风险社会转型,新型危险源和犯罪形态不断涌现,传统古典自由刑法在面对这些新挑战时已显得捉襟见肘。这种局限性主要体现在以下两个方面:首先,传统刑法以结果本位为核心,但风险社会的损害

---

① [德]克劳斯·罗克辛:《德国刑法学总论(第1卷):犯罪原理的基础构造》,王世洲译,法律出版社 2005 年版,第 18、20 页。

② [德]克劳斯·罗克辛:《德国刑法学总论(第1卷):犯罪原理的基础构造》,王世洲译,法律出版社 2005 年版,第 20 页。

往往具有不可逆性和难以认定性(例如核泄漏和生态污染),使得事后追责的保护模式严重滞后。其次,传统刑法保护的法益范围过于狭窄,主要局限于具体的个人法益,而难以涵盖风险社会中亟须保护的公共安全、生态环境等抽象法益。[①] 更为关键的是,风险社会的因果关系呈现前所未有的复杂性:损害结果往往由多因素共同导致(多因一果),因果关系链条呈现开放性特征;同时,风险制造主体多为组织而非个人,监督过失等新型责任形式使得传统归责原则难以适用,若继续机械地坚持直接因果关系原则,将导致刑事归责范围过窄,无法有效防范系统性风险。[②] 为应对这些挑战,刑法理论界和实务部门开始探索转型。在学者研究和立法实践的共同推动下,一种强调犯罪化适度扩张、刑法介入前置化、注重积极预防功能的预防性刑法观逐渐形成,并开始在风险社会的刑事立法中得到应用。

二、预防性刑法观的立法体现

在应对风险社会的立法实践中,德国学者的理论探索与学术争论共同推动了预防性刑事立法理念的形成与发展。这种新型立法模式主要应用于以下领域:反恐犯罪、公共安全犯罪、环境犯罪、经济犯罪以及妨害社会管理秩序犯罪等。德国刑事立法的演变过程清晰地展现了这一趋势,自从其第十四部《刑法(修正案)》颁布以来,在暴力犯罪和恐怖主义犯罪的处罚方面呈现明显的"早期化"特征,具体表现为:处罚范围的持续扩大和刑罚力度的不断加重。其于 1986 年颁布的《恐怖主义对策法》对《刑法》进行的修订更是凸显了刑法保护提前化的立法倾向。为有效应对风险社会的新型挑战、强化对社会公共安全的保护,德国刑事立法普遍采用了刑罚前置化的策略。1998 年《德国刑法典》的修订颇具代表性,该法典不仅规定了大量故意危险犯,而且增设了诸多过失危险犯的罪名,例如(过失)引起火

---

① 劳东燕:《公共政策与风险社会的刑法》,《中国社会科学》2007 年第 3 期。
② 利子平:《风险社会中传统刑法立法的困境与出路》,《法学论坛》2011 年第 4 期。

灾危险罪、(过失)引起核能爆炸罪、(过失)引爆炸药罪以及(过失)酒后驾驶罪等。"9·11"恐怖袭击事件后,预防性刑事立法得到进一步强化。德国刑法对严重威胁国家安全的暴力犯罪采取了更为前置的法益保护策略,将刑法规制的节点大幅提前。具体而言,对于恐怖组织制造的重大危险,刑法以预防未来损害为目的,在其预备阶段就及时介入,充分体现了预防性立法的核心理念。[①]

日本刑法学界同样面临传统刑法理论的现代转型问题。不少学者指出,仅处罚实害犯的传统刑法观念已难以适应社会发展需求,故主张将危险犯纳入刑事处罚范围,推动法益保护早期化。这种理论转向直接促成了日本预防性刑事立法的兴起,主要体现在两大方面:一是刑罚干预范围的扩展,将更多抽象法益纳入刑法保护范畴;二是刑罚介入时点的提前,在危害结果发生前即启动刑事规制。[②] 日本 1970 年制定的《公害法》开创性地运用刑罚手段规制重大环境污染行为。其《刑法典》第 108 条规定的"对现住建筑物放火罪"采用抽象危险犯的立法模式,仅需证明放火行为即可定罪,不要求证明实际危险的存在;第 163 条之 4 新增的"为制作不正当支付用磁卡电磁记录准备罪",将原本属于预备阶段的行为直接入罪,充分体现了预防性立法的特点。

英美法系国家自 20 世纪六七十年代也开始呈现明显的刑法预防化趋势。受犯罪控制理论影响,英美国家将犯罪视为社会安全的常态威胁,因此强化了报复性和威慑性刑事政策,推动了犯罪预防体系的全面扩张。[③]

我国刑法学界对风险社会背景下的刑法变革展开了深入探讨。支持

---

① 德国 2009 年 8 月制定了《对严重威胁国家暴力犯罪预备行为的追诉法》,在德国刑法上增设了第 89a、89b、91 条三种构成要件,把法益保护提前到既存预备行为更早的阶段。"对恐怖主义团体造成的显著危险要尽可能及早提前化刑法介入",新增构成要件不是以赎罪和报应为目的,而是以预防为目的,强调对将来被害的预防。李晓龙:《刑法保护前置化趋势研究》,武汉大学博士学位论文,2014 年。

② 黎宏:《结果无价值论之展开》,《法学研究》2008 年第 5 期。

③ 劳东燕:《风险社会与变动中的刑法理论》,《中外法学》2014 年第 1 期。

预防性立法的学者认为,我国犯罪圈的扩大、刑法干预早期化等趋势是对风险社会现实的必然回应,但张明楷教授持保留态度,他认为风险社会是一种文化建构而非客观现实,不应过度影响刑法体系。[①] 然而,从日本核泄漏到我国三鹿奶粉事件,从恐怖袭击到 AI 诈骗,层出不穷的新型风险不断印证着我国正步入风险社会转型期。近年来《刑法(修正案)》体现的犯罪化扩张、法益保护前置等趋势,正是对这一社会变迁的立法回应。预防性刑事立法的兴起具有深刻的现实基础:一方面,传统刑法在风险治理中日益显现局限性;另一方面,我国刑事立法体系正经历从"厉而不严"向"严而不厉"的结构转型。这种立法模式既能弥补传统规范的有效性不足,又能满足风险控制和社会治理的现实需求,体现了法律对社会变迁的适应性调整。

---

① 　张明楷:《"风险社会"若干刑法理论问题反思》,《法商研究》2011 年第 5 期。

第二节　预防性刑事立法概念

关于预防性刑事立法的概念界定,学界尚未形成统一定义。高铭暄教授在其研究中指出,预防性刑法观目前仍属于概括性认识范畴,其具体内涵与外延边界有待深入探讨。[①] 这一观点同样适用于预防性刑事立法的概念界定。基于现有研究基础,本节拟从三个维度对预防性刑事立法进行系统阐释:从概念界定层面厘清其基本定义;从理念基础层面剖析其价值取向;从特征分析层面归纳其区别于传统刑法的独特属性。通过这种多维度的考察,以对预防性刑事立法形成更为全面、深入的认识。

一、预防性刑事立法概念

何谓预防性刑事立法? 目前,虽然学界尚未有学者对其作出明确界定,但已有部分学者提及与之相关的概念。劳东燕教授指出:"风险刑法本质上是一种预防刑法。"她认为,刑法正逐渐从一套侧重于事后惩罚的谴责体系,转变为一套更倾向于事前预防的危险管控体系,这便是所谓的预防刑法。[②] 张晶博士则提出,风险刑法又可称为预防刑法或象征性刑法,其将刑法功能化立法、抽象危险犯的立法以及新型犯罪的入罪化作为新刑法现象,并展开类型化研究。[③] 何荣功教授认为,相较于古典刑法,预防刑法

---

① 高铭暄、孙道萃:《预防性刑法观及其教义学思考》,《中国法学》2018 年第 1 期。
② 劳东燕:《风险社会与功能主义的刑法立法观》,《法学评论》2017 年第 6 期。
③ 张晶:《风险刑法:以预防机能为视角的展开》,中国法制出版社 2012 年版。

不再严格以实害犯为基础进行刑事处罚,而是更加关注安全,立足未来,着重预防潜在的侵害法益的危险,以此实现对社会的有效控制。① 还有学者指出,学界将以预防为导向的刑法思想和法规范前置化现象称为预防性刑法(preventive criminal law),以区别于传统以法益损害事实发生才被动介入的"事后干预性刑法"。在当代社会风险背景下,以犯罪化、危险犯配置、安全价值优位、刑罚积极预防等为特征的预防性立法理念应运而生,且呈现出集中具象化的特点。②

在笔者看来,上述学者从不同角度对风险刑法或预防刑法进行了界定,均具有一定的合理性与可借鉴性。劳东燕教授揭示了风险刑法的本质为预防刑法,强调从传统刑法的事后惩罚谴责体系向事前预防风险管控体系的转变,突出了事前预防风险的重要性;张晶博士着重强调了预防刑法的功能化立法、抽象危险犯立法以及新型犯罪入罪化趋势;何荣功教授则强调预防刑法注重安全,着眼于防范潜在的法益侵害危险,以实现社会控制,且不以法益侵害结果为追责依据。此外,虽文中未详细阐述高铭暄教授的观点,但提及了预防性立法的集中具象这一理念。笔者认为,概念是人脑对客观事物本质的反映,是由特征的独特组合而形成的知识单元。广义的立法是指有权主体制定和变动各种规范性文件的活动。③ 综合借鉴学者们的相关定义,我们可以将预防性刑事立法界定为:以预防为导向,基于对安全的优先关注,以法益保护前置化、刑法干预早期化、犯罪化、危险犯配置、刑罚积极预防等为特征,着眼于防范法益侵害危险,旨在实现有效社会控制的一种有别于传统以法益损害事实发生为触发条件的"事后干预性刑法"的预防性立法方式、观念或活动。

---

① 何荣功:《预防刑法的扩张及其限度》,《法学研究》2017 年第 4 期。
② 高铭暄、孙道萃:《预防性刑法观及其教义学思考》,《中国法学》2018 年第 1 期。
③ 张文显:《法理学》,高等教育出版社 2011 年版,第 190 页。

二、预防性刑事立法理念

(一) 由传统的以惩罚犯罪为中心向预防和控制犯罪为中心转向

这种追求对法益侵害的事先预防。在传统古典刑法的概念中,通常国家对犯罪进行惩罚的目的并非直接追求预防犯罪,预防只是惩罚的附随结果。传统古典自由刑法强调以既成的法益侵害结果作为追究刑事责任的基础,对尚未造成法益侵害结果的行为一般不予以刑罚。在传统古典刑法看来,立法针对的是可观察的现实侵害,其中心议题是犯罪后行为人的公正处置和社会回归。之后,随着危险犯的大量出现,刑法的预防机能被重视。在预防性刑事立法的框架中,犯罪被视为一种社会危险,使得国家更加倾向于采取预防性措施。预防和控制犯罪、事先预防法益侵害危险、实现社会控制成为国家追求的目标,刑法演变成一套控制法益侵害危险的手段和机制,而且我们可以看到,刑法规范的中心问题也开始由对犯罪的惩罚向有效地预防与控制侵害法益的危险转变。

(二) 预防和控制社会风险、追求安全成为价值优先选择

以实现社会控制为目标,预防和控制社会风险、追求安全成为价值优先选择。传统的古典自由刑法强调公民的自由与人权保障。切萨雷·贝卡利亚在其《论犯罪与刑罚》一书中写道:国家君权的形成是通过公民为实现切身利益而做出牺牲的自由融合而成的,而君主就是这一集合自由的合法保存者与管理者。[1] 其提出:"既然人们出让一部分自由是迫于无奈,那么每个人都希望牺牲尽可能少的自由,只要足以让社会保护自己就够了,这些尽可能少的自由的集合就形成了社会的惩罚权。"[2]随着社会的发

[1] [意]切萨雷·贝卡利亚:《论犯罪与刑罚》,黄风译,北京大学出版社 2014 年版,第 8 页。
[2] 马克昌、莫洪宪:《近代西方刑法学说史》,中国人民公安大学出版社 2008 年版,第 55 页。

展,风险社会以"安全"为追求导向的政策基调取代了工业社会以"发展"为追求方向的基调。人们更加关心的是如何预防未来有可能产生于食品、药品、污染等领域的风险。[1] 在很多国家尤其是英美等国家,犯罪被视为对社会安全的正常的、常规的威胁,控制理论逐渐被主流的犯罪学思想用来解释犯罪的原因,这样的观念造成预防对治疗的代替,并导致犯罪预防与社区安全的基础设施的全面扩张。可以说,社会关注的重心已开始由发展问题转变为安全问题,致使安全问题在刑法规范体系与风险社会理论之间形成了连接点,使得预防开始变成刑法的首要目的。刑法体系重视预防也意味着强化了对社会的保护。国家以维持安全的社会生活、国家秩序和社会秩序等为依据,进行犯罪化立法的扩张,由此助推了预防刑法或者安全刑法的产生。因此,犯罪尤其是新型危险源、危险犯罪在风险社会中成为社会的重大风险,当人们的安全受到极大威胁时,人们追求安全的价值需求就胜过了其他价值需求,预防性刑法成为预防和控制风险的重要手段,追求安全价值、实现社会风险控制也成为预防性刑事立法的优先选择。

(三)消极的法益保护观向积极的法益保护观转变

在古典自由主义的语境下,法益概念一般在犯罪本质彰显的法益维度上被使用。通常只有法益侵害的程度达到严重时,才会使得刑事处罚正当化,法益是否已受侵害构成启动刑罚权的最终根据,采取的是事后审查的视角。古典自由主义语境下的法益一般是作为具有实体性指向的客观之物、具体之物而存在。法益概念的精神化以及抽象化源自李斯特,其将法益之中的"益"解释为生活利益,他认为,一切法益均是生活利益,这些利益均属于社会本身的产物,而正是由于法律的保护才将生活利益开始上升为法益。[2] 李斯特对保护客体和行为客体进行严格区分,导致法益的精神

---

[1] 薛晓源、刘国良:《法治时代的危险、风险与和谐——德国著名法学家、波恩大学法学院院长乌·金德霍伊泽尔教授访谈录》,《马克思主义与现实》2005 年第 3 期,第 26 页。

[2] [德]弗兰茨·李斯特:《德国刑法教科书》,徐久生译,法律出版社 2000 年版,第 4 页。

化。随着社会的发展变化,如果只是将法益限制为具体的物质,那么,就会存在很多问题,突出体现在对许多非物质的法律保护客体无法做出合理解释。事实上,在风险社会到来之后,不少刑法立法或者司法解释均已突破法益物质化的限制。[①] 就当代发展情况而言,法益概念的实体内容及其内涵日趋模糊,精神化与抽象化外延不断扩张,涵摄能力大大提高。填充法益内涵的主要元素是立法目的或立法价值判断。应当承认,法益概念内涵上的模糊化以及外延上的持续扩张存在一定的必然性,可将其看作刑法在风险社会下为了有效应对风险而适时调节的举动。[②] 有学者指出,人为风险开始变得常规化、普遍化,因此社会公众日益关注安全问题,导致刑法的首要任务开始成为对风险的有效控制以及预防。[③] 还有学者指出,刑罚范围的扩张也会促使法益理论进行自我革新,使得功能化、精神化以及价值化的法益逐渐变成发展主流。[④] 事实上,我们也可以看到法益概念所具备的机能开始从对刑罚权的约束转向对扩张刑罚权的引导。自从法益概念被纳入刑法体系以来,其在立法方面主要承担了证实国家动用刑罚进行干预所具备的合理性,以避免刑罚肆意被发动,但在预防刑法观下,法益概念的机能并非对刑罚权予以消极限制,而是对国家扩张刑罚权进行积极证立。

预防性刑事立法通过前瞻性地识别和评估未来可能对法益造成的危险或实际损害,及时采取规制措施,并设定相对较低的行为入罪门槛。其核心在于针对潜在危险行为预先设立刑法规范,推动刑事立法理念从传统的结果本位(注重法益的实际损害)向危险预防(关注法益的抽象危险)转

---

① 舒洪水、张晶:《近现代法益理论的发展及其功能化解读》,《中国刑事法杂志》2010 年第 9 期。

② 劳东燕:《风险社会中的刑法:社会转型与刑法理论的变迁》,北京大学出版社 2015 年版,第 44 页。

③ 劳东燕:《危害性原则的当代命运》,《中外法学》2008 年第 3 期。

④ 〔日〕关哲夫:《现代社会中法益论的课题》,王充译,《刑法论丛》2007 年第 12 卷,第 341—345 页。

变,同时调整保护重心,从侧重于个人法益的保护逐步向维护公共法益和社会秩序倾斜。

（四）结果无价值向行为无价值的转向

预防性刑事立法观所采取的违法性根据是行为无价值还是结果无价值?多数学者认为是行为无价值,少数学者认为是结果无价值。何荣功教授认为,仅从形式上而言,预防刑法立法规制针对的中心是由结果开始调整至行为。[①] 而张明楷教授则主张,我国学界对于风险社会的刑法规制问题展开了系列研讨,有观点认为我国已正式进入风险社会,因此要求刑法对处罚范围予以扩大,且主张违法性的根据应是行为无价值,但是在风险社会下,刑法的目的仍是保护法益及法益保护的危险性,因此在风险社会下更应坚守结果无价值论。[②] 违法性的实质是结果无价值或者行为无价值,但到底是结果无价值还是行为无价值,学者之间有不同的主张,而且何为结果无价值、何为行为无价值,学者之间也未完全达成一致观点。日本学者认为,结果无价值是指对行为现实所招致的法益侵害或危险所进行的否定评价;而行为无价值则是指对于与结果进行切割的行为本身的样态所进行的否定评价。[③] 通常,结果无价值论者主张违法性的实质应当是法益侵害及其危险,其违法性的根据是结果"恶",若行为并未造成法益侵害及其危险,那么,哪怕该行为构成对社会伦理秩序、法规范的违反或者不具备社会相当性,也不能对其予以刑罚。行为无价值有多种含义。首先,"无价值"是何含义?一是指行为违反伦理秩序;二是指行为缺乏社会相当性;三是指该行为违反某种法规范,或者违反了保护法益的行为规范。其次,"行为"是什么含义?一种意见是指将行为无价值解释为"意图无价值",与主观的不法要素相等同;另一种意见认为,欲采取相应的行为达到实施犯罪

---

① 何荣功:《预防刑法的扩张及其限度》,《法学研究》2017 年第 4 期。

② 张明楷:《"风险社会"若干刑法理论问题反思》,《中国检察官》2012 年第 1 期。

③ ［日］前田雅英:《现代社会与实质的犯罪论》,东京大学出版会 1992 年版,第 76 页。

的目的也应包含在行为无价值中。① 因此,行为无价值论之中的"行为"的含义侧重于行为本身以及行为人的主观内容。当前很少学者采取一元行为无价值论,大多赞同二元行为无价值论,②即既重视行为违反规范的性质,又重视行为最终造成的法益侵害。二元行为无价值论还有不同侧重点,其中侧重结果无价值论的观点认为,结果无价值是违法性的基础、处罚的根据,但仅此评价违法性并不全面,还需要考虑导致结果的手段、方法等;而侧重行为无价值论的观点主张,行为无价值是构成违法的基础及处罚的根据,但为了限定处罚范围或附加条件,有时也要求结果无价值,结果无价值于是具有了限定处罚的意义。③ 根据结果无价值论,侵害法益是违法性的本质,刑法的目的即为对法益的保护。若一个学者认为结果比过程重要,通常会赞成这种主张。④ 而行为无价值论是从行为出发进行评价,重视行为过程,强调因有"恶行",所以致使"恶果",在进行违法性判断时要考虑行为人的意思内容,即存在于行为人心中的状态(例如故意)会影响违法性的程度。预防性刑事立法的目的在于预防和控制犯罪行为,重在防止和控制法益侵害结果的实际发生,其是从行为出发思考问题,重视行为过程,故笔者认为预防性刑事立法侧重于行为无价值的二元行为无价值论。

三、预防性刑事立法特征

(一)刑法介入及法益保护前置化,积极预防功能凸显

为了防止社会风险转变为社会实害,防止侵犯法益的行为、结果的实际发生,有效控制社会风险的实现,刑法前移至对具有现实危险的风险行为的规制。德国学者在阐述德国 1975—2005 年刑法发展时指出,在通过

---

① [德]冈特·施特拉腾韦特、洛塔尔·库伦:《刑法总论Ⅰ——犯罪论》,杨萌译,法律出版社 2006 年版,第 109 页。
② 行为无价值论在学理上一般又分为"一元行为无价值论"与"二元行为无价值论"。
③ [日]井田良:《刑法总论的理论构造》,成文堂 2005 年版,第 15 页。
④ 周光权:《行为无价值论的中国展开》,法律出版社 2015 年版,第 5 页。

设立新的刑法规定而开展犯罪化的同时,刑法应在法益被现实侵害之前就予以提前干预,除了增加处罚未遂犯以外,还包括增设抽象危险犯。① 在一向推崇哲学理性和坚守法治原则的德国,面对恐怖主义活动、有组织犯罪的威胁,刑法的作用功能正明显转向预防与安全,往往在犯罪实际发生以及特定嫌疑具体化之前,国家就已提前介入。② 在日本,刑事立法也体现出早期化和宽泛化的趋势。有学者指出,社会生活的复杂化与高科技化,使得个人行为的潜在风险骤增,也因此使得刑法处罚的早期化与宽泛化得以产生。③ 在意大利,晚近刑法的发展变化也出现了相同的趋势,以往刑法主要对已实际造成的侵害进行处罚,现已转变为"预防"对人民、社会造成进一步的侵害,由此出现了大量的预备行为犯罪化。④ 在英美国家,一向以自由主义为精神传统处罚核心犯罪,但其晚近刑法转向处罚外围犯罪的趋势也十分明显,大量出现风险预防犯(offences of risk prevention)。⑤ 我国学者也指出,预防刑法将社会风险的有效防控作为主线,着眼于对刑法干预功能化的追求,其主要表现为刑法处罚的提前介入,对抽象危险犯以及预备犯进行大量处罚。⑥ 为了应对不确定的风险,刑法的能动性凸显。

(二) 严密刑事法网,扩张刑罚权,犯罪化、活性化倾向明显

为了预防风险,防止风险进一步侵害法益,立法者进一步扩大犯罪圈,

---

① ［德］埃里克·希尔根多夫:《德国刑法学:从传统到现代》,江溯、黄笑岩等译,北京大学出版社 2015 年版,第 27 页。

② 何荣功:《预防性反恐刑事立法思考》,《中国法学》2016 年第 3 期。

③ 张明楷:《日本刑法的发展及其启示》,张明楷:《日本刑法典》,法律出版社 2006 年版,第 6 页。

④ ［意］弗朗西斯科·维加诺:《意大利反恐斗争与预备行为犯罪化:一个批判性反思》,吴沈括译,《法学评论》2015 年第 5 期。

⑤ Douglas Husak. *Overcriminalization: The Limits of Criminal Law.* Oxford University Press, 2008, p. 33.

⑥ 何荣功:《预防刑法的扩张及其限度》,《法学研究》2017 年第 4 期。

严密刑事法网,尽可能地预防和控制危险源。有学者在评价德国1975—2005年的刑法发展趋势时指出,一方面,德国刑法并非一直保持谦抑,而是通过增设新罪和严厉处罚实现了刑法的扩张,例如其《刑法》规定延伸至毒品、环境、恐怖主义以及一些高科技犯罪等新领域;另一方面,德国《刑法》通过删除明确以及具备约束力的规范而体现出灵活性。1975—2005年,德国刑法发展的概况清楚展现了一种倾向于更多和更严厉刑法的趋势,即刑法没有谦抑,而是在不断扩张。①

现行《日本刑法典》,自1907年颁布至2005年将近一个世纪里,共进行了21次修改,在1907—1986年近80年中仅有10次修改,使得某些日本学者认为立法机关“如同金字塔一般沉默”;②但1987—2005年不到20年时间里,为适应不断变化发展的社会形势,《日本刑法典》作了11次修改。自1987年,为了适应社会的不断发展变化,其频繁被修改,并在多次的修改中增设了不少罪名,呈现出刑事立法活性化现象和犯罪化趋势,③例如为应对电子计算机普及带来的犯罪行为,日本于1987年增设了有关计算机方面的犯罪;④2001年又增设了危险驾驶致死伤罪等;2003年,又对《日本刑法》进行了两次修订,增加了外国人在国外对日本公民犯罪的适用范围的规定;2004年,再次对《日本刑法》进行重大修订,增设了集团强奸罪、集团准强奸罪,并提高了有期惩役与监禁的期限,提高了强奸罪、准强奸罪等相关罪名的法定刑。除了《日本刑法》,近年来日本的立法机关还

---

① 周光权:《积极刑法立法观在中国的确立》,《法学研究》2016年第4期;[德]埃里克·希尔根多夫:《德国刑法学:从传统到现代》,江溯、黄笑岩等译,北京大学出版社2015年版,第25、32、35页。

② [日]松尾浩也:《刑事法の課題と展望》,《ジュリスト》总第852号(1986年),第11页。

③ 张明楷:《日本刑法的发展及其启示》,张明楷:《日本刑法典》,法律出版社2006年版,第2页。

④ 例如不正当制作和提供电磁记录罪(第161条之二)、损坏电子计算机等妨害业务罪(第234条之二)、使用电子计算机诈骗罪(第246条之二)。

制定了大量的单行刑法。① 而且，还在新制定的附属刑法（行政刑法）中增设了较多行政犯罪。② 笔者认为，日本如此频繁地修订《日本刑法》并非暂时现象，将来还会持续。有些日本学者认为，日本的刑事立法呈现出活性化特征，其主要社会背景包括：一是日本的社会发生巨大转变，较之以往更加依赖刑罚，而且国家用刑法保护市民已成为公共服务的一项内容。二是科技的高速发展以及社会的日趋复杂使得公民普遍缺乏安全感，因此，要求刑法加大惩罚，增设新罪，以强化对犯罪的预防及控制。三是越来越多有组织的犯罪开始涌现，需要国家尽可能早地对这些犯罪行为进行规制，对广大市民的生活进行保护。近年来日本在刑事立法中有一个主题，即针对有组织犯罪集团及其犯罪活动予以犯罪化和重罚化。③

我国从 1997 年《刑法》的制定到其后的历次的《刑法（修正案）》，尤其是《刑法修正案（八）》《刑法修正案（九）》《刑法修正案（十一）》使犯罪圈不断扩大，刑罚的领域也在不断扩张，法网逐渐严密，呈现出犯罪化的趋势，例如将《刑法》第 107 条资助危害国家安全犯罪活动罪的资助对象"境内组织或者个人"的限制取消，扩大为任何人；将之前投毒罪的犯罪工具"毒物"改为投放危险物质罪的"危险物品"，从而扩大了处罚范围；增设大型群众性活动重大安全事故罪，不报、谎报安全事故罪，危险驾驶罪，相关恐怖犯

---

① 例如《关于防止暴力团员的不当行为的法律》（1991 年）、《关于防止沙林等造成人身伤害的法律》（1995 年）、《关于器官移植的法律》（1997 年）、《处罚有关儿童卖淫、儿童色情等行为及保护儿童的法律》（1999 年）、《关于有组织犯罪的处罚及犯罪收益规制等的法律》（1999 年）、《关于规制基因克隆技术的法律》（2000 年）、《关于防止儿童虐待等法律》（2000 年）、《关于规制纠缠行为等的法律》（2000 年）、《关于禁止不正当存取信息行为的法律》（2000 年）、《关于防止配偶的暴力及保护被害人的法律》（2001 年）、《关于处罚为了对公众等胁迫目的的犯罪行为提供资金等的法律》（2002 年）、《关于对心神丧失等状态下实施他害行为的人进行医疗及观察等的法律》（2003 年）等。

② 例如 2004 年重新制定的《不动产登记法》就规定了泄露秘密罪、提供虚伪的登记名义人确定情报罪、不正当取得登记识别情报罪、妨害检查罪等罪名与法定刑。2004 年修改的《商品交易所法》中也有行政刑法的规定。

③ 张明楷：《日本刑法的发展及其启示》，张明楷：《日本刑法典》，法律出版社 2006 年版，第 5—6 页。

罪等危害公共安全的犯罪;增设虚假破产罪,骗取贷款、票据承兑、金融票证罪、违法运用资金罪、虚开发票罪、持有伪造的发票罪、组织领导传销活动罪等破坏社会主义市场经济秩序犯罪;增加强迫交易罪的行为类型;增设侵犯公民个人信息罪、组织出卖人体器官罪、组织残疾人、儿童乞讨罪、组织未成年人进行违反治安管理活动罪、虐待被监护、看护人罪等侵犯公民人身权利的犯罪;等等,以严密公共安全、人身权利、社会主义市场经济秩序、社会管理秩序、贪污贿赂犯罪、渎职罪等刑事法网。《刑法修正案(十一)》以新增的 18 个罪名以及修改扩容后的 14 个罪名加 1 个总则条款,共计 33 个条文进行犯罪化的刑事规制。所有这些,毫无疑问都在体现积极预防性刑法观。①

(三) 刑法的刑事政策化倾向

政策一般是指政治国家或社会公共组织为了管理公共事务而制定的指导方针和行动方案。这种预防和控制犯罪问题的有组织、有目的的社会反应,在一般意义上即为刑事政策。有学者认为,刑事政策是指国家或者执政党针对犯罪行为以及行为人动用刑罚及有关措施,从而达到预防与惩罚犯罪目的的目的。② 储槐植先生认为,刑法的刑事政策化属于当代刑法不可阻挡的潮流,静态的刑法对动态的犯罪进行有效治理有赖于刑事政策功能的良好发挥,而且刑法的研究也能够有助于刑法体系更加科学。③ 刑法对社会的治理,仅凭刑法规范难以实现,还应当运用刑事政策进行引导。有学者指出,"刑事政策学的基础是犯罪学,刑事政策学是发挥犯罪学学科价值的基本途径。"④刑事政策的刑法化能够让刑事政策与犯罪学进行对

---

① 刘艳红:《积极预防性刑法观的中国实践发展:以〈刑法修正案(十一)〉为视角的分析》,《比较法研究》2021 年第 1 期。

② 杨春洗:《刑事政策论》,北京大学出版社 1994 年版,第 7 页。

③ 储槐植、闫雨:《刑事一体化践行》,《中国法学》2013 年第 2 期。

④ 张旭、单勇:《论刑事政策学与犯罪学的学科价值及其连接点》,《法商研究》2007 年第 5 期。

接，通过导入刑事政策，促进刑法在社会治理中跳离单纯的规范层面，进而上升到国家政策高度，对社会治理产生直接影响。近年来，我国对《刑法》进行修正也正是基于社会呈现的犯罪态势，为惩罚和预防犯罪、有效治理社会而进行的修订具有较强的刑事政策性。例如我国长期采取"惩办与教育相结合"的刑事政策，《刑法》只对社会造成严重危害的犯罪行为予以处罚，轻微的危害社会的犯罪行为一般没有受到《刑法》的规制，在司法实践中也一般不会对其予以刑事处罚，这体现了这一时期的社会状况及刑事政策方向。随着社会的变化发展以及我国的犯罪形势，我国确定了宽严相济的刑事政策，针对冒用宗教、气功等邪教组织教唆或蒙骗群众自伤或自杀扰乱公共秩序、侵犯公民人身权利、威胁政府等行为，国家确定了依法严厉打击邪教组织的政策，相应地，《刑法》就增设了组织和利用会道门、邪教组织、利用迷信致人重伤、死亡罪。针对恐怖主义在全球的蔓延，以及在我国新疆、西藏等地的出现，我国确定了严厉打击恐怖主义犯罪的政策，积极与其他国家签订合作协议，增设了《刑法》第120条之一至之六恐怖犯罪的相关罪名，加大了对恐怖主义犯罪的打击力度。

（四）刑法的工具属性凸显

法既是统治阶级意志的体现，也是阶级统治的工具。我国的法是人民意志的体现，刑法也是治理国家的一种工具。正如储槐植先生前述，刑法的宗旨在于治理犯罪。为了及时有效地预防和控制社会风险，预防刑法发挥了治理社会的工具作用。有学者指出，在中国社会转型过程中，"新刑法工具主义"得以诞生，其立足于实用工具主义，又发展形成了以对民意进行安抚、化解转型时期可能带来的风险的立法导向和目标。在一定程度上而言，其构成了对刑事立法法益基准的偏离，导致立法空置或者产生选择性司法等现象，因此，应当对"新刑法工具主义"进行批判性反思，以促进刑事立法回归至理性的轨道。[①] 笔者不完全赞同该学者对目前刑法工具主义

[①] 魏昌东：《新刑法工具主义批判与矫正》，《法学》2016年第2期。

持批判的态度,但我国目前刑事立法体现的工具主义倾向是一个客观存在的事实。社会治理中刑法的参与,既是回应国家政策与社会需要的体现,也是其工具属性的体现。在网络信息社会与风险社会的交织下,维护安全成了第一要务,因此,刑法要承担起预防普通的风险演变为现实的风险的任务。① 高铭暄指出,现代刑法在风险社会之下,其使命已发生变化,对不确定风险的有效应对以及对社会安全秩序的维护已成为刑法发挥效用的目标,并使刑法的工具性凸显。②

---

① ［德］乌尔斯·金德霍伊泽尔:《安全刑法:风险社会的刑法危险》,刘国良编译,《马克思主义与现实》2005 年第 3 期。

② 高铭暄、孙道萃:《预防性刑法观及其教义学思考》,《中国法学》2018 年第 1 期。

第二章

预防性刑事立法在我国的扩张

为规范社会行为,有效管理、控制社会,立法者通过各种立法技术制定规范,以发挥规范的指引、评价、教育、预测、强制作用。为预防和控制犯罪,我国刑事立法者通过预备行为实行化、共犯行为正犯化、增设危险犯、调整构成要件要素等技术路径提前进行刑法介入,以前置法益保护扩张《刑法》的适用范围,加大刑罚力度。这些刑事立法技术路径在我国 1997 年《刑法》的修订及之后多次《刑法(修正案)》中的运用,表征了预防性刑事立法在我国的扩张。

第一节　预备行为实行化

一、实质预备犯模式

通常学理上将预备犯分为形式预备犯与实质预备犯。有学者指出,形式预备犯主要针对某种特定犯罪的预备行为,而且其处罚一般情况下附属于该罪既遂犯的构成要件,所以,也被称为从属预备罪。[1] 预备行为实行化是指在刑法中将某种犯罪的预备行为独立成罪,从而形成独立的犯罪类型。[2] 简言之,预备行为实行化通常是指刑事立法将某些预备行为明确规定为实行(正犯)行为。在风险社会中,有些预备行为具有可能造成侵犯法益的危害结果,并且一旦开始着手实施具体的犯罪行为,将会造成严重的损害后果。在这个时候,刑法需要对侵害法益的危险加以调整和控制,采用单独正犯化这一立法方式在行为还未对法益造成实际侵害或危险的前

---

[1]　阎二鹏:《预备行为实行化的教义学审视与重构:基于〈中华人民共和国刑法修正案(九)〉的思考》,《法商研究》2016 年第 5 期。

[2]　商浩文:《预备行为实行化的罪名体系与司法限缩》,《法学评论》2017 年第 6 期。

一阶段就进行刑事处罚。

我国 1997 年的《刑法》在"分则"中对实质预备犯作了规定,即将某些预备性质的行为拟制为独立的实行行为进行规定,使其具有"实行行为性",具备"类型性、定型性",例如基于公共安全法益的考虑,1997 年《刑法》增设"组织、领导、参加恐怖组织罪"。对于该罪,不管是否实施了恐怖活动,只要组织、领导、参加了恐怖组织就要定罪处罚。从一定意义上讲,处罚的是实施恐怖活动犯罪的预备行为。[1] 此外,对枪支弹药的盗窃、抢夺、非法持有以及私藏均有可能属于后续犯罪活动的预备行为。[2] 基于市场经济安全的考虑,《刑法修正案(五)》在第三章中增设了"妨害信用卡管理罪"和"窃取、收买、非法提供信用卡信息罪"。"妨害信用卡管理罪"中列明了四种情形,这四种情形均可以说是信用卡诈骗罪的预备行为,"窃取、收买、非法提供信用卡信息罪"的实行行为也可视为信用卡诈骗罪的预备行为。[3] 类似的还有《刑法》第 174 条第 2 款"伪造、变造、转让金融机构经营许可证、批准文件罪"、第 210 条之一"持有伪造的发票罪"、第 253 条之一"侵犯公民个人信息罪"等。[4] 《刑法修正案(三)》《刑法修正案(九)》增

---

[1] 何荣功:《"预防性"反恐刑事立法的思考》,《中国法学》2016 年第 3 期。

[2] 危害公共安全法益的还有《刑法》第 125 条的"非法制造、买卖、运输、邮寄、储存枪支、弹药、爆炸物罪"与"非法制造、买卖、运输、储存危险物质罪";第 127 条的"盗窃、抢夺枪支、弹药、爆炸物、危险物质罪";第 128 条的"非法持有、私藏枪支、弹药罪",这些犯罪中的行为方式都可能是其后续实施的犯罪行为的预备行为。参见阎二鹏:《预备行为实行化的法教义学审视与重构:基于〈中华人民共和国刑法修正案(九)〉的思考》,《法商研究》2016 年第 5 期。

[3] 2010 年最高人民检察院、公安部联合颁布的《关于公安机关管辖的刑事案件追诉标准的规定(二)》第 31 条规定:"窃取、收买或者非法提供他人信用卡信息资料,足以伪造可以进行交易的信用卡,或者足以使他人以信用卡持卡人名义进行交易,涉及信用卡 1 张以上的,应予立案追诉。"

[4] 还有《刑法》第 280 条的"伪造、变造、买卖国家机关公文、证件、印章罪""盗窃、抢夺、毁灭国家机关公文、证件、印章罪""伪造公司、企业、事业单位、人民团体印章罪""伪造、变造、买卖身份证件罪",以及第 287 条之一的"非法利用信息网络罪"。

设了几个关于恐怖活动犯罪的罪名,①这些罪名的增设均是为了预防和控制恐怖主义活动犯罪,而对恐怖主义活动犯罪的预备行为进行实行化规定、单独成立各自的罪名。犯罪前置化更有利于预防和控制恐怖活动犯罪。《反恐怖主义法》体现了预防性刑事立法的观念,强调要坚持防范为主和惩防结合的原则,做到先发制敌,保持主动。可见,《反恐怖主义法》在确立"预防为主"的反恐国家战略、坚持"防范为主、惩防结合和先发制敌、保持主动的原则"时,体现了对恐怖主义犯罪强化预防与控制的力度。

二、形式预备犯分则规定模式

我国 1997 年《刑法》在"总则"第 22 条中规定了一般性的形式预备犯,犯罪预备主要是为了实施犯罪活动而准备工具、制造条件的行为。德国和日本的《刑法》没有对预备行为进行处罚的规定。我国司法实践中一般也不会对形式预备犯进行处罚,除非具有特别严重危害法益需要处罚的预备行为,例如《刑法修正案(九)》增设了第 120 条之二"准备实施恐怖活动罪",该条第 1 款规定了四种行为类型,但在四种行为类型中的第 1、4 项中又规定了"(一)为实施恐怖活动准备……或者其他工具的""(四)为实施恐怖活动进行……其他准备的",将《刑法》总则中为实施犯罪而准备工具和制造条件的预备行为移至《刑法》分则中,使《刑法》在分则中规定了形式预备犯,开启了形式预备犯分则的规定模式。对于这种重复性立法方式,我国学者提出了质疑:《刑法》总则中既然已规定形式预备犯的可罚性,为何还要在分则中予以重复表述? 如此进行立法规定是否意味着其他犯罪

---

① 包括"宣扬恐怖主义、极端主义、煽动实施恐怖活动罪""强制穿戴宣扬恐怖主义、极端主义服饰、标志罪""非法持有宣扬恐怖主义、极端主义物品罪"等。

的形式预备犯不具备可罚性?① 此外,还有学者指出,虽然从刑事政策的角度保护重大法益使刑法进行提前介入有其合理性,但是采取形式预备犯这一方式进行介入依然存在疑问。②

由上可知,我国刑法立法通过三种方式规定处罚预备犯:一是在《刑法》总则中一般性的规定处罚形式预备犯;③二是在《刑法》分则中规定实质预备犯,将预备行为实行化,使该预备行为开始具备定型性或类型化的特征;三是形式预备犯分则规定模式,将一般性的"准备工具、制造条件"的泛化预备行为规定在《刑法》分则中,例如《刑法修正案(九)》规定的第120条之二"准备实施恐怖活动罪"中的第1、4项行为。

形式预备犯与实质预备犯的处罚是否具有正当性根据,二者有区别。对于实质预备犯因通过设置独立的具有"类型性、定型性"的构成要件而充分具备了形式合法性,而且由于对重大法益存在抽象危险而具备了实质的正当性,因此具备正当性根据。对于实质预备犯而言,由于其行为已制造出不可控制的危险,尤其是对于难以确定具体范围的公共危险,故规定为犯罪具备正当性。④ 形式预备犯在形式上缺乏"类型性、定型性",故有的学者认为其缺乏正当性根据,即使通过《刑法》分则规定的模式进行立法规定,使其形式上具备了"类型性、定型性",但也因缺乏实质上的根据,正当性值得怀疑。⑤ 有学者指出,在形式预备犯的情形之下,无论预备行为将要对多么重要的法益予以侵害,在尚未实际确认行为人是否真正具备不法

---

① 赵秉志、袁彬:《中国刑法立法改革的新思维:以〈刑法修正案(九)〉为中心》,《法学》2015年第10期。

② 阎二鹏:《预备行为实行化的法教义学审视与重构:基于〈中华人民共和国刑法修正案(九)〉的思考》,《法商研究》2016年第5期。

③ 例如我国《刑法》第22条规定:"为了犯罪,准备工具、制造条件的,是犯罪预备。对于预备犯,可以比照既遂犯从轻、减轻处罚或者免除处罚。"

④ 黄荣坚:《基础刑法学》,元照出版有限公司2006年版,第506页。

⑤ 阎二鹏:《预备行为实行化的法教义学审视与重构:基于〈中华人民共和国刑法修正案(九)〉的思考》,《法商研究》2016年第5期。

意志的场合下就实施刑罚,显然属于一种对人没有节制的工具化。[1] 还有学者强调,形式预备犯尽管可能因为被规定在刑法中而获得合法的"形式外衣",但其无法通过类型化的行为明晰刑事处罚的具体边界,容易将不具备抽象危险的行为一并纳入刑法规制的范畴。[2]

---

[1]　黄荣坚:《基础刑法学》,元照出版有限公司 2006 年版,第 506 页。

[2]　阎二鹏:《预备行为实行化的法教义学审视与重构:基于〈中华人民共和国刑法修正案(九)〉的思考》,《法商研究》2016 年第 5 期。

第二节　共犯行为正犯化

在传统的共犯理论之中,正犯行为的危害性一般要大于一般共犯行为。由于理论界通常认为共犯行为从属于正犯行为,所以只有当正犯行为被认定与犯罪构成要件相符之后,才考虑对共犯行为予以处罚。[1] 随着社会的发展,有些共犯行为的危害性具有超越性和独立性,若依然受制于正犯行为的犯罪构成要求,则难以对这些危害性严重的共犯行为追究刑事责任,应对社会的发展,以及满足社会惩治犯罪和预防犯罪的需要,故刑事立法者单独对某些共犯行为正犯化,对共犯行为本身设置独立的罪名和刑事责任,以便更方便、更适当地追究其相应的刑事责任。共犯行为正犯化,将一些难以入罪的共犯行为或者难以追究正犯刑事责任导致无法追究共犯刑事责任的共犯行为直接按正犯行为定罪处罚,进一步扩大了刑罚范围,严密了刑事法网,且加大了处罚力度,体现了预防性刑事立法的思想和特征。例如 2016 年的"快播案",快播公司开发的快播服务软件,为互联网用户提供集影音欣赏、信息浏览、资源共享、交流互动于一体的互联网娱乐系统,但快播公司利用快播软件为互联网用户提供淫秽视频播放、浏览、储存等服务。在对快播公司该行为定性时陷入尴尬,快播公司的此行为本是一种为淫秽视频播放提供播放软件的帮助行为,若按照共犯从属性理论,只有收看、播放淫秽视频的正犯行为构成犯罪,提供帮助的共犯才能构成从犯,然而由于收看、播放淫秽视频的正犯行为难以成立犯罪,而且成立犯罪的证据难以查找和证成,最后只能以传播淫秽物品牟利罪对其处罚。若按

---

[1]　于志刚:《共犯行为正犯化的立法探索与理论梳理:以"帮助信息网络犯罪活动罪"立法定位为角度的分析》,《法律科学(西北政法大学学报)》2017 年第 3 期。

《刑法修正案(九)》增设的帮助信息网络犯罪活动罪,则不受正犯行为是否构成犯罪的约束,可直接对该帮助行为定罪处罚。共犯行为正犯化解决了无正犯则无法对共犯进行定罪处罚的尴尬,严密了刑事法网,加大了刑罚惩治力度,周延了犯罪的惩治、预防和控制。

《刑法修正案(三)》增设了帮助恐怖活动罪,规定对恐怖活动组织或者实施恐怖活动的个人或者恐怖活动培训进行资助的,构成帮助恐怖活动罪。之后,《刑法修正案(九)》进一步扩大帮助行为正犯化,在《刑法》第121条将帮助恐怖活动的组织或者实施恐怖活动或培训进行招募、运送人员的,均规定为帮助恐怖活动罪的正犯行为。《刑法修正案(八)》将帮助组织卖淫的犯罪分子进行招募、运送人员规定为构成协助组织卖淫罪,体现了帮助行为的正犯化。《刑法修正案(九)》增加《刑法》第120条之三,①将恐怖主义、极端主义、实施恐怖活动的宣扬、煽动等教唆行为规定为宣扬恐怖主义、极端主义、煽动实施恐怖活动罪这一罪名的正犯行为。《刑法修正案(九)》还分别在《刑法》第285条第3款、第287条之二中将为他人对计算机信息系统进行侵入以及非法控制的犯罪行为提供程序、工具,且情节严重的帮助行为规定为犯罪,将为利用信息网络实施犯罪行为提供互联网接入等帮助行为纳入刑罚规制,将帮助行为正犯化,分别成立提供侵入、非法控制计算机信息系统的程序、工具罪和帮助信息网络犯罪活动罪。《刑法修正案(九)》为《刑法》第290条增加了第3、4款,增设了组织、资助非法聚集罪,将非法聚集的组织、资助等教唆和帮助行为正犯化,并单独规定了相应的刑事责任。

①　即"以制作、散发宣扬恐怖主义、极端主义的图书、音频视频资料或者其他物品,或者通过讲授、发布信息等方式宣扬恐怖主义、极端主义的,或者煽动实施恐怖活动的,处五年以下有期徒刑、拘役、管制或者剥夺政治权利,并处罚金。"

第三节　增设与调整危险犯

一、增设危险犯

危险犯是实害犯的对称,是指以对侵犯的法益产生损害的危险即告成立的犯罪,其处罚根据是侵害法益的危险。危险犯通常可分为具体危险犯与抽象危险犯。具体危险犯将行为已产生的现实危险发生作为成立要件。对抽象危险的判断,以行为本身的通常情况或一般的社会经验为依据,判定行为可能会造成侵害结果。例如,我国《刑法修正案(三)》对《刑法》第 127 条进行了修订,规定盗窃、抢夺枪支、弹药、爆炸物、危险物质罪是抽象的危险犯,根据一般社会生活经验,窃取、抢夺枪支、弹药、爆炸物、危险物质的行为对社会构成公共危险,很有可能会发生侵害公共危险的后果,从而成立盗窃枪支、弹药、爆炸物罪。一般而言,危险犯中的危险是行为的危险,即行为本身所具有的导致侵害结果发生的可能性,因此也可称为行为的属性。我国《刑法》为了预防和控制风险,防止公共危险蔓延,全面保护法益,增设了不少具体危险犯。① 此外,还规定

---

① 例如《刑法》第 114、115 条第 1 款规定的放火罪、决水罪、爆炸罪、投放危险物质罪、以危险方法危害公共安全罪;第 116 条规定的破坏交通工具罪;第 117 条规定的破坏交通设施罪;第 118 条规定的破坏电力设备罪、破坏易燃易爆设备罪;第 123 条规定的暴力危及飞行安全罪;第 124 条规定的破坏广播电视设施、公用电信设施罪;第 130 条规定的非法携带枪支、弹药、管制刀具、危险物品危及公共安全罪;第 143 条规定的生产、销售不符合安全标准的食品罪;第 330 条规定的妨害传染病防治罪;第 332 条规定的妨害国境卫生检疫罪;第 334 条规定的非法采集、供应血液、制作、供应血液制品罪;等等。

了多个抽象危险犯。① 这些危险犯的设置,在危险结果的发生之前即进行刑法规制,以及时预防和控制法益侵害结果的发生。

抽象危险犯的设置通常被看作刑法干预早期化典型的立法形式,其属于许多国家在刑事立法中用于应对风险的重要策略。② 通常,抽象危险犯的危险既不属于法定构成要件要素,也不属于不成文构成要件要素,它属于判断行为是否符合构成要件的实质根据。对抽象危险犯,控方只需证明行为人实施了被指控的行为,无需承担对抽象危险的证明责任,也就是除非辩方能举出相反的证据来证明这种由立法推定的抽象危险不能成立,否则,均可以类型性地推定该行为形成了抽象危险。《刑法修正案(八)》增设的危险驾驶罪,也规定只要行为人醉酒后驾驶、相互追逐竞驶或者从事校车业务(旅客运输)严重超员和超速驾驶,就可以追究其危险驾驶罪的刑事责任。该罪还增加了一种行为方式,即"违反化学物品安全管理规定运输化学物品,危及公共安全的",有学者认为这既不是抽象危险犯,也不是具体危险犯,而是一种介于这两类危险犯之间的中间类型,也有学者将其称为"准抽象危险犯"。③

二、结果犯向危险犯调整

为了预防和控制风险的现实发生,我国的《刑法(修正案)》将结果犯向危险犯调整,将刑法干预早期化、法益保护前置化,例如我国《刑法》第145

---

① 《刑法》第 125 条规定的非法制造、买卖、运输、邮寄、储存枪支、弹药、爆炸物罪和非法制造、买卖、运输、储存危险物质罪;第 126 条规定的违规制造、销售枪支罪;第 127 条规定的盗窃、抢夺枪支、弹药、爆炸物、危险物质罪;抢劫枪支、弹药、爆炸物、危险物质罪;第 128 条规定的第一、二款规定的非法持有、私藏枪支、弹药罪,以及非法出租、出借枪支罪;第 339 条规定的非法处置进口的固体废物罪,以及《刑法修正案(八)》增设的《刑法》第 133 条之一的危险驾驶罪;等等。
② 陈兴良:《"风险刑法"与刑法风险:双重视角的考察》,《法商研究》2011 年第 4 期,第 12 页。
③ 陈洪兵:《准抽象危险犯概念之提倡》,《法学研究》2015 年第 5 期。

条生产销售不符合标准的医用器材罪,经过《刑法修正案(四)》的修正,将原来该条前段规定的构成要件"对人体健康造成严重危害的",改成"足以严重危害人体健康的",将刑罚干预点放到造成严重后果实际发生之前的现实危险,由此该条款前段部分由原来的结果犯变成危险犯。还有《刑法修正案(八)》及之后 2013、2016 年"两高"联合发布的有关办理环境污染刑事案件的司法解释,将《刑法》第 338 条污染环境罪由结果犯调整为危险犯。① 该罪在《刑法修正案(八)》之前要求污染环境造成重大污染事故等危害结果才能追究刑事责任。《刑法修正案(八)》修正后,不再要求导致公私财产遭到重大损失,也不要求造成人身伤亡的严重后果,只需满足罪状规定的"严重污染环境"即可构成犯罪,行为人可被处 3 年以下有期徒刑或者拘役。这意味着取消了该罪的结果构成要件,既遂无需以出现重大损失或后果为构成要件,只要行为人违反了国家规定,排放倾倒或处置含有放射性或者含有传染病病原体的废物、有毒有害物质,就被认定为是对环境的严重污染行为,即可成立污染环境罪,而且是既遂。"两高"的这个司法解释在第 1 条就列举了"严重污染环境"的 14 种情形,但其最后(十四)项规定的"其他严重污染环境的情形"系兜底条款,这意味着"严重污染环境"的情形范围无限定,可以根据需要进行能动性的解释扩大。这种将结果犯修改为危险犯的变化也是预防性刑事立法的体现。

三、具体危险犯向抽象危险犯调整

为了强化对特定领域、特定对象或特别重大的法益保护,有效预防和控制风险,我国《刑法(修正案)》删除了部分具体危险犯的构成要件,将具体危险犯向抽象危险犯调整,例如考虑到药品对人民身体生命健康安全的

---

① 该罪在《刑法修正案(八)》之前规定为:"违反国家规定,排放、倾倒或者处置有放射性的废物、含传染病病原体的废物、有毒物质或者其他危险废物,造成重大环境污染事故,致使公私财产遭受重大损失或者人身伤亡的严重后果的,处三年以下有期徒刑或者拘役,并处或单处罚金。"

极端重要性,且涉及的广泛性,《刑法修正案(八)》将生产、销售假药罪由具体危险犯修改为抽象危险犯。根据修改前的规定,生产、销售假药罪需要满足"足以对人体健康造成严重危害"这一要件,而《刑法修正案(八)》将"足以严重危害人体健康的"删除,直接改为"生产、销售假药的,处三年以下有期徒刑或者拘役",这一修改表明,只要行为人实施了生产假药或者销售假药的行为就构成犯罪,不需要再证明生产、销售假药的行为达到足以严重危害人体健康的程度。也就是说,即使没有达到足以严重危害人体健康的程度,其生产、销售假药的行为也构成生产、销售假药罪。这一修改的调整,明显加强了对这类行为的刑罚预防和控制、打击力度,是预防性刑事立法的体现。

第四节　扩张犯罪构成要件的适用范围

《刑法(修正案)》和立法、司法解释通过调整犯罪构成要件要素、扩张适用范围、严密刑事法网,体现了刑法干预的早期化、扩张化、能动化、活性化,以达到有效惩治、预防和控制犯罪的目的。

一、调整构成要件该当性要素

通过调整犯罪实行行为要素、增加犯罪实行行为方式、扩张犯罪主体范围及犯罪对象、减少构成要件要素、降低入罪规格、增加作为义务、扩大中立行为的刑法干预等方式,调整构成要件该当性要素,扩大处罚范围,严密刑事法网,增加刑法干预的能动性、早期化,达到惩治、预防和控制犯罪的目的。

(一)调整、增加犯罪实行行为要素

通过增加某罪的客观行为方式,扩大该罪的适用范围,或者将原来不属于犯罪的行为将其入罪,并对其设置独立罪名。例如,《刑法修正案(四)》在《刑法》第345条第3款原来规定的非法收购盗伐、滥伐林木行为的基础上增加了"运输"这一行为,从而将对盗伐、滥伐的林木进行运输的行为也纳入《刑法》,罪名也相应修改为非法收购、运输盗伐、滥伐的林木罪,以便全面打击盗伐、滥伐林木行为,周延林木自然资源保护链条。《刑法修正案(五)》在《刑法》第196条信用卡诈骗罪中增加"使用以虚假的身份证明骗领信用卡的"行为方式,扩张了信用卡诈骗罪的实行行为。《刑法修正案(七)》对于《刑法》第180条规定的内幕交易、泄露内幕交易信息罪的行为方式,在《刑法修正案(四)》的基础上增加了"明示、暗示他人从事上述交易活动"的行为要素。对于非法经营罪,《刑法》通过修正案不断增加行为方式。① 此外,非法经营罪通过司法解释来扩张该罪第四项"其他严重扰乱市场秩序的非法经营行为"的适用范围。1998—2015 年,我国先后通过司法解释将非法买卖外汇、非法生产、销售"伪基站"设备、非法生产、销售赌博机等十几类行为,②解释为非法经营罪的实行行为,以应对市场经济社会中不断出现的扰乱市场经济秩序的行为。为进一步维护武装部队专用标志的管理秩序,《刑法修正案(七)》将伪造、盗窃、非法使用武装部队专用标志情节严重的行为纳入刑罚惩治的范围,③并将原来的非法生产改为非法提供,意味着不论武装部队专用标志是行为人生产的,还是通过其他非法渠道例如非法出借、抢夺、抢劫、诈骗等方式获得并提供的,均可构成非法提供武装部队专用标志罪。在增加了这些行为方式后,《刑法》第375 条又增设第 3 款,将罪名从原来的非法生产、买卖军用标志罪中分离出来,独立成为伪造、盗窃、非法提供、非法使用武装部队专用标志罪。2009 年 8 月,全国人大常委会发布《关于修改部分法律的决定》,将《刑法》

---

① 《刑法修正案(一)》对《刑法》第 225 条非法经营罪增加了一种行为方式,即"未经国家有关主管部门批准非法经营证券、期货、保险业务"的行为。2009 年,《刑法修正案(七)》对非法经营罪又增加了"非法从事资金支付结算业务的"行为。

② 1998—2015 年,"两高"先后通过司法解释,将非法买卖外汇、骗购外汇;非法出版、印刷、复制、发行非法出版物;经营违法音像制品;擅自经营国际电信业务或者港澳台电信业务;在生产、销售的饲料中添加盐酸克伦特罗等禁止在饲料和动物饮用水中使用的药品或者是销售明知是添加有该类药品的饲料;在预防、控制突发传染病疫情等灾害期间违反规定哄抬物价、牟取暴利严重扰乱市场秩序;擅自设立互联网上网服务营业场所,或者擅自从事互联网上网服务经营活动;通过信息网络有偿提供删除信息服务,或者明知是虚假信息通过信息网络有偿提供发布信息等服务;非法生产、销售"伪基站"设备;非法生产、销售赌博机;以医疗为目的非法贩卖国家规定管制的能够使人形成瘾癖的麻醉药品或者精神药品等行为列为非法经营的实行行为。

③ 《刑法修正案(七)》将《刑法》原第 375 条第 2 款非法生产、买卖军用标志罪中非法生产、买卖车辆号牌等专用标志的行为,扩展为伪造、盗窃、买卖、非法提供、非法使用武装部队车辆号牌等专用标志的行为。

第 381 条原战时拒绝军事征用罪中的"征用"行为扩展为"征收、征用"行为,其罪名也相应修改为战时拒绝军事征收、征用罪;将《刑法》第 410 条原非法批准征用、占用土地罪中的"征用、占用"土地行为扩展为"征收、征用、占用"土地行为,将非法批准征收土地的行为犯罪化,扩大了刑罚规制范围,同时其罪名也相应地修改为非法批准征收、征用、占用土地罪。为了进一步维护自愿、平等、公平的市场交易秩序,保障市场经济秩序的正常进行,《刑法修正案(八)》将《刑法》第 226 条强迫交易罪的行为方式由原来的两种扩张为 5 种,①从而扩大了强迫交易罪的刑法规制范围。为进一步保护劳动者的休息权、健康权和人身自由权利,规范用工行为,《刑法修正案(八)》在《刑法》第 244 条强迫劳动罪的行为方式上增加了"以暴力、威胁的方法"强迫他人劳动的方式,使其由原来的只是"以限制人身自由的方法"扩张至暴力、威胁的方法,从而扩大了强迫劳动罪的行为处罚范围。《刑法修正案(八)》还将《刑法》第 264 条盗窃罪的行为方式直接增加了 3 种,即"入户盗窃"行为,"携带凶器盗窃"行为,"扒窃"行为,且对这 3 种行为无需数额较大的罪量要求即可构成盗窃罪,将以前借助《中华人民共和国治安管理处罚法》(以下简称《治安管理处罚法》)处罚或《劳动教养条例》处罚的盗窃行为犯罪化,对盗窃罪的刑罚范围进行扩张。《刑法修正案(八)》在《刑法》第 274 条敲诈勒索罪的基础上增加了"多次敲诈勒索"的行为方式,使得实施多次敲诈勒索而未达数额较大的行为入罪,扩大了处罚范围;对《刑法》第 280 条第 3 款伪造、变造身份证件罪的行为方式增加"买卖"行为,将买卖身份证件的行为也纳入刑罚范围,罪名相应的修改为:伪造、变造、买卖身份证件罪。为维护社会公共秩序,依法保障公民的人身、财产权利不被任意侵犯,《刑法修正案(八)》增加"恐吓他人"作为寻衅滋事罪成立的一种行为方式,将恐吓他人情节恶劣的行为纳入寻衅滋事罪的成立范围,而且新增第 2 款,对于纠集他人并多次实施寻衅滋事

---

① 增加"强迫他人参与或者退出投标、拍卖;强迫他人转让或者收购公司、企业的股份、债券或者其他资产;强迫他人参与或者退出特定的经营活动"三种行为方式。

的行为,且对社会秩序造成严重破坏的,刑罚最高刑提高至 10 年有期徒刑,这显然既扩大了寻衅滋事罪的规制范围,又加大了刑罚的力度。类似的还有《刑法修正案(八)》对扰乱法庭秩序罪行为方式的增加。①《刑法修正案(九)》对《刑法》第 267 条抢夺罪增加了"多次抢夺"的实行行为方式,并且无数额要求,这意味着即使多次抢夺未达到数额较大的标准,也可构成抢夺罪;《刑法》第 290 条增加多次对国家机关工作秩序予以扰乱,在经过行政处罚以后仍然不予改正,最终造成严重后果的行为,将其规定为扰乱国家机关工作秩序罪的实行行为。

我国的刑事立法通过刑法修正案形式直接增设刑法罪名,将原来不属于犯罪的行为犯罪化,并对其设置独立罪名,以严密刑事法网,扩张刑罚的规制范围。例如针对实践中公司或企业隐匿、销毁会计凭证、账簿、会计报告扰乱公司企业管理秩序的行为,《刑法修正案(一)》在《刑法》第 162 条将隐匿或者故意销毁会计凭证、会计账簿以及财务会计报告且情节严重的行为纳入刑罚规制的范围,并设立独立的罪名,以规范公司企业的财务行为,维护国家的会计管理秩序,促进市场经济秩序的有序运行。为了打击从国外走私废物进境的行为,《刑法修正案(四)》在《刑法》第 152 条中增加第 2 款,将走私固态废物、液态废物和气态废物进境情节严重的行为纳入刑罚的惩治范围,并设立了独立的罪名——走私废物罪。为了加大对走私行为的打击力度,《刑法修正案(四)》还在《刑法》第 155 条关于走私罪论处的情形中,增加了在界河或界湖运输、收购贩卖国家禁止进出口物品或国家限制进口货物物品数额较大的行为方式,扩大了以走私罪论处的行为场域。为了遏制非法雇用童工从事危重劳动的行为,保护未成年人的身体健康,《刑法修正案(四)》在《刑法》第 244 条之一增设了雇用童工从事危重劳动

---

① 《刑法修正案(八)》修改了《刑法》第 309 条扰乱法庭秩序罪,增加了"殴打诉讼参与人""侮辱、诽谤、威胁司法工作人员或者诉讼参与人,不听法庭制止,严重扰乱法庭秩序""毁坏法庭设施,抢夺、损毁诉讼文书、证据等扰乱法庭秩序情节严重的行为"等行为方式,删除了聚众哄闹、冲击法庭或者殴打司法工作人员中必须"严重扰乱法庭秩序"才能构成犯罪的量罪要求。

罪,从而将违法雇用童工从事危重劳动的情形规定为犯罪行为。[①] 针对妨害信用卡管理、破坏金融管理秩序的行为,《刑法修正案(五)》增设《刑法》第 177 条之一的妨害信用卡管理罪,将明知且持有、运输伪造的信用卡、伪造的空白信用卡,以及非法持有他人信用卡等行为规定为该罪的实行行为。同时,在该条之一增设第 2 款,将窃取、收买、非法提供他人信用卡信息资料的行为以窃取、收买、非法提供信用卡信息罪予以刑罚,并规定对金融机构的工作人员利用职务便利实施该行为从重处罚。为了保护股东和社会公众对公司、企业重要信息的知情权,维护国家关于公司、企业的财会报告及其他重要信息的管理秩序,《刑法修正案(六)》在《刑法》第 161 条中规定,若公司、企业不按照规定披露其依法应予以披露的其他重要信息,则会对其动用刑罚进行规制,并将原来的罪名——提供虚假财会报告罪,修改为违规披露、不披露重要信息罪,从而扩大了刑罚规制的范围。《刑法修正案(六)》在《刑法》第 262 条之一增设了组织残疾人、儿童乞讨罪,对采用暴力或胁迫手段将残疾人或未满 14 周岁的未成年人组织起来进行乞讨的行为予以刑罚,并单独设置该罪名,以保护残疾人、未成年人的人身自由和人格尊严。随着社会的发展,一些犯罪分子不仅组织未成年人乞讨,而且组织未成年人进行盗窃,为此,《刑法修正案(七)》将组织未成年人实施盗窃、诈骗、抢夺等违反治安管理活动的行为入罪,并单独增设《刑法》第 262 条之二组织未成年人进行违反治安管理活动罪,以惩治和预防组织未成年人进行违法活动的行为,进一步保障未成年人的权利,并维护社会秩序。为了维护仲裁活动的公正性、维护当事人的合法权益,《刑法修正案(六)》增设了《刑法》第 399 条之一枉法仲裁罪,将仲裁员枉法裁决情节严重的行为规定为犯罪。为了进一步维护国家对证券、期货市场的管理秩序和广大投资者的合法权益,以及维护国家对客户资金及其他信托资产的管理秩序

---

① 《刑法修正案(四)》将违反劳动管理法规,雇用未满十六周岁的未成年人从事超强度体力劳动,或者从事高空、井下作业,或者在爆炸性、易燃性、放射性、毒害性等危险环境下从事劳动,情节严重的行为规定为雇用童工从事危重劳动罪。

和广大投资者的财产利益,《刑法修正案(七)》在《刑法》第 181 条第 2 款、第 185 条之一中增设了利用未公开信息交易罪、背信运用受托财产罪,①同时,在第 185 条之一第 2 款中增设违法运用资金罪,②以维护国家对公众资金的管理秩序和社会公众合法的财产利益。在《刑法》第 285 条第 2 款中增设非法获取计算机信息系统数据、非法控制计算机信息系统罪,从而将非法侵入普通计算机信息系统、获取该计算机系统中存储处理或者传输的数据、非法控制该计算机信息系统情节严重的行为入罪,以维护计算机信息系统的安全。为了进一步打击贪污贿赂腐败,惩治近亲属和关系人贿赂腐败问题,《刑法修正案(七)》在《刑法》第 388 条中增设利用影响力受贿罪。③《刑法修正案(八)》还在《刑法》第 205 条后增设第 205 条之一的虚开发票罪,该罪将虚开增值税专用发票以及用于骗取出口退税或抵扣税款的发票之外的其他发票的行为也纳入刑罚的范围,周延了发票虚开的刑罚规制范围;在《刑法》第 210 条之一中增设持有伪造的发票罪,将明知是伪造的发票而持有数量较大的行为规定为犯罪行为,以维护国家发票的管理秩序。为打击和预防非法组织、欺骗、强迫他人出卖、捐献器官、摘取不满 18 周岁的人器官等行为,《刑法修正案(八)》增设了《刑法》第 234 条之一

---

① 《刑法修正案(七)》在《刑法》第 181 条中增设第 2 款,将证券交易所、期货交易所、证券公司、期货经纪公司、基金管理公司、商业银行、保险公司等金融机构以及监管部门、行业协会的工作人员,利用职务便利获取的内幕信息以外的其他未公开的信息,违规从事与该信息相关的证券、期货交易活动,或者明示、暗示他人从事相关交易活动的行为,规定为利用未公开信息交易罪的实行行为。增设《刑法》第 185 条之一,将商业银行、证券公司、期货交易所、证券公司、期货经纪公司、保险公司或者其他金融机构,违背受托义务,擅自运用客户资金或者其他委托、信托的财产,情节严重的行为,以背信运用受托财产罪予以刑罚。

② 《刑法修正案(七)》对社会保障基金管理机构、住房公积金管理机构等公众资金管理机构,以及保险公司、保险资产管理公司、证券投资基金管理公司违反国家规定运用资金的行为,规定为违法运用资金罪的实行行为。

③ 将国家工作人员的近亲属、与其关系密切的人利用国家工作人员的职务行为,或者其职权或者地位形成的便利条件,通过其他国家工作人员职务上的行为,为他人谋取不正当利益,索取或者收受贿赂的行为犯罪化,并将其单独规定为利用影响力受贿罪。

第 1 款组织出卖人体器官罪,并增设第 2、3 款,以故意伤害罪、故意杀人罪、侮辱尸体罪处罚违背他人意愿摘取器官、强迫、欺骗捐献器官、摘取尸体器官等行为。① 为了加大打击和预防故意拖欠劳动者工资的行为,促使用工方积极履行工资支付义务,《刑法修正案(八)》增设了《刑法》第 276 条之一拒不支付劳动者报酬罪,将那些拒不支付劳动报酬的违法行为由原来的行政处罚升级为刑事处罚。② 为维护国家正常的食品安全监督管理活动,加大对食品安全事故监管,以及对重大食品安全事故进行有效预防,《刑法修正案(八)》增设《刑法》第 408 条之一的食品监督管理渎职罪,将食品监管人员滥用职权、玩忽职守的行为以特别罪名加重处罚,以警戒、促使食品监管人员积极履行职责,充分发挥刑罚的预防功能。《刑法修正案(九)》在《刑法》第 280 条之一中增设使用虚假身份证件、盗用身份证件罪,将使用虚假身份证、护照等身份证件的行为规定为犯罪行为,③以维护国家对公民身份证件的管理制度及社会公共秩序。《刑法修正案(九)》在《刑法》第 284 条之一中增设组织考试作弊罪等,以维护正常的考试秩序以及广大考生的公平竞争权,为选拔真正优秀考生提供法律保护。《刑法修正案(九)》对《刑法》第 290 条增设组织、资助非法聚集罪,以维护正常的社会生产生活秩序。为进一步维护社会公共秩序,《刑法修正案(九)》对《刑法》第 291 条之一的投放虚假危险物质罪以及编造、故意传

① 《刑法修正案(八)》将未经本人同意摘取其器官,或者摘取不满十八周岁的人的器官,或者强迫、欺骗他人捐献器官的行为,以故意杀人罪、故意伤害罪处罚;对违背本人生前意愿摘取其尸体器官,或者本人生前未表示同意,违反国家规定,违背其近亲属意愿摘取其尸体器官的行为,以侮辱尸体罪处罚。

② 《刑法修正案(八)》对以转移财产、逃匿等方法逃避支付劳动者报酬或者有能力支付而不支付劳动报酬,经政府有关部门责令支付仍不支付的行为,处以刑罚;同时在第 3 款规定,在提起公诉前支付劳动报酬并承担了相应赔偿责任未造成严重后果的用工方,可以减轻或者免除处罚,促使其在刑事诉讼程序中积极履行义务。

③ 《刑法修正案(九)》将"在依照国家规定应当提供身份证明的活动中,使用伪造、变造的或者盗用他人的居民身份证、护照、社会保障卡、驾驶证等依法可以用于证明身份的证件,情节严重"的行为予以犯罪化,并增设使用虚假身份证件罪的罪名。

播虚假恐怖信息罪进一步扩张,在该条之一第 2 款增设编造、故意传播虚假信息罪。^①《刑法修正案(九)》在《刑法》第 307 条之一中增设虚假诉讼罪,将虚假诉讼行为进行刑事处罚;^②在《刑法》第 308 条之一中增设泄露不应公开的案件信息罪,用刑罚规制诉讼参与人的信息泄露行为;^③在《刑法》第 350 条中增设非法生产、运输制毒物品罪;在《刑法》第 390 条之一中增设对有影响力的人行贿罪,通过刑罚惩罚行贿人,以预防和控制国家工作人员及其近亲属的受贿等腐败行为。^④ 为进一步维护国歌、国家的尊严,《刑法修正案(十)》在《刑法》第 299 条中增设侮辱国歌罪,将在公众场合故意侮辱国歌、情节严重的行为^⑤予以入刑,并规定为侮辱国歌罪,以维护国歌奏唱、使用的严肃性及国家尊严。此外,《刑法修正案(十一)》还在《刑法》中增设第 133 条之二妨碍安全驾驶罪;第 134

---

① 《刑法修正案(三)》在《刑法》第 291 条之一中增设投放虚假危险物质罪、编造、故意传播虚假恐怖信息罪。之后,《刑法修正案(九)》进一步扩张,将投放虚假的爆炸性、毒害性、放射性、传染病病原体等物质,或者编造爆炸威胁、生化威胁、放射威胁等恐怖信息,或者明知是编造的恐怖信息而故意传播,严重扰乱社会秩序的行为入罪,并在该条之一第 2 款规定为独立的罪名;将编造虚假的险情、疫情、灾情、警情在信息网络或者其他媒体上传播,或者明知是上述虚假信息,故意在信息网络或者其他媒体上传播严重扰乱社会秩序的行为规定为犯罪行为,并单独成立编造、故意传播虚假信息罪。

② 《刑法修正案(九)》将以捏造的事实提起民事诉讼,妨害司法秩序或者严重侵害他人合法权益的行为,规定为虚假诉讼罪,并对利用职权与他人共同实施虚假诉讼行为的司法工作人员从重处罚。

③ 《刑法修正案(九)》将司法工作人员、辩护人、诉讼代理人、其他诉讼参与人泄露依法不应公开审理的案件中不应当公开的信息,造成信息公开传播或者其他严重后果的行为予以入刑,并规定为泄露案件信息罪。

④ 《刑法修正案(九)》将为谋取不正当利益,向国家工作人员的近亲属、关系密切的人、离职的国家工作人员或者其近亲属以及其他关系密切的人行贿的行为纳入犯罪行为,并独立规定为对有影响力的人行贿罪,且规定单位可成立该罪。

⑤ 《刑法修正案(十)》将在公共场合,故意篡改中华人民共和国国歌歌词、曲谱,以歪曲、贬损方式奏唱国歌,或者以其他方式侮辱国歌,情节严重的行为予以入刑,并规定为侮辱国歌罪。

条之一危险作业罪;第 142 条之一妨碍药品管理罪;第 219 条之一为境外窃取、刺探、收买、非法提供商业秘密罪;第 236 条之一负有照护职责人员性侵罪;第 277 条第 5 款袭警罪;第 280 条之二冒名顶替罪;第 291 条之二高空抛物罪;第 293 条之一催收非法债务罪;第 299 条之一侵害英雄烈士名誉、荣誉罪;第 303 条第 3 款组织参与国(境)外赌博罪;第 334 条之一非法采集人类遗传资源、走私人类遗传资源材料罪;第 336 条之一非法植入基因编辑、克隆胚胎罪;第 341 条第 3 款非法猎捕、收购、运输、出售陆生野生动物罪;第 342 条之一破坏自然保护地罪;第 344 条之一非法引进、释放、丢弃外来入侵物种罪;第 355 条之一妨碍兴奋剂管理罪,以进一步严密国家公共安全、市场经济秩序、公民人身权利等法益保护。

以上罪名的增设和刑罚范围的不断扩张,以及刑事立法的犯罪化、扩张化、早期化、能动化,均体现了预防性刑事立法的思想或观念。

(二) 扩张犯罪主体

通过扩张犯罪主体来扩大适用范围。一是通过将原来仅为自然人主体适用的犯罪修改为自然人和单位均可构成的犯罪。例如《刑法修正案(七)》将《刑法》第 312 条规定的掩饰、隐瞒犯罪所得、犯罪所得收益罪增加单位主体犯罪;《刑法修正案(九)》将相关计算机犯罪①增设为自然人和单位均可适用的犯罪,为维护计算机信息系统的安全运行和计算机信息系统所有人及合法用户的合法权益扩张了适用主体范围。二是将原来仅为单位才适用的犯罪拓展至自然人与单位均可适用的犯罪。例如《刑法修正案(八)》将《刑法》第 244 条规定的强迫职工劳动罪由原来的适用主体用人单位修改为自然人和单位,弥补了实践中个人采取暴力、威胁或者限制人身自由的方法强迫

---

① 具体包括《刑法》第 285 条非法侵入计算机信息系统罪和第 286 条破坏计算机信息系统罪。

他人劳动而无法适用刑罚的漏洞,以保护劳动者的休息权、健康权和人身自由等权利。三是将特殊主体修改为一般主体,扩大犯罪主体适用范围。例如《刑法》第134条重大责任事故罪,《刑法修正案(六)》将原来的"工厂、矿山、林场、建筑企业或者其他企业、事业单位的职工……违反规章制度……因而发生……",修改为"在生产、作业中违反有关安全管理的规定,因而发生……",使该罪的主体不限于单位职工,任何自然人均可构成。对于《刑法》第253条之一侵犯公民个人信息罪,《刑法修正案(九)》将该罪原来的特殊主体修改为一般主体,并对特殊主体规定从重处罚。《刑法修正案(七)》增设《刑法》第253条之一侵犯公民个人信息罪,其主体为特殊主体,即限于国家机关或者金融、电信、交通、教育、医疗等单位工作人员。该条规定实施之后,发现实践中不只是上述单位工作人员利用职务便利侵犯公民个人信息,而且自然人、其他单位也会侵犯公民个人信息。为了进一步保护公民个人信息不被侵犯,《刑法修正案(九)》将该罪的特殊主体扩大到一般主体,并将单位工作人员利用职务便利作为从重处罚的情节。四是进一步扩大特殊主体的范围,即该罪本来要求就是特殊主体,但《刑法(修正案)》整体上不改变特殊主体的要求,而是将特殊主体的范围进一步扩大。例如,《刑法》第168条的国有公司、企业、事业单位人员失职罪以及国有公司、企业、事业单位人员滥用职权罪,在《刑法修正案(一)》修改之前,其主体仅限于"国有公司、企业直接负责的主管人员",修改之后,其主体范围进一步扩大为"国有公司、企业、事业单位的工作人员",这意味着即使不是直接负责的主管人员,只要是国有公司、企业、事业单位一般的工作人员也要承担该罪的刑事责任。另外,《刑法》第163条非国家工作人员受贿罪,在《刑法修正案(六)》作出修改之前,其主体只限于"公司、企业的工作人员",而修改后扩张为"公司、企业或者其他单位的工作人员",这意味着任何单位的工作人员均可构成。《刑法修正案(七)》将《刑法》第185条挪用资金罪、挪用公款罪中的犯罪主体由原来的仅限于银行或者其他金融机构或国有金融机构的工作人员扩张至包含证券、期货交易所及证券、保险、期货经纪公司等工作人员,①扩张了两罪的犯罪主体适用范围。为依法保护民营公司、企业的利益,防止民营公司、企业内部董事、监事、高级管理人员利用职务便利,损害公司、企业利益的行为,《刑法修正案(十二)》将《刑法》第165条非法经营同类营业罪原来的主体国有公司、企业的董事、经理,扩张至其他公司、企业的董事、监事、高级管理人员,将第166条为亲友非法牟利罪原来的主体国有公司、企业、事业单位的公职人员扩张至其他公司、企业的工作人员。五是降低刑事责任年龄,扩大适用主体。《刑法修正案(十一)》在《刑法》第17条第3款中增加1款作为第三款的补充内容,即将已满十二周岁不满十四周岁的人,犯故意杀人和故意伤害罪致人死亡,或者以特别残忍手段致人重伤造成严重残疾,情节恶劣,经最高人民检察院核准追诉的,纳入刑罚范围。

(三)扩张犯罪对象

立法或司法解释通过扩张犯罪的适用对象,扩充犯罪的适用范围。在扩张犯罪对象的路径上,我国既有通过《刑法(修正案)》扩张犯罪对象的,也有通过司法解释扩张犯罪对象的。例如《刑法修正案(一)》将《刑法》第182条操纵证券市场罪的犯罪对象由原来的证券市场增加为"证券、期货市场",罪名相应的也修改为操纵证券、期货市场罪。为进一步保护耕地、林地、草原等农用地不被非法占用、破坏,《刑法修正案(二)》将《刑法》第342条原来的非法占用耕地罪的占用对象耕地,扩展为耕地、林地等农用地,之后司法解释又进一步明确农用地包括草原,从而扩张了该罪的保护对象范围,其罪名也相应地修改为非法占用农用地罪。《刑法修正案(三)》将《刑法》第114条中的投毒罪的对象"毒",扩大为毒害性、放射性、传染病

---

① 《刑法修正案(七)》将第185条挪用资金罪、挪用公款罪的犯罪主体由原来的"银行或者其他金融机构的工作人员""国有金融机构工作人员",分别扩张为"商业银行、证券交易所、期货工作交易所、证券公司、期货经纪公司、保险公司或者其他金融机构的工作人员""国有商业银行、证券交易所、期货交易所、证券公司、期货经纪公司、保险公司或者其他国有金融机构的工作人员"。

病原体等物质，其罪名同时也改为投放危险物质罪；将《刑法》第 125 条第
2 款中原来的"核材料"扩张为毒害性、放射性、传染病病原体物质，并增设
了制造、储存两种行为，罪名也相应修改为非法制造、买卖、运输、储存危险
物质罪；将《刑法》第 174 条擅自设立金融机构罪的对象由原来的"商业银
行或者其他金融机构"扩张至包含证券、期货交易所、保险公司、证券期货
经纪公司。① 同时，将该条第 2 款伪造、变造、转让金融机构经营许可证、
批准文件罪的犯罪对象，扩展至包含证券、期货交易所、保险公司、证券
期货经纪公司的经营许可证，将原来的伪造、变造、转让对象——"金融
机构经营许可证"扩张修改为"金融机构经营许可证或者批准文件"，增
加了犯罪对象"批准文件"。《刑法修正案（三）》《刑法修正案（六）》先后
两次将《刑法》第 191 条洗钱罪的对象范围进行扩张，增加了贪污贿赂犯
罪、恐怖主义活动犯罪、破坏金融管理秩序犯罪以及金融诈骗犯罪的所
得及其产生的收益，扩张了该罪的刑罚适用范围。《刑法》第 180 条内幕
交易、泄露内幕交易信息罪，在《刑法修正案（四）》前，只处罚证券内幕交
易、泄露证券内幕信息的行为，《刑法修正案（四）》增加了犯罪对象，将期
货内幕交易、泄露期货内幕信息也纳入该罪的处罚范围。为了加强对国
家重点保护的其他植物的刑法保护，《刑法修正案（四）》在《刑法》第 344
条原来非法采伐、毁坏珍贵树木罪已规定的犯罪对象"珍贵树木"的基础
上，又增加了"国家重点保护的其他植物"。② 此外，《刑法修正案（六）》

---

① 《刑法修正案（三）》修改前第 174 条第 1 款为："未经中国人民银行批准，擅自设立商业
银行或者其他金融机构的，处三年以下有期徒刑或者拘役"；修改后为："未经国家有关
主管部门批准，擅自设立商业银行、证券交易所、期货交易所、证券公司、期货经纪公
司、保险公司或者其他金融机构的，处三年以下有期徒刑或者拘役"。同时，该条第 2
款由原来的"伪造、变造、转让商业银行或者其他金融机构经营许可证的"，修改为"伪
造、变造、转让商业银行、证券交易所、期货交易所、证券公司、期货经纪公司、保险公司
或者其他金融机构的经营许可证或者批准文件的。"

② 《刑法修正案（四）》修改前，《刑法》第 344 条为："违反森林法的规定，非法采伐、毁坏珍
贵树木的，处三年以下有期徒刑"；修改后为："违反国家规定，非法采伐、毁坏珍贵树木
或者国家重点保护的其他植物。"

将《刑法》第164条对非国家工作人员行贿罪的行贿对象,由原来的"公司、企业的工作人员",扩张修改为"公司、企业或其他单位的工作人员。"《刑法修正案(八)》进一步在《刑法》第164条上增设第2款——对外国公职人员、国际公共组织官员行贿罪,将行贿犯罪对象扩大到外国公职人员或者国际公共组织官员。《刑法修正案(八)》删除了《刑法》第108条资助危害国家安全犯罪活动罪中的"境内组织或者个人"这一资助对象,使资助的对象扩大至一切实施该行为的人;对《刑法》第237条规定的强制猥亵、侮辱妇女罪的犯罪对象作出修改,将被强制猥亵的对象改为"他人",不再像此前一样局限于妇女,任何自然人均可成为被强制猥亵罪的对象,罪名也相应地被修改为强制猥亵、侮辱罪。《刑法修正案(九)》在《刑法》第260条之一增设了虐待被监护、看护人罪,使被虐待的对象扩大至老年人、未成年人、患者以及残疾人,对象也不仅限于家庭人员,还包括负有监护和看护职责的人监护和看管的特殊人群。此外,《刑法》还扩张了第290条聚众扰乱社会秩序罪、第311条拒绝提供间谍犯罪证据罪的行为对象。[1]

另外,《刑法》还两次通过司法解释的方式来扩张犯罪对象,例如刑法第170条伪造货币罪;第171条出售、购买、运输假币罪,金融工作人员购买假币、以假币换取货币罪;第172条持有、使用假币罪;第173条变造货币罪,将"货币"范围扩展至可在国内市场流通、兑换的人民币和境外货币,将假币范围扩张至国内不可流通、兑换的境外货币。[2]

---

[1] 《刑法修正案(九)》将医疗场所工作秩序纳入《刑法》第290条聚众扰乱社会秩序罪的行为对象;将第311条拒绝提供间谍犯罪证据罪的行为对象扩展至间谍犯罪证据、恐怖主义犯罪证据与极端主义犯罪证据,罪名相应地被修改为拒绝提供间谍犯罪、恐怖主义犯罪、极端主义犯罪证据罪。

[2] 2000年9月8日,最高人民法院《关于审理伪造货币等案件具体应用法律若干问题的解释》第7条规定:本解释所称"货币"是指可在国内市场流通或者兑换的人民币和境外货币。2010年,最高人民法院《关于审理伪造货币等案件具体应用法律若干问题的解释(二)》第3条扩张了假币犯罪的对象,将国内不可流通的或者兑换的境外货币纳入假币犯罪的范围。

（四）减少构成要件要素，降低入罪规格

决定犯罪内涵的构成要件要素，在非选择性犯罪构成要件中，通常与犯罪圈呈负相关关系，通常情况下，设置的构成要件要素如果越具体、越多，那么，犯罪圈、犯罪适用范围就越小；反之，犯罪圈以及犯罪的适用范围就会越大。所以，立法者常常会采用减少犯罪构成要件要素的方式，实质性地对现有罪名的适用范围予以扩大，例如《刑法修正案（一）》将《刑法》第168条国有公司、企业、事业单位人员失职罪，以及国有公司、企业、事业单位人员滥用职权罪中的基本犯罪构成要件要素"徇私舞弊"删除，使得原来构成该罪必须要"徇私舞弊"的要件，变成即使没有"徇私舞弊"，只要符合其他要件也可构成该罪，"徇私舞弊"要素变成了该条第3款的加重构成要件。《刑法》第201条逃税罪在《刑法修正案（三）》之前，其规定的行为方式为"纳税人采取伪造、编造、隐匿、擅自销毁账簿、记账凭证，在账簿上多列支出或者不列、少列收入"，《刑法修正案（三）》将这些具体方式删除，改成"纳税人采取欺骗、隐瞒手段"，即逃税的手段只要是欺骗、隐瞒就可以而并不限于原来的那些具体方式，并将原来要求的"经税务机关通知申报而拒不申报"的前置程序删除，不论是否经税务机关通知申报，只要行为人采取欺骗、隐瞒手段进行虚假纳税申报或者不申报，就满足逃税罪的行为要件。另外，为了降低控方的证明责任，立法者取消某些犯罪行为的主观构成要件，即犯罪目的，例如，《刑法修正案（四）》在修改《刑法》第345条第3款规定的非法收购、运输盗伐、滥伐的林木罪时，对"以牟利为目的"这一主观构成要件予以删除，①这意味着，不管是否以牟利为目的，只要非法收购、运输明知是盗伐、滥伐的林木就构成犯罪，这显然扩大了适用范围。《刑法修正案（六）》将《刑法》第135条重大劳动安全事故罪中的"经有关部门或者单位职工提出后，对事故隐患仍不采取措施"予以删除，使得该罪不受该条

---

① 《刑法修正案（四）》将《刑法》第345条第3款非法收购、运输盗伐、滥伐的林木罪规定的"以牟利为目的，在林区非法收购明知是盗伐、滥伐的林木"，修改为"非法收购、运输明知是盗伐、滥伐的林木"，在增加行为方式"运输"的同时，删除了"以牟利为目的"这一主观构成要件。

件的约束,即只要安全生产的设施、条件与国家规定不符,致使发生重大伤亡事故或者其他严重后果的,就构成重大劳动安全事故罪。《刑法修正案(六)》还增设了《刑法》第 175 条之一骗取贷款、票据承兑、金融票证罪,将贷款诈骗罪中的"非法占有为目的"删除,不管行为人是否具有非法占有为目的,只要采取欺骗手段骗取金融机构贷款就构成犯罪,并单独设置了骗取贷款、票据承兑、金融票证罪,将对象扩大到票据承兑、金融票证的骗取行为,解决了司法实践中对贷款诈骗罪中非法占有为目的取证难、证明难而社会危害性严重需要适用刑罚的问题。《刑法修正案(六)》还对《刑法》第 182 条操纵证券、期货市场罪进行了修改,删除了原条款"获取不正当利益或者转嫁风险"的要件,使得在认定是否构成该罪时,无需考虑是否获取不正当利益或者转嫁风险,只要是操纵证券、期货市场情节严重的行为,[①]就构成操纵证券期货市场罪,这显然扩大了适用范围。《刑法修正案(六)》将《刑法》第 187 条吸收客户资金不入账罪中的银行或者其他金融机构的工作人员"以牟利为目的"删除,并将"资金用于非法拆借、发放贷款"删除,改为只要吸收客户资金不入账,数额巨大或造成重大损失即可构成此罪。为了维护国家对动植物的防疫、检疫秩序,预防和控制重大动植物疫情风险,《刑法修正案(七)》删除了《刑法》第 337 条的"逃避动植物检疫",即只要妨害动植物检疫情节严重,[②]不管行为人是否逃避了动植物检疫,均构成妨害动植物防疫、检疫罪,这显然扩大了刑事惩罚和预防的范围。《刑法修正案(八)》将《刑法》第 109 条叛逃罪中的"危害中华人民共和国国家安全"删除,只要是在履行公务期间国家机关工作人员擅离

---

① 操纵证券、期货市场的行为:单独或者合谋,集中资金优势、持股或者持仓优势或者利用信息优势联合或者连续买卖,操纵证券、期货交易量、交易价格;与他人串通,以事先约定的时间、价格和方式相互进行证券、期货交易,影响证券、期货交易价格、交易量的;在自己实际控制的账户之间进行证券交易,或者以自己为交易对象,自买自卖期货合约,影响证券期货交易量、交易价格的;以其他方法操纵证券、期货市场的。

② 《刑法》第 337 条规定:"违反有关动植物防疫、检疫的国家规定,引起重大动植物疫情的,或者有引起重大动植物疫情危险,情节严重的,处三年以下有期徒刑或者拘役。"

岗位、叛逃境外或在境外叛逃的，就构成叛逃罪，而不问其是否危害我国国家安全，故降低了入罪规格，扩大了适用范围。《刑法修正案（八）》将《刑法》第 244 条强迫劳动罪中基本犯的"情节严重"删除，规定只要实施了以暴力、威胁或者限制人身自由的方法强迫他人劳动的即构成强迫劳动罪，无需"情节严重"，情节严重可构成加重处罚的要件。《刑法修正案（八）》删除了《刑法》第 343 条的非法采矿罪中的"经责令停止开采后仍然拒不停止开采"这一前置行政措施条件，以非法采矿"情节严重"的弹性规定取而代之。为了进一步维护国家对无线电通信管理秩序，《刑法修正案（九）》将《刑法》第 288 条扰乱无线电通信管理秩序罪中的"经责令停止使用后拒不停止使用"删除，并将原来的"造成严重后果的"改为"情节严重的"，将那些扰乱无线电通信管理秩序没有经责令停止使用后拒不停止使用，且未造成严重后果但情节严重的行为也纳入了犯罪范围，这显然降低了该罪的入罪条件，扩大了适用范围。《刑法》第 322 条偷越国（边）境罪，删除了一般偷越国（边）境罪行为所要求的"情节严重"的量罪要求，并对为实施恐怖活动偷越国（边）境的行为作为加重处罚的情节，从而降低了入罪标准，扩大了适用范围。为了降低指控证明要求、方便有效指控犯罪，立法者有时还通过立法解释的方式降低控方对"明知"的证明要求。①

---

① 例如，2014 年通过的《关于〈中华人民共和国刑法〉第 341 条、第 312 条的解释》明确规定："知道或者应当知道是国家重点保护的珍贵、濒危野生动物及其制品，为食用或者其他目的而非法购买的，属于刑法第 341 条第 1 款规定的非法收购国家重点保护的珍贵、濒危野生动物及其制品的行为"；"知道或者应当知道是刑法第 341 条第 2 款规定的非法狩猎的野生动物而购买的，属于刑法第 312 条第 1 款规定的明知是犯罪所得而收购的行为。"这个规定将作为故意认知要素的"明知"解释为"知道或者应当知道"；"知道"是根据证据能够认定的"明知"；"应当知道"则只是根据证据能够推定的"明知"，实际也可能没有"明知"。如果辩方不能有效反驳这一推定，推定的"明知"就被认定是故意的"明知"。

（五）增加作为义务，扩大中立帮助行为的刑法干预

《刑法（修正案）》通过对部分中立帮助行为增加作为义务，使部分中立行为因未履行法定义务而构成犯罪，例如《刑法修正案（九）》在《刑法》第286条中增设的拒不履行信息网络安全管理义务罪这一罪名，即是对网络服务提供者如果拒不履行法律所规定的具体信息网络安全管理义务的行为以刑罚规制。① 在现实生活中，为他人提供网络储存、通信传输等网络服务具有中立的性质，但这种服务有可能成为信息网络违法犯罪的帮助工具，为网络犯罪起到帮助和促进的作用。为此，我国分别于2000、2012、2016年发布了《关于维护互联网安全的决定》《关于加强网络信息保护的决定》《中华人民共和国网络安全法》（以下简称《网络安全法》），对从事互联网业务的单位、网络服务提供者、网络运营者、电子信息发送服务提供者和应用软件下载服务提供者增加了网络安全管理的法定义务。② 《刑法修正案（九）》新增帮助信息网络犯罪活动罪，进一步将网络安全管理义务上升为刑法上的义务，目的显然是进一步加强对网络违

① 《刑法》第286条之一规定："网络服务提供者不履行法律、行政法规规定的信息网络安全管理义务，经监管部门责令采取改正措施而拒不改正，有下列情形之一的，处三年以下有期徒刑、拘役或者管制，并处或者单处罚金：（一）致使违法信息大量传播的；（二）致使用户信息泄露，造成严重后果的；（三）致使刑事案件证据灭失，情节严重的；（四）有其他严重情节的。"

② 2000年发布的《关于维护互联网安全的决定》规定："从事互联网业务的单位要依法开展活动，发现互联网上出现违法犯罪行为和有害信息时，要采取措施，停止传输有害信息，并及时向有关机关报告。"2012年发布的《关于加强网络信息保护的决定》指出："网络服务提供者应当加强对其用户发布的信息的管理，发现法律、法规禁止发布或者传输的信息的，应当立即停止传输该信息，采取消除等处置措施，保存有关记录，并向有关主管部门报告。"2016年发布的《网络安全法》第47条规定："网络运营者应当加强对其用户发布的信息的管理，发现法律、行政法规禁止发布或者传输的信息的，应当立即停止传输该信息，采取消除等处置措施，防止信息扩散，保存有关记录，并向有关部门报告。"第48条第2款还规定："电子信息发送服务提供者和应用软件下载服务提供者，应当履行安全管理义务，知道其用户有前款规定行为的，应当停止提供服务，采取消除等措施，保存有关记录，并向有关主管部门报告。"

法犯罪活动的预防。同样,《刑法修正案(九)》在《刑法》第311条提供间谍犯罪证据的刑法义务的基础上,将要求提供恐怖主义、极端主义犯罪的证据明确规定为刑法义务,规定了拒绝提供恐怖主义犯罪、极端主义犯罪证据罪。

二、减少归责阻却事由

刑事立法者通过减少归责阻却事由、扩张刑罚惩罚范围来加大刑法打击力度。例如《刑法修正案(九)》在对《刑法》第241条第6款规定的拐卖妇女、儿童罪作出修改时,将原来关于行为人对被买儿童没有虐待、不阻碍解救以及遵从被买妇女自身的意愿,对妇女返回原居住地不予阻碍等情形,可以不追究刑事责任的规定予以删除,修改为可从轻或减轻处罚,将刑事归责阻却事由降格为法定从宽处罚的情节。[①]《刑法修正案(九)》如此进行修改明显是强化了对收买被拐卖的妇女以及儿童犯罪行为的打击和控制力度。一方面,是考虑到"没有买方就没有卖方",预防和控制了收买妇女儿童的一方,相应地就会预防和控制卖方,既从对妇女、儿童的贩卖方进行刑罚惩治,又对妇女、儿童的购买方加大刑罚惩治力度,从立法上消除购买方免予刑事处罚的侥幸心理,双管齐下,对买卖妇女、儿童的不法行为进行共同惩治、预防与控制。另一方面,贩卖、收买妇女与儿童属于严重侵害人身权利的不法行为,是对人类文明社会底线的肆意践踏,完全不符合法治精神,故必须采用刑罚予以禁止,堵塞买卖妇女、儿童可以免于刑事责任追究的法律空间。

---

① 修改后的《刑法》第241条第6款规定：收买被拐卖的妇女、儿童,对被收买儿童没有虐待行为,不阻碍对其进行解救的,可以从轻处罚;按照被买妇女的意愿,不阻碍其返回原居住地的,可以从轻或者减轻处罚。《刑法修正案(九)》删除了原条文中的"可以不追究刑事责任"的规定,意味着删除了免责事由。

三、调整责任要素

通过调整、合并责任要素，降低、模糊罪责要素要求来扩张刑法适用范围。例如为了进一步强化食品安全监督管理人员正确履行职责，惩戒食品安全监管人员的滥用职权或玩忽职守行为，从立法层面预防和控制食品安全监管人员的渎职行为，《刑法修正案（八）》在《刑法》第 408 条之一专门增加了食品监管渎职罪，并较一般的渎职犯罪行为加重了刑事处罚力度。[1]按照以往刑事立法设置特别是《刑法》第 357 条滥用职权罪和玩忽职守罪设置的惯例，该条之一也应该是增设两个罪名，即食品监管滥用职权罪与食品监管玩忽职守罪，然而事实上，立法者在设置该渎职犯罪时，并未将关注点放在行为人的主观究竟是故意还是过失，或故意之中含有过失、过失之中含有故意的复合罪上，[2]而是将关注点放在渎职行为、导致的损失以及因果关系等一系列客观构成要件要素上。至于主观到底是故意或过失还是复合罪过则不考虑，只要行为人主观上具有可归责的责任，即可以渎职犯罪论处。之后，2011 年"两高"发布《关于执行〈中华人民共和国刑法〉确定罪名的补充规定（五）》，将滥用职权和玩忽职守合二为一地规定为食品监管渎职罪。在准确领会立法精神特别是规范目的与保护法益的基础上，不再突出强调法定犯中主观罪责要素区分为故意与过失，而是将主观罪责要素全部规范性地降格评价为过失。类似的情形还有在理解醉酒危险驾驶罪主观罪责要素上，也就是对于醉酒驾驶型危险驾驶罪，不管行为人心理状态是故意还是过失，或者是难以证明的一种模糊状态，均应当一

---

[1] 《刑法》第 408 条之一规定："负有食品安全监督管理职责的国家机关工作人员，滥用职权或者玩忽职守，导致发生重大食品安全事故或者造成其他严重后果的，处五年以下有期徒刑或者拘役。"

[2] 储槐植、杨书文：《复合罪过形式探析——刑法理论对现行刑法内含的新法律现象之解读》，《法学研究》1999 年第 1 期。

律规范性地评价为过失犯,①尽管当前通说和实务中多数观点认为醉酒驾驶型的危险驾驶罪与其他行为类型的危险驾驶罪一样,应以故意犯罪论处。②

---

① 梁根林:《"醉驾"入刑后的定罪困扰与省思》,《法学》2013 年第 3 期。
② 张明楷:《刑法学》,法律出版社 2016 年版,第 726 页。

第五节 增设保安处分等措施

一、增设禁止令、从业禁止保安处分措施

在学理上,通常可将保安处分分为四种类型:最广义的保安处分、广义的保安处分、狭义的保安处分、最狭义的保安处分。狭义的保安处分通常是指为了防止行为人再次犯罪,由法院所宣告的代替刑罚或者对刑罚进行补充适用的对人的保安处分,具体包括剥夺自由的保安处分与限制自由的保安处分。[1] 保安处分是一种为了保持社会治安、改善行为人,基于行为人所具有的危险性格而实行的一种国家处分,其目的是防止对社会有危险的人侵害社会秩序。为了防止犯罪的人再次犯罪,《刑法修正案(八)》在《刑法》第38条中增设第二款,对保安处分措施的"禁止令"作了规定。[2] 此外,《刑法修正案(八)》还在《刑法》第72条对被宣告为缓刑的犯罪分子规定了禁止从事特定活动以及禁止进入特定场所、区域和接触特定的人等规定。这两个规定的增设,意味着在我国《刑法》中增设了禁止令的保安处分措施。之后,《刑法修正案(九)》又在《刑法》第37条之一中增设从业禁止的保安处分措施。[3] 我国《刑法(修正案)》增设的禁止令、从业禁止等保

---

[1] 张明楷:《刑法学》,法律出版社2016年版,第637页。

[2] 具体规定为:"判处管制,可以根据犯罪情况,同时禁止犯罪分子在执行期间从事特定活动,进入特定区域、场所,接触特定的人。"

[3] 《刑法》第37条之一规定:"因利用职业便利实施犯罪,或者实施违背职业要求的特定义务的犯罪被判处刑罚的,人民法院可以根据犯罪情况和预防再犯罪的需要,禁止其自刑罚执行完毕之日或者假释之日起从事相关职业,期限为三年至五年。""被禁止从事相关职业的人违反人民法院依照前款规定做出的决定的,由公安机关依法给予处罚;情节严重的,依照本法第三百一十三条的规定定罪处罚。"

安处分,学者认为是采取了二元主义,即在本质上保安处分与刑罚是不同的处分,其是以存在犯罪或者不法以及犯罪人的特定行为所显示的将来的危险性为前提,对各具体犯罪人的处分;刑罚以责任为根据,保安处分以行为人实施犯罪的危险性为根据;保安处分的本质是犯罪预防,不以痛苦、恶害为本质内容,是对再犯的预防,其基本性质是隔离、防范、改善,剥夺、限制自由从属于隔离、防范、改善。我国保安处分的这种性质和特征着眼于犯罪行为的预防,体现了预防性刑事立法的观念。高铭暄教授等人认为,禁止令和从业禁止中的"'犯罪情况和预防再犯罪的需要'鲜明传递了立法追求积极一般预防的司法效果,职业禁止根据犯罪情况和预防再犯罪的需要而适用,彰显了预防性立法思维……禁止令……适用条件是人身危险性或行为的社会危险性,彰显了积极预防旨趣。"[①]

二、增设财产刑

为了惩罚犯罪及预防再次犯罪,《刑法》通常对犯罪分子在判处其主刑时附加判处其财产刑,剥夺其再次犯罪的经济能力。《刑法修正案(八)》在《刑法》第 200 条单位犯罪处罚规定中,增加对集资诈骗罪、票据诈骗罪、信用证诈骗罪单位直接负责主管人员和其他直接责任人判处罚金刑,在基本犯中规定"可以并处罚金",在加重犯(数额巨大、数额特别巨大)中规定"并处罚金";在《刑法》第 274 条敲诈勒索罪中增设罚金刑。《刑法修正案(九)》对《刑法》第 120 条组织、领导、参加恐怖组织罪增加没收财产刑及罚金刑;对《刑法》第 164 条对非国家工作人员行贿罪中数额较大的情形,增加"并处罚金"刑;对《刑法》第 170 条伪造货币罪的限额罚金刑"五万元以上五十万元以下罚金"修改为无限额罚金。《刑法修正案(九)》还对《刑法》第 390 条行贿罪、第 391 条对单位行贿罪、第 392 条介绍贿赂罪、第 393 条

---

① 高铭暄、孙道萃:《预防性刑法观及其教义学思考》,《中国法学》2018 年第 1 期。

单位行贿罪的处罚增加了罚金刑。[①] 罚金刑的增设加大了对财产刑的处罚力度,剥夺了相关行为人再次犯罪的经济能力,也凸显了《刑法》预防功能的实效诉求。[②]

三、增设刑事诉讼程序救济措施

我国通过修改刑事程序,为被害人提供刑事程序救济措施,加大对被告人的打击力度,进一步严密刑事法网。随着信息社会的快速发展与信息网络的广泛普及,实践中通过信息网络进行侮辱、毁谤他人的行为频繁发生,而且由于信息网络的快速扩散效应,侮辱、毁谤行为对公民造成的损害后果容易被无限放大。为了进一步保护公民的人格、名誉、尊严,解决公民在信息社会中被网络侮辱、毁谤而难以收集、固定犯罪证据的难题,《刑法修正案(九)》在《刑法》第 246 条侮辱罪、毁谤罪中增设了刑事程序救济措施,规定通过信息网络而实施第 1 款所规定的行为,被害人若向人民法院提起自诉,但是提供证据确实存在困难的,人民法院可以要求公安机关予以协助。[③] 此外,还在《刑法》第 260 条的虐待罪中新增规定,为受虐待却没有能力告诉、因受强制无法告诉、因受威吓无法告诉三种情形的被害人提供救济措施,使其不限于告诉才处理,为被害人维护自己在家庭生活中的平等权及其人身安全提供了刑事救济措施。

---

① 此外,《刑法修正案(九)》还对《刑法》第 283 条非法生产、销售专用间谍器材、窃听、窃照专用器材罪,增设罚金刑;对《刑法》第 300 条组织、利用会道门、邪教组织、利用迷信破坏法律实施罪,增设罚金刑。

② 高铭暄、孙道萃:《预防性刑法观及其教义学思考》,《中国法学》2018 年第 1 期。

③ 《刑法修正案(九)》针对本罪特别增设了诉讼救济措施,《刑法》第 246 条第 3 款规定:"通过信息网络实施第一款规定的行为,被害人向人民法院告诉,但提供证据确有困难的,人民法院可以要求公安机关提供协助。"这一规定,消除了被害人提起侮辱罪、诽谤罪刑事自诉的举证困难,大大方便了被害人提起刑事自诉,由此可以激活长期陷于沉睡状态的《刑法》第 246 条,从而强化了《刑法》对公民人格、名誉、尊严的保护。参见梁根林:《刑法修正:维度、策略、评价与反思》,《法学研究》2017 年第 1 期。

　　本章对预防性刑事立法在我国的扩张表现进行了具体梳理。从 1997 年《刑法》的制定到历年的《刑法（修正案）》，以及部分单行刑法的发布，刑事立法通过多种路径逐渐进行犯罪化的扩张，不断拓展刑罚规制范围，增加预防性及程序性救济措施。这种刑法干预扩大化、早期化、法益保护前置化、活性化、能动化等特征，凸显了刑法的积极预防功能及工具属性，体现了由传统的以惩罚犯罪为中心向预防和控制犯罪为中心转向、消极的法益保护观向积极的法益保护观转变、法益侵害的事后惩罚向法益侵害的事先预防的转变等理念与特征。以安全价值为优位、预防和控制法益侵害危险、防卫社会风险、实现社会控制成为刑事立法的主要任务。

第三章

我国预防性刑事立法扩张的正当化根据

笔者目前尚未见到有学者明确提出或系统性提出预防性刑事立法的正当性根据，只有部分学者提到了其出现的合理性原因。例如，周光权教授认为，"刑罚早期化与转型中国社会的发展存在内在联系……积极刑法立法观的确立有其社会基础，也更符合时代精神"；[①]何荣功教授认为，预防刑法作为一项时代命题，对应着一定的时代背景与现实社会需求，刑法立法的预防转向是现代国家职能发展的结果，具有民主政治上的合法性。[②] 笔者认为预防性刑事立法具有以下相关理论及实践根据。

第一节　理　论　根　据

在探索法益保护前置的理论基础或者风险刑法理论的正当性依据上，学界有不同的观点。有的学者认为，法益保护前置的理论基础可以从"积极的一般预防机能的实现""法益实现条件的确保""行为无价值的必然结论"三个方面进行说明，即积极的一般预防论所追求的是确证现行刑法规范的妥当性，强化、觉醒规范信赖意识，法益保护前置化的措施强调的正是这种积极的一般预防机能的实现；刑法介入早期化是为了对法益实现条件的确保；法益保护前置是行为无价值论的必然结论。[③] 有学者认为，风险刑法理论刑罚正当性依据整体倾向目的刑论，实际是积极的一般预防理论。[④] 笔者认为，这些学者站在不同的角度，对法益保护前置或风险刑法的理论基础进行探索，分析了积极预防、法益提前保护等目的性立法的基础，具有各自的合理性，值得参考，但"法益实现条件的确保"更多的是实践

---

① 周光权：《积极刑法立法观在中国的确立》，《法学研究》2016 年第 4 期。

② 何荣功：《预防刑法的扩张及其限度》，《法学研究》2017 年第 4 期。

③ 姚贝、王拓：《法益保护前置化问题研究》，《中国刑事法杂志》2012 年第 1 期。

④ 李琳：《"风险刑法"的反思与批判》，东南大学博士学位论文，2016 年。

需要,将其归为理论基础值得商榷。笔者从另外的角度分析认为,可以从功利主义刑法立法原理、行为无价值的违法性本质、风险刑法理论三个角度,探索分析预防性刑事立法的理论基础和正当性根据。

一、根据的基底:功利主义刑法立法原理

预防性刑事立法基于功利主义立法原理,借助刑罚的扩张、刑法介入前置等措施,充分发挥刑罚的惩罚与预防功能,惩治罪犯和警戒、控制潜在的行为人,以预防和控制犯罪。古典学派的英国功利主义思想家边沁认为,"立法者应以公共利益为目标,最大范围的功利应成为其一切思考的基础",立法的科学使命是了解共同体的真正利益,并找到实现这一利益的手段。他强调立法的目标是公共利益而非个体利益,功利是立法的基础,为了实现公共利益,关键是要找到合适的手段,"凡与某一共同体的功利或利益一致的事物,即为有助于增加该共同体的诸个人的幸福总量的事物。"[1]他认为,"功利"是一个抽象术语,它表达一个事物使某些恶不能发生或导致某些善发生的性能或倾向,求乐避苦原则是人性的根本;功利主义才是立法的真正原则,这种原则是普遍的,而背离功利主义的其他立法原则都是不成立的;通过惩罚与奖赏来塑造社会民众的幸福,犯罪是因某行为会产生或可能产生某种罪恶而被人们认为应当禁止的行为。[2] 立法者分析比较犯罪行为的恶与惩罚恶的轻重,借助有效、及时的惩罚以及与功利观念相一致的其他预防犯罪策略,来达到遏制犯罪的目的,"为预防一个犯罪,抑制动机的力量必须超过诱惑动机"。[3] 当罪犯实施的两种犯罪行为

---

① [英]吉米·边沁:《立法理论》,李贵方等译,中国人民公安大学出版社 2004 年版,第 1 页。

② [英]吉米·边沁:《立法理论——刑法典原理》,李贵方等译,中国人民公安大学出版社 1993 年版,第 1 页。

③ [英]吉米·边沁:《立法理论——刑法典原理》,李贵方等译,中国人民公安大学出版社 1993 年版,第 66 页。

具有关联性时,对较轻的犯罪行为适用较轻的刑罚,对严重的犯罪行为适用严厉的刑罚,抑制动机的力量会促使罪犯在较轻阶段停止犯罪行为。惩罚的首要目的是防止发生类似的犯罪。他还提出了预防犯罪的策略以禁止次要犯罪的方法预防主要犯罪,对预备罪行及表明犯意的次要罪行的惩治,以预防主罪的发生,例如,禁止携带便于袭击的、易于藏匿的武器,禁止销售毒药,等等。马克昌教授认为,边沁的刑事立法理论的指导思想是完全彻底的功利主义思想,为社会构筑了一套完备的刑事立法理论体系,它以预防、遏制犯罪之恶的实际效果作为功利的标准,确立、评价每一项刑法原则。在宏观方面,他的刑事立法理论是对人类的伟大的贡献。[①] 理查德·海泰斯曾在边沁的《道德与立法原则导论》的序言(英译本)中写道:"在道德科学领域,尤其在立法领域,功利论原理是唯一确定的指南。"[②]以预防和控制社会风险、犯罪行为为目的,以安全价值优先、强化公共利益保护、防止法益遭受实际损害的预防性刑事立法方式,出于预防和控制危险、保障社会公共安全、实现社会控制的功利目的,正是功利主义思想在刑事立法中的体现。

二、违法性本质:行为无价值的违法性根据

正如前述,违法性的实质是行为无价值和结果无价值。预防性刑事立法观所采取的违法性根据是行为无价值还是结果无价值,多数学者认为是行为无价值,少数学者认为是结果无价值。何荣功教授认为,"单从形式上看,预防刑法表现为立法规制所针对的中心由结果调整至行为。"[③]行为无价值一般是指对于与结果切断的行为本身的样态所做的

---

① 马克昌、莫洪宪:《近代西方刑法学说史》,中国人民公安大学出版社 2008 年版,第82—94 页。

② [英]吉米·边沁:《立法理论——刑法典原理》,李贵方等译,中国人民公安大学出版社 1993 年版,第 1 页。

③ 何荣功:《预防刑法的扩张及其限度》,《法学研究》2017 年第 4 期。

否定评价,行为无价值中的"行为"被认为是指行为本身及行为人的主观内容,是从"行为"出发思考问题,只有对那些因明显不妥当的行为造成恶果的才给予处罚。这种观点重视过程,强调通过"恶行"造成"恶果",在进行违法性判断时要考虑行为人的意思内容,即存在于行为人心中的状态(例如故意)。行为无价值侧重于"行为过程",只要侵害行为本身是"恶"的,即使侵害法益的结果未发生,也可以对其予以刑罚规制。对其行为进行刑罚规制,本质上是因为该行为是恶的、无价值的,这就是违法性的实质或根据。

行为无价值支持一般预防论,强调积极、规范的一般预防。积极的一般预防论以肯定行为规范的重要性为前提,认为犯罪的本质是对集体意识(行为规范)的侵害,刑罚是对规范违反行为的确认、反击,通过惩罚向社会显示侵害集体意识(行为规范)的行为是错误的并且需要谴责、惩治,刑罚制裁对没有违反规范的一般民众有激励、表彰和肯定的效果。坚持遵守行为规范始终是正确的选择,故积极的一般预防主旨是通过指导公众的行为,确立公众对于规范的认同、尊重,进而预防犯罪。[①] 积极的一般预防认为法规范是人类行为的指导标准,法规范必须被遵守,不容破坏,而刑罚的作用是通过威吓手段维护规范被遵守,以确保民众确信法规范,宣示规范的完整性,即借助刑罚的威吓效应,达到尊重规范的目的,并通过对破坏法规范者的处罚,强化民众的规范意识,以达到规范信赖之目的。[②] 刑罚的正当性就在于以这种积极的方式来确认行为规范有效,防止一般民众日后实施抵触规范的行为,以维持规范的安定性。"如果想要让刑法达到保护法益的效果,就只能让刑法针对未来的、尚未发生的事件发挥作用;只有透过刑罚对未来产生预防效果,才能达到法益保护的目的。"[③]行为无价值二元论中积极的一般预防追求法律教育学习效果、贯彻执行产生的忠诚效

---

① 周光权:《行为无价值论的中国展开》,法律出版社 2015 年版,第 351—355 页。

② 柯耀程:《变动中的刑法思想》,中国政法大学出版社 2003 年版,第 375 页。

③ 蔡圣伟:《刑法问题研究(一)》,元照出版有限公司 2008 年版,第 80 页。

果、满足的效果(一般民众基于违法行为被惩罚而使法律意识得到抚慰,以及冲突已经得到了结而出现的效果)。[1] 借助于这些具体效果,刑罚可以起到预防犯罪的作用。积极的一般预防论强调预防将来可能发生的犯罪,在其理论框架中,自然包含了特殊预防的内容,不会排斥特殊预防。[2]

周光权教授认为,行为无价值二元论充分吸收了法益侵害原理的合理之处,紧密结合我国社会的现实,具有合理性,在当代以及未来相当长的时期内,我国刑法应当以行为无价值二元论为核心来构建,从而实现刑罚积极的一般预防功能,维护规范的有效性。[3] 以法益保护前置、抽象危险犯、刑法介入提前等为特征的预防性刑事立法体现出现代刑法与传统刑法的区别,行为人的行为即使没有对特定的法益造成损害结果或具体危险,但如果违反了行为规范,就可推定其行为对法益产生了侵害的抽象危险,应该受到刑法上的否定性评价。从结果无价值论转为行为无价值论是刑法规制风险的必然选择,行为无价值已成为法益保护前置的理论基础。[4] 预防性刑事立法因行为本身及行为人主观内容就是"恶的",该行为具有规范违反性,对法益侵害具有严重的危险性。将其规制的对象前置化,刑罚干预早期化,在犯罪嫌疑人实施犯罪行为尚未实现危害结果时就予以刑罚惩罚,以预防和控制侵犯法益结果的最终发生有行为无价值的违法性根据。

三、直接根据:风险刑法理论

风险刑法理论源于德国风险社会理论,是风险社会理论在刑法领域不

---

[1]　[德]克劳斯・罗克辛:《德国刑法学总论(第1卷):犯罪原理的基础构造》,王世洲译,法律出版社2005年版,第43页。

[2]　周光权:《行为无价值论的中国展开》,法律出版社2015年版,第356页。

[3]　周光权:《行为无价值论的中国展开》,法律出版社2015年版,第369页。

[4]　姚贝、王拓:《法益保护前置化问题研究》,《中国刑事法杂志》2012年第1期。

断渗透下逐渐形成的理论。乌尔里希·贝克在其著作《风险社会》中指出，随着工业社会的发展，社会进入后工业时代，现代工业、现代技术促进社会发展进步的同时，也给社会带来了各种各样的风险，具有高度不可预测性、不确定性、时间滞后性、突发性等现代风险，通常使专家在专注科技贡献性时忽略或故意隐瞒其副作用……为风险埋下了发作的种子。① 随着科技在各领域的广泛应用，风险程度也在不断地加强，甚至超过了科技普及的程度和范围。"现代性正从古典工业社会的轮廓中脱颖而出，正在形成一种崭新的形式——（工业的）'风险社会'"。② 贝克认为，风险社会理论是经过详细了解、分析未来社会及现实社会有可能存在或已经存在的"社会疾病"后得出的诊断性结论，是未来的预见性和现实的判断性的统一。其指出，科技作用具有两面性，既有正面作用，带来社会的进步，也会产生负面的危害，这种危害的特点是发作的突发性、时间滞后性和超越常规性，科技全球性的世界已成为全球风险世界。他认为，在这个超越疆界的科技全球化时代，风险必然全球化，现在不是要去回答是否有风险的问题，而是应该考虑如何去面对和规避风险。③

在全球化浪潮中，社会经济、政治、文化、信任等风险更加突出。全球化主义者与反全球化主义者之间产生了对抗危险。反全球化主义者认为，全球化会变成利益至上主义者，从而加深不平等，联合国、WTO、国际货币基金组织、互联网促进了政治外交全球化、经济全球化、信息全球化，伴随而来的是文化全球化。西方发达国家依靠自己科技、经济等方面的实力，臆想和杜撰了大一统的全球经济、政治、文化和军事的全球化，即所谓的"国际秩序"和"国际一致"。全球化程度越深，社会风险就越大，正如贝克教授所认为的，网络化的全球金融市场、变革下信息领

① 薛晓源、刘国良：《全球风险世界：现在与未来——德国著名社会学家、风险社会理论创始人乌尔里希·贝克教授访谈录》，《马克思主义与现实》2005 年第 1 期。

② ［德］乌尔里希·贝克：《风险社会》，何博文译，译林出版社 2004 年版，第 2 页。

③ 薛晓源、刘国良：《全球风险世界：现在与未来——德国著名社会学家、风险社会理论创始人乌尔里希·贝克教授访谈录》，《马克思主义与现实》2005 年第 1 期。

域、全球贫穷问题、普遍化要求下的人权与民主问题、新自由主义与民族理念的文明冲突、"美国式人权主义"取代世界主义等都是现实世界风险的主要根源。另外,还存在地方文化的冲突、社会认同解体、全球生态环境破坏危机等问题,这些快速的社会变迁不断打破并逾越旧的政治、经济、文化、信任、社会机制,这些现实而具体的现象和危机逐步升级,并使全球面临复杂而巨大的风险和高度的不确定性,形成人类生存的新威胁。

随着工业化、全球化、信息化的进一步发展,以及越来越明显的风险社会特征,风险理论渗透至刑法领域,逐步形成风险刑法理论。"在风险社会的逻辑支配下,一种新的刑事法律体系和一种新的刑法理论在风险社会酝酿并促成风险刑法的诞生。"①风险成了风险刑法研究的对象,预防和控制风险成了风险刑法研究的目的。风险刑法理论的倡导者和构建者德国刑法学家乌尔斯·金德霍伊泽尔于 2005 年在《马克思主义与现实》上发表《安全刑法:风险社会的刑法危险》一文,他认为,由于科技及全球化的快速发展,故社会在变迁过程中产生了形形色色的危险,这些危险反过来又影响和改变了社会。当社会无法满足人们实际安全生活需求时,刑法有理由也应当随之变动,在不限制、不背弃自由法治的前提下,应对刑法进行必要的革新;金德霍伊泽尔主张通过危险的禁止来实现安全,他认为绝对危险犯不以造成具体损害结果为惩罚的前提,而以没有形成安全状态来表述,它是一种慌乱不安而不是一个具体的损害结果。人是风险社会中的不安全因素,在主观上具有罪恶的意图或者客观上对安全条件造成损害的行为被理解为这种慌乱不安的不法。保障安全是一个风险社会稳定的基本前提条件。对安全的追求是合法的,安全是一项人权,国家必须保障安全,那些否定或忽略风险社会的危险的态度明显是错误的。安全刑法希望能够避免社会混乱。如果一个行为被证明不安全且可能造成伤害,为了避免伤害的发生,刑法就应该禁止

---

①　陈晓明:《风险社会之刑法应对》,《法学研究》2009 年第 6 期。

实施这个行为。① 在风险刑法理论的不断影响下,一些国家开始加大处罚抽象危险犯的力度,从刑事制裁视角强调犯罪人的危险性,法定犯的立法比重也越来越大,例如破坏环境资源保护犯罪、食品安全犯罪、交通犯罪等都是法定犯的典型代表。② 现行德国《刑法》经过了多次修改,加重了恐怖主义犯罪、有组织犯罪、洗钱犯罪、情节严重的人身交易、情节特别严重的违反麻醉品法行为等犯罪的处罚。德国《刑法》在 1998 年 1 月 26 日颁布了第 6 部《刑法改革法》和《与性犯罪和其他危险犯罪作斗争法》。第 6 部《刑法改革法》通过对某些犯罪构成的加重和现代化(第 306—306 条 f)、加强对特别危险领域的刑法保护(第 176—176 条 b 和 236 条),使得刑法分则向前迈出了全面改革的一大步。通过对有期徒刑的缓刑交付考验(假释)、特定的性犯罪和伤害犯罪,以及毒品犯罪(第 66 条第 3 款)行为人扩大适用保安处分,以及引进不定期的行为监督(如果被判刑人不同意或不接受治疗或戒除瘾癖的指示)(第 68 条 c 第 2 款),使《与性犯罪和其他危险犯罪作斗争法》加强了对公众安全的保护。

如前所述,我国风险社会理论和风险刑法理论源于德国,但国内刑法学者并没有照搬德国刑法,而是依据自己工作的实践和对风险社会理论的理解来探讨风险刑法理论。2007 年,劳东燕开始研究风险刑法理论与公共政策的关系,认为刑法在风险社会中变成了管理不安全性的风险控制工具,为了应对风险刑法摧毁自由的危险,需要发挥刑事责任基本原则的作用,对风险刑法进行规范与制约,处理好原则与例外的关系。2009 年,陈晓明教授在《风险社会之刑法应对》一文中较为全面地论述了风险刑法理论的主要观点和基本主张,并认为风险社会风险日益增长,传统刑法无法

---

① 〔德〕乌尔斯·金德霍伊泽尔:《安全刑法:风险社会的刑法危险》,刘国良编译,《马克思主义与现实》2005 年第 3 期。
② 刘艳红:《"风险刑法"理论不能动摇刑法谦抑主义》,《法商研究》2011 年第 4 期。

适应风险社会的需要,借助刑法防卫未来是风险社会发展的必然趋势。[①]
有学者认为,风险刑法立足于安全价值,认为只要行为或行为人具有威胁
法秩序共同体的危险,刑法就应当在该危险变成现实之前提前介入,或
对其做出一定的反应,从而化解、降低社会风险。由于法自产生之日起
就具有保障共同体安全、降低社会内部风险的职能,故在全球化风险面
前,刑法为了保障安全,必须从罪责刑法转向安全刑法,这也是所有国家
刑法的一个重要职能,否则,将因为刑法的缺位造成危险或风险。在风
险社会中,行为人所制造的风险被风险刑法所重点关注,为保证生活共
同体的安全,刑法通过禁止来降低和避免风险的实现,故立法者对保障
安全的刑法立法时,通常体现为向前推移前置防卫线,以危险犯为
重心。[②]

对于我国是否已处于风险社会、风险社会中的风险如何理解、风险社
会理论中的风险与风险刑法理论中的风险是否一致、我国是否应采取风险
刑法理论等,学者存在争论,但是,随着我国改革已进入深水区,经济发展
进入新常态,新矛盾、新问题不断涌现,诸多矛盾叠加、风险隐患增多,不仅
存在技术、经济、政治、文化和环境风险等,而且存在新危险事物的威胁和
人为风险。现代意义的风险相对于传统风险,体现出风险的人为化、风险
的积极意义与消极意义、风险影响的后果延展性、风险影响途径的不确定
性、风险的建构本性等特点。[③] 虽然学者们对风险刑法理论存在争议,但
有共性:一是风险刑法理论的中心在于安全,价值侧重点是安全(秩序)价
值而非自由价值,是行为无价值而非结果无价值;二是风险刑法理论试图
通过法益保护的前置化、预备行为实行化、未遂行为既遂化、犯罪圈扩张,
并增设预备犯、着手犯、行为犯、持有犯、危险犯等方式扩张刑事立法范围,

---

① 陈晓明:《风险社会之刑法应对》,《法学研究》2009 年第 6 期。

② 赵书鸿:《风险社会的刑法保护》,《人民检察》2008 年第 1 期。

③ 劳东燕:《风险社会中的刑法:社会转型与刑法理论的变迁》,北京大学出版社 2015 年
版,第 17—18 页。

预防和控制、化解风险社会风险;三是试图通过罪名设置前瞻性来扩张刑法边界,严密刑事法网,实现降低或控制风险、预防危害、保护法益的刑法目的,主要特点表现为:犯罪构成开放性、犯罪主体延展性、犯罪标准前置性等;四是在刑事司法层面的扩张上,主要体现为归责原则和因果法则的扩张,相较于传统古典自由刑法、罪责刑法,风险刑法理论的基本立场、观点、主张有了明显的突破。

风险刑法理论也引起了部分学者的反思与批判,他们认为风险刑法理论曲解了风险社会的含义,是具有反法治的风险理论,是安全凌驾于自由之上的不当价值取向,颠覆了刑法谦抑性原则的基本立场,助推了我国当前的不断犯罪化,与我国处于法治建设初级阶段的事实不符,导致重刑及人权保障缺失。① 笔者认为,学者们站在不同的角度对风险刑法理论进行反思与批判具有一定的合理性。风险刑法理论是适应社会的发展变迁因应而生,其是在传统以结果为本位的自由刑法难以有效应对风险社会的新型风险的情形下,为预防和控制风险,侧重安全价值,避免法益遭受损失而出现的刑法理论,一方面,具有维护国家安全、公共安全、社会秩序,预防和控制新型风险的积极意义;另一方面,具有导致刑罚过度扩张、侵袭公民权利和自由的危险和隐忧。对此,我们要辩证地看待,既要发挥风险刑法理论的积极作用,也要防范其具有的消极作用,将传统的刑法理论与风险刑法理论有机结合,发挥风险刑法理论预防和控制风险、强化法益保护、维护安全和公共秩序、实现社会控制等优势,以应对不断发展变化的风险社会。同时也要对其导致的刑罚过度扩张等带来的危险进行合理限制,理性地构建相应的预防性刑事立法观或立法方式,以满足不断发展的法治需要。风险刑法,又可称为预防刑法、象征性刑法,它是将刑法功能化立法的发展趋势,以及新型犯罪入罪化的趋势作为一类新刑法现象所进行的类型化研究。虽然风险刑法理论在学界存在争议,但在实践中,日本、德国以及我国《刑法》的多次修订在一定程度上体现了风险刑法理论的上述主张。基于

---

① 李琳:《"风险刑法"的反思与批判》,东南大学博士学位论文,2016年。

风险刑法理论的基本立场,为追求法益侵害预防与控制风险、保障安全价值、实现法益保护前置等目标,该理论为风险社会背景下预防性刑事立法的诸多特征,包括刑法干预前置化、犯罪扩张化和能动化等趋势提供了直接的理论基础。

第二节　实践根据

辩证唯物主义认为,物质决定意识,意识是物质的反映。任何社会理论总要适应现实的社会关系,法律命题也是现实的社会关系的内容。人们对现实社会实践提出了要求,就会设定相应的法律命题。如果现实中并不存在这种要求,则不可能为保障其实现而提出法律命题。① 预防性刑事立法作为一项时代命题,对应着一定的时代背景与现实社会需求。同样,我国预防性刑事立法也是顺应我国时代变迁和社会的现实需求而出现的。"经济的急速发展与社会关系的高度分化使社会呈现出风险的特征,我国刑事立法不得不紧跟社会形势频繁扩张,以应对风险社会隐藏的巨大危险。"②

一、当代中国社会转型、矛盾凸显的风险社会背景

当今世界正在经历百年未有之大变局,世界多极化、经济全球化、社会信息化、文化多样化深入发展,全球治理体系和国际秩序变革加速推进,新兴市场国家和发展中国家快速崛起,国际力量对比更趋均衡,世界各国人民的命运从未像今天这样紧密相连。③ 当代中国处于社会转型、飞速发

---

① ［日］川岛武宜:《现代化与法》,申政武、王志安、渠涛、李旺译,中国政法大学出版社1994年版,第221页。

② 高铭暄:《风险社会中刑事立法正当性理论研究》,《法学论坛》2011年第4期。

③ 习近平:《携手共命运,同心促发展:在2018年中非合作论坛北京峰会开幕式上的主旨讲话》,https://www.gov.cn/xinwen/2018-09/03/content_5318979.htm,最后访问日期:2024年4月25日。

展、复杂的国际国内关系、矛盾凸显的风险社会背景之下,我国自党的十一届三中全会决定改革开放以来,经济、政治、技术、文化、社会、工业、农业、服务业等迅速发展,各方面取得了巨大的成就,但与此同时,社会变迁也带来了一些风险。"当前,我国……改革进入攻坚期和深水区,国际形势复杂多变,面临的改革发展稳定任务之重前所未有、矛盾风险挑战之多前所未有"。"当前,我国发展……也遇到了一个过去不曾有过的各种社会矛盾多发、集中和交织叠加的矛盾凸显时期。"①关系国家政治安全、社会安全、经济安全、文化安全、意识形态领域安全、人民群众切身利益的问题较多,社会利益关系、国际关系错综复杂,人民内部矛盾呈现出新特点,群体性事件开始增多。能否有效解决遇到的各种矛盾和问题,预防和化解、控制各种风险和挑战,关系我国现代化崛起和中华民族伟大复兴的中国梦的实现。法是治国之重器,法治是国家治理体系和治理能力现代化的重要依托。立法者可以通过科学立法,运用法律规定的权利与义务、权力与责任机制,妥善调整和处理各种社会关系、利益关系,在法治轨道上有效应对和化解社会矛盾和风险,促进社会公平正义。对于具有严重危害社会的风险行为,可以运用刑罚的预防功能,科学设定刑法规范,预防和控制风险,保障国家安全、社会安全、公民人身财产等权利安全。从我国法治发展的实践来看,刑事立法在理论和实践方面必须与时俱进,科学地发展和完善,立法者必须根据我国的社会变迁,以及社会发展中的经济、政治、文化、科技、生态风险,结合我国社会治安形势、国家安全、公民的人身和财产安全等需要进行设定和修订。我国历次的《刑法(修正案)》也体现了适应社会变迁、维护国家社会安全稳定、保障公民人身财产安全、社会秩序稳定的需要。

(一)当代中国社会发展的经济风险

经济风险是指经济活动中经济损失的可能性。可能性产生的原因在

---

① 《中共中央关于全面推进依法治国若干重大问题的决定》,本书编写组:《党的十八届四中全会〈决定〉学习辅导百问》,党建读物出版社、学习出版社 2014 年版,第 33 页。

于各种不确定因素,目前国际、国内各种复杂的因素汇合成我国当代社会发展的经济风险。分析当代中国社会发展的经济风险就需要分析影响中国经济发展的各种因素。

第一,快速发展的经济全球化加剧了当代中国社会发展的经济风险。20世纪90年代以来,世界经济朝着全球化趋势不断加速发展,实质上是各种生产要素在全球范围内的流动的加快,科技、资本、人才是实现经济价值的重要生产要素,而诸如此类的先进生产要素则由发达西方国家所拥有和主导。生产要素在世界范围内流动的过程无不是资本主义经济矛盾和本质在世界范围的最大限度地展现和深化,表现在社会经济活动中就是发达国家内部的经济矛盾激化,引发社会动荡和经济危机,进而也给其他各国特别是发展中国家的发展带来了诸如失业风险、金融危机、发展中国家与发达国家贫富差距拉大等风险。乌尔里希·贝克曾指出,风险社会基本理论中最有影响、最引人注目的领域是全球性金融流通的风险,"金融潮流这种新的数字化的、在全球范围内实时进行的金融交易本身,就能使整个国家动荡不安。"①

1997—1998年亚洲金融危机波及数个国家,改变了亚洲经济的发展,一些国家的经济出现萧条,甚至影响了某些国家的政局,我国也不可避免地受到亚洲金融危机的冲击。为应对、化解金融危机,引导、促进和保障社会主义市场经济的发展,我国总结了金融体制改革和证券市场发展的实践经验,汲取了国际金融危机的教训,1998年制定了《证券法》和《关于惩治骗购逃汇、外汇和非法买卖外汇犯罪的决定》,以保护投资者的合法权益,防范和化解金融风险。2008年,美国发生次贷危机,这虽然是一场发生在美国的金融风暴,但是席卷了美国、欧盟和日本等世界主要金融市场,对我国的金融市场也产生了剧烈影响,致使全球主要金融市场出现流动性不足等危机。为应对全球金融危机,世界各国都在积极谋求应对策略。2009

---

① 〔德〕乌尔里希·贝克、约翰内斯·威尔姆斯:《自由与资本主义——与著名社会学家乌尔里希·贝克对话》,路国林译,浙江人民出版社2001年版,第166页。

年,世界社会论坛在巴西北部城市贝伦开幕,来自 150 多个国家和地区的 10 多万名代表讨论有关金融危机、环境保护和气候变化等问题。同年,世界经济论坛在达沃斯召开,讨论如何应对当前席卷全球的金融危机,以拯救世界经济。2010 年,20 国集团领导人第四次峰会在多伦多举行,讨论了世界经济形势、欧洲主债权危机、国际金融机构改革、国际金融贸易和监管等问题,会议发表了《二十国集团多伦多峰会宣言》。

2003 年,我国运行最快的超级计算机曙光 4000A 正式启动,标志着我国成为继美、日之后第三个跨越 10 万亿次计算机研发和应用的国家。信息化的发展促进了我国经济社会的全面发展,但同时也意味着利用计算机、信息网络进行计算机犯罪、电信诈骗、网络犯罪等经济犯罪风险的增加。

2001 年,中国正式加入世界贸易组织(WTO),标志着中国正式融入经济全球化的浪潮,更意味着中国经济发展将受到全球经济形势和 WTO 规则的影响,经济风险将随之增加。2007 年,中国成为世界第三大经济体。2008 年国内生产总值 30.06 万亿元,比 2007 年增长 9%,2010 年中国 GDP 为 39.8 万亿元,成为世界第二大经济体。中国的快速发展引起了美国等西方发达国家的担忧与恐慌。以美国为首的西方发达国家千方百计打压、遏制中国的经济发展,经常挑起贸易摩擦。2018 年,美国宣布对 2 000 亿美元的中国商品加征 10% 的关税,引发中美贸易摩擦。2019 年,中美贸易摩擦继续加剧,2019 年 8 月,美国宣布提高 5 500 亿美元的中国输美商品加征关税。美国将中国视为战略竞争对手,认为中国的崛起威胁了美国全球霸主地位。美国通过加征关税和对中国高科技产业的限制,试图遏制中国的技术进步和经济发展,使得贸易矛盾、经济风险不断加大。

2015 年,国际货币基金组织批准人民币加入特别提款权货币篮子,人民币与美元、欧元、日元、英镑一起构成特别提款权货币篮子,虽然有利于我国深化金融改革、推动经济发展、维护全球金融稳定,但同时也增加了金融风险。2016 年,我国跨境电子商务零售进口税收新政策发布,并同步调整行邮政策,意味着免税时代结束。在欧美联合制裁以及全球油价暴跌的双重打击下,俄罗斯经济陷入衰退,民营企业危机不断,引发各国对俄罗斯经济出现系统性风险的担忧。2018年上半年,电信诈骗、网络诈骗、网络非法吸收存款以及网络售假等案件多发、高发且涉及面广,社会影响恶劣。以P2P网贷为例,截至2018年6月,超过200家的证券平台出现问题,这意味着众多投资人可能血本无归。由此可见,随着我国经济全球化的融入和发展,我国经济一方面获得了飞速发展;另一方面,受世界经济形势的影响和变化,导致风险加剧。

第二,我国经济社会体制的自我革新也加剧了当代中国社会发展的经济风险。能否应对机遇与挑战并存的世界发展环境在根本上取决于自我革新和变化的能力。在我国的经济发展历程中,长期以来,我国实行的是计划经济体制,随着经济的发展,无论在国内经济的适应性方面,还是应对世界经济变幻,传统的计划经济体制已成为束缚我国经济发展的桎梏,因此,迫使中国进行传统计划经济体制向社会主义市场经济体制的改革。除了经济体制的改革,中国还进行了与经济体制改革相适应的政治体制、文化体制等改革。一方面,激发了中国经济的活力,使我国勇敢面对国际经济的挑战,彰显了社会主义市场经济的优势;另一方面,改革也暴露了一些问题和不足,例如资源、环境、城乡矛盾、贫富差距、供求矛盾等,这也在一定程度上成为当代中国转型发展期衍生的经济风险。

(二) 社会发展中的政治风险

随着现代化进程的推进,各国国内政治经济发展的不平衡性日益凸显,由此引发经济利益冲突、主流意识形态危机、地区矛盾以及党派斗争等问题,并对政治合法性与政权稳定构成严峻挑战。与此同时,部分发达国家为维护本国利益,在处理国际关系时甚至不惜诉诸军事手段和暴力行为。值得注意的是,发达国家与民族国家在意识形态、文化传统、宗教信仰、法治观念及治理模式等方面均存在显著差异。然而,发达国家往往试图将其民主模式和发展理念强加于民族国家,而后者则基于自身的历史传统、文化特性和发展需求,坚持独立自主的发展道路,拒绝外部干涉。这种根本理念的冲突导致双方矛盾持续升级,国际关系日趋紧张。

第一,当前国际局势持续动荡,地区冲突此起彼伏,全球安全形势日趋严峻。纵观近 20 年的国际冲突史,我们可以清晰地看到一幅充满对抗与危机的世界图景。中东地区长期处于动荡漩涡之中。2003 年,美国发动的伊拉克战争虽已结束,但该国至今未能恢复稳定,持续的暴力冲突和教派斗争已造成数万平民伤亡。巴以冲突更是中东问题的核心症结,2007 年,以色列发动的"夏雨"和"秋云"军事行动导致上千名巴勒斯坦人丧生,同时引发的黎以冲突造成近百万难民和 2 000 人死亡,直接经济损失超过 30 亿美元。这些冲突背后交织着复杂的历史、宗教、民族因素,更受到大国干预的深刻影响,使得中东局势成为难以解开的死结。在东北亚地区,朝核问题持续发酵。美韩通过部署"萨德"反导系统和频繁军演加剧了半岛紧张,朝鲜则以"全面对决战"回应,地区安全局势持续恶化。与此同时,美国战略重心转向亚太,并通过联合军演等方式强化地区存在,日本也借机推动防卫政策转型,进一步搅动地区安全格局。欧洲安全秩序同样面临严峻挑战。2009 年,俄罗斯恢复战略轰炸机巡逻,暂停执行《欧洲常规武装力量条约》,预示着俄美矛盾的深化。2022 年 2 月 24 日爆发的俄乌冲突更成为第二次世界大战以来欧洲最惨烈的战争,不仅造成重大人员伤亡,而且引发西方对俄史无前例的制裁,对全球经济、能源、粮食安全产生深远冲击。这场冲突既是北约东扩与俄罗斯战略焦虑的产物,也标志着欧洲安全架构的根本性改变。在国际治理层面,2005 年,联合国通过《制止核恐怖行为国际公约》,体现了国际社会应对非传统安全威胁的努力。然而,大国博弈、地区冲突、军备竞赛等问题仍在持续侵蚀全球安全基础,世界和平与发展面临前所未有的挑战。

第二,21 世纪以来,全球恐怖主义威胁持续升级,给国际安全带来严峻挑战。2001 年发生的"9·11"恐怖袭击事件成为全球反恐斗争的重要转折点。这场针对美国纽约、华盛顿等地的恐怖袭击不仅造成近 3 000 人遇难,而且对美国经济、政治、社会等各领域产生深远影响。据估算,该事件导致的全球经济损失高达 1 万亿美元,其冲击迅速波及世界各国。面对恐怖主义威胁的国际蔓延,全球反恐合作机制逐步建立。2001年,中国与俄罗斯、哈萨克斯坦等中亚国家共同签署《打击恐怖主义、分裂主义和极端主义上海公约》,同时加入联合国《制止恐怖主义爆炸的国际公约》。同年,中国通过《刑法修正案(三)》,以完善恐怖活动犯罪的法律规定,加大惩治力度,为维护国家安全和社会稳定提供法律保障。2004年,联合国安理会通过第1566号决议,标志着国际社会在反恐领域达成重要共识,也为后冷战时代国际秩序的重构奠定了基础。然而,全球反恐形势依然严峻。2013年前后,极端组织"伊斯兰国"(ISIS)在中东地区迅速崛起,其残暴行径和极端意识形态对国际安全构成新挑战。与此同时,恐怖袭击在全球多地持续发生:2013年,俄罗斯伏尔加格勒连续遭遇两起恐袭;2017年更成为恐怖主义肆虐之年,英国曼彻斯特体育馆爆炸案、西班牙巴塞罗那汽车冲撞事件、埃及北西奈省清真寺袭击案等相继发生,其中埃及恐袭造成数百人死伤,被当地媒体称为"现代史上最惨重的袭击"。面对这一系列安全威胁,国际社会反应不一。沙特阿拉伯王储穆罕默德·本·萨勒曼提出要消除"极端主义意识形态",[①]但各国在打击策略、军事干预程度等问题上仍存在分歧,反映出国际反恐合作的复杂性与艰巨性。全球反恐斗争任重道远,需要国际社会加强协作,共同应对这一非传统安全挑战。

第三,中国与美国等西方国家关系敏感且复杂,发展趋势相当严峻。苏联解体之后,我国成为社会主义国家的主要代表,也成了以美国为首的西方国家的主要目标。双方在意识形态领域斗争激烈。以美国为首的西方国家采取各种各样的手段,对我国进行渗透、遏制、打压。1999年,以美国为首的北约悍然轰炸我国驻南斯拉夫联盟大使馆。2009年,菲律宾通过所谓"领海基线法案",擅自将中国的黄岩岛和南沙群岛部分岛礁非法划为菲律宾领土,中国政府重申黄岩岛和南沙群岛历来都是中国领土的一部

---

① 《沙特王储誓言与极端保守势力划清界限:让国家回归温和》,http://www.china.com.cn/news/world/2017-10/26/content-41797523.htm,最后访问日期:2020年10月20日。

分,任何其他国家提出领土要求都是非法和无效的。

(三) 社会发展中的文化风险

在当今世界全球化不断推进过程中,国家间的对话与交流日益频繁,文化多元化更加突出。在社会发展中暗藏了"文明冲突"的风险。西方发达国家的文明与民族国家的文明冲突是不同文化之间的冲突,这种冲突风险会进一步转变为现实的经济、政治矛盾,甚至军事冲突,对人类生存和发展造成威胁。西方发达国家在其他国家(特别是不发达国家和发展中国家)总是试图推行其文化殖民主义。由于其经济、科技、军事等方面具备一定的优势,借助新闻媒体、电脑软件、互联网等渠道,以及学术话语体系和文化产业等手段,极力将自己的意识形态、文化观念、宗教信仰、价值取向等渗透到后发国家。文化殖民主义和文化帝国主义的入侵,导致文化帝国主义和文化保守主义风险冲突的加剧。冷战结束以后,在和平和发展的世界主题下,西方发达国家把文化输出作为其战略的重要方面,掀起了针对诸多国家的"颜色革命",企图通过文化产业和意识形态来控制和掠夺发展中国家。

中国共产党始终将文化建设摆在重要位置。改革开放以来,我国社会主义意识形态不断丰富发展,主流文化深入人心,然而,随着社会转型加速推进,思想文化领域呈现多元化发展态势,各种学说观点和思想流派层出不穷。全球范围内的各类主义与思潮在中国社会都能找到相应受众,这种思想激荡在促进文化繁荣的同时也在一定程度上弱化了社会主义主流意识形态的影响力和整合力,使其指导作用和主导地位面临新的挑战。值得注意的是,西方发达国家长期抱持文化优越论,将其标榜为"民主、自由、法治"的典范,而将发展中国家污名化为"专制、落后"的代表。这种根深蒂固的文化偏见在实践中往往表现为赤裸裸的歧视行为。近年来美欧等国屡屡发生的辱华事件,正是这种文化偏见的现实写照。究其根源,随着中国改革开放40多年来的快速发展,我国已跃升为世界第二大经济体,这一历史性成就打破了西方长期垄断的发展神话,导致部分西方人士心态失衡。

他们既难以接受中国崛起的现实,又无法摆脱殖民时代遗留的优越感,这种认知失调正是辱华事件频发的深层原因。这些现象不仅反映了西方主流社会对中国认知的严重偏差,而且暴露出其文化霸权主义思维与时代发展之间的深刻矛盾。

（四）社会发展中的科技风险

科学技术的高速发展极大地推动了人类文明进步,为社会创造了巨大财富。核能技术、化学工业和生物科技的突破,不仅为国防建设和经济发展注入强劲动力,而且为民众生活带来了前所未有的便利。然而,科技进步的负面效应同样不容忽视——日本福岛核泄漏事件导致每天300吨核污染水排入海洋,引发全球生态安全忧虑;2005年京沪高速液氯泄漏事故造成29人死亡、436人中毒的惨剧,都警示我们技术风险的现实威胁。交通运输领域的发展同样面临安全挑战。汽车保有量激增、高铁网络扩展、航空运输普及在提升出行效率的同时,也带来了系列安全隐患。2002年釜山空难、2008年胶济铁路事故、2009年南京醉驾案、2011年温州动车追尾等重大事故,无不凸显现代化交通体系中的安全管理漏洞。这些事故不仅造成重大人员伤亡,而且引发公众对交通安全的深度思考。随着互联网普及率在2015年达到48.8%,网络空间已成为犯罪新阵地。[1] 网络犯罪呈现三大特征:一是犯罪形态多样化,从金融诈骗到个人信息倒卖,从违禁品交易到恐怖主义传播;二是犯罪组织专业化,形成完整的黑色产业链;三是危害后果扩散化,例如2011年"12.21泄密门"事件影响了600万名用户,2012年网络犯罪日均侵害70万人次。[2] 时任中央政法委书记孟建柱指出,网络犯罪已占犯罪总量的1/3,成为第一大犯罪类型。[3] 面对科技发展伴生的新型风险,传统的法律规制模式面临严峻挑战:一是危害结果

---

[1] 赵秉志、袁彬:《我国网络犯罪立法的合理性及其展开》,《南都学刊》2019年第3期。

[2] 李想:《去年批捕涉嫌网络犯罪334人》,《法制日报》2016年3月11日,第3版。

[3] 商西:《网络犯罪成我国第一大犯罪类型》,《南方都市报》2016年10月14日,第A08版。

难以量化评估;二是犯罪证据难以固定提取;三是跨国协作机制尚不完善。这要求我们必须建立更加灵活、前瞻性的风险防控体系,在享受科技红利的同时有效防范各类新型安全隐患。

(五) 社会发展中的生态风险

生态环境是人类社会存在和发展的永久性的前提条件。生态环境的优劣取决于生态系统的和谐发展,生态系统是由生物群落和非生物自然因素组成的整体。人与自然的关系密不可分,人类依靠双手和智慧改造自然界,自然界也赋予人类生存和发展的财富。然而,随着人类生产技术、工业技术的不断发展进步,人类向自然索取得越来越多,从而破坏了生态系统的平衡,打破了人与自然的和谐,造成人与自然对立。如果人类遭受自然报复,则我们面临的将是不可逆转的灾难。

自工业文明兴起以来,人类活动引发的生态危机日益凸显。土壤退化、大气污染、水体污染、物种灭绝、臭氧层空洞、酸雨等环境问题已对人类生存与发展构成严重威胁。当前,全球水土流失面积持续扩大,土地荒漠化、盐碱化进程加剧,土壤肥力下降直接威胁粮食安全;水资源危机已成为全球性挑战,近 50 年间因水权争端引发的国际冲突达 500 余起,其中 30 余起演变为暴力冲突,20 余起升级为军事对抗。大气污染导致的酸雨沉降不仅破坏工业设施、腐蚀建筑,而且对农业生产和人体健康构成直接与潜在危害。臭氧层损耗与全球变暖趋势加剧,可能引发物种灭绝、淡水短缺、粮食减产、传染病蔓延、极端天气频发、海平面上升导致岛屿消失等不可预测风险。巴黎气候大会达成的《巴黎协定》彰显全球气候治理共识,但埃博拉疫情在非洲的肆虐(近 2 万人感染)暴露公共卫生体系脆弱性;2016年,厄尔尼诺现象导致我国长江中下游洪涝灾害,造成 170 人伤亡,经济损失 381.6 亿元。2020 年,新冠疫情暴发,其传播速度与致死率远超 2003年的非典(SARS),一些城市封控、交通管制、经济活动停滞,直接经济损失难以估量。这些事件揭示了生态风险的本质特征:病毒跨物种传播暴露人类活动对生态平衡的破坏,警示必须摒弃滥捕滥食野生动物陋习,构建科学的风险防控体系(包括刑事立法保障)。尽管部分生态风险具有自然属性,但生产力发展与科技进步在提升人类改造自然能力的同时也加剧了生态失衡风险,最终可能引发自然系统的反噬。生态危机已成为人类文明发展必须直面的现实挑战。

当代世界正经历深刻变革。地缘政治层面,俄乌冲突持续、美俄博弈升级、中美经贸摩擦加剧、巴以冲突反复、日本右翼势力抬头、全球恐怖主义威胁加剧,国际秩序持续动荡。全球发展失衡导致国家间矛盾交织,我国作为世界第二大经济体,既面临西方国家意识形态渗透、贸易保护主义、科技封锁等外部压力,也需应对国内社会转型期的深层次矛盾,在快速城镇化进程中面临多重挑战。这些风险因信息化时代的传播效应而呈现复合性、扩散性特征。在此背景下,公众对风险预防、危机管控与法益保护的需求,必然迫使立法体系更加完善。预防性刑事立法作为风险社会治理的重要工具,应针对严重威胁公共安全的潜在风险,构建事前防范与事后惩治相结合的法治框架,在维护国家安全、社会稳定与人民权益之间寻求平衡,为全面建设社会主义现代化国家提供法治保障。

二、法益侵害及其重大危险发生的客观事实

法益侵害及其重大危险发生的紧迫性事实,使得预防性刑法对重大法益保护成为现实需要。张明楷教授指出:"刑法的目的是保护法益。社会生活中出现的某种侵害法益的事实,常常是刑法规定某种犯罪的根据。"[1]刑法是应用性极强的国家基本法律,其制定和修正都必须面向实际,即必须面向现实的刑事立法、司法情形,尤其是与刑事法治相关联的社会生活和国情民意状况。[2] 罪名的增设、处罚范围的扩大,刑法干预的早期化、法益保护前置化,预防性刑事立法的趋向大多是基于从国家的现实危险情

---

① 张明楷:《风险刑法与刑法立法根据》,《法制资讯》2012年第4期。
② 赵秉志、赵远:《修法特点与缺憾:〈刑法修正案(九)简评〉》,《求索》2016年第1期。

况、违法犯罪形势、国家的安全、社会的秩序、人民权利的保障等需要出发，基于法益侵害及其重大危险紧迫性的事实、安全与秩序保障等需要。我国预防性刑事立法的扩张主要体现在我国的历次《刑法（修正案）》中。笔者以《刑法修正案（一）》到《刑法修正案（九）》《刑法修正案（十二）》的立法背景为切入点，分析我国《刑法（修正案）》呈现的以犯罪扩张化、刑法介入提前、法益保护前置、危险犯增设、刑罚积极预防等为特征的预防性刑事立法扩张的正当性根据。

（一）《刑法修正案（一）》预防性刑事立法扩张的现实根据：市场经济秩序重大法益保护的现实需要

1997—1998 年，金融风暴席卷亚洲，致使亚洲快速发展的经济受到重创，政局变得动荡，我国也不可避免地受到亚洲金融危机的冲击。我国的经济发展中开始出现一些严重侵犯社会主义市场经济秩序法益的危害行为。部分单位或者个人出现了隐匿和销毁会计凭证、会计账簿、财务会计报告，以逃避税收或掩盖贪污、挪用、侵占、走私等违法犯罪行为。正如当时参与《刑法（修正案）》工作的全国人大常委会法工委刑法室的黄太云、高翔所称："关于隐匿、销毁会计凭证、会计账簿、财务会计报告的犯罪，《刑法》中没有规定。但在实践中，却出现了大量的此类行为。"[1]此类行为不仅破坏了会计资料的真实性、完整性，而且成为掩盖其他违法犯罪行为逃避刑事责任追究的手段，具有严重的法益侵害性及其危险。"为严厉打击这类危害社会的行为，有必要在《刑法》中对这类行为增加规定为犯罪"，[2]故在《刑法修正案（一）》中，立法机关决定在《刑法》第 162 条之一增设隐匿、故意销毁会计凭证、会计账簿、财务会计报告罪，从而将这些掩盖犯罪行为的预备行为、辅助行为、帮助行为犯罪化，以预防和控制其他违法犯罪行为的发生，维护市场经济的正常秩序。

---

① 黄太云、高翔：《〈中华人民共和国刑法修正案〉简介》，《中国司法》2000 年第 3 期。
② 黄太云、高翔：《〈中华人民共和国刑法修正案〉简介》，《中国司法》2000 年第 3 期。

随着改革开放的深入发展,1990年我国开始试点期货市场,曾出现盲目发展的苗头,虽然国务院在1999年颁布了《期货交易管理暂行条例》,对期货市场的管理取得了一定的成效,但是依然不能解决对期货重大法益造成侵害及其威胁的问题。① 为此,《刑法修正案(一)》在《刑法》第180、181、182条中增加了"期货"作为这些罪的犯罪对象。实践中,一些单位和个人,擅自设立证券公司、证券交易所、期货经纪公司、期货交易所、保险公司等从事相关业务,并脱离监管。还有的单位和个人伪造、变造、转让这些机构的经营许可证和批准文件,严重扰乱了金融市场秩序,但又无法用原《刑法》第174条擅自设立金融机构罪予以刑罚,因为该罪原来并未包括这几类对象,且这些机构的成立随着金融管理体制的改革不需要中国人民银行批准,故《刑法修正案(一)》在《刑法》第174条中增加了这几类对象,并且在第2款增设了伪造、变造、转让金融机构经营许可证、批准文件罪。另外,"在司法实践中……有的上述机构的工作人员挪用本单位或客户的资金到自己的户头上买卖证券、期货,有的是在客户的户头上翻炒证券、期货,买进卖出,赢利归自己,亏损由客户或本单位承担,这种行为既严重损害了单位和客户的利益,也扰乱了金融管理秩序";② 还有的单位和个人,未设立正式的证券公司、期货经纪公司、保险公司、证券交易所、期货交易所,但以证券、期货信息公司,证券、期货、保险咨询公司的名义,暗地里从事证券、期货交易、经纪、保险业务或公开地到处拉客户,使客户信以为真而盲目投资,最后血本无归。这类行为不仅严重侵犯了广大股东、投保人、投资者的利益,而且严重干扰了期货、证券、保险业的市场正常秩序,应当受

---

① 黄太云、高翔称:"目前仍然存在着一些不容忽视的问题。突出的是:期货交易内幕信息的知情人员……泄露该信息或者从事与该信息有关的期货交易;编造……虚假信息扰乱期货市场,以及期货交易所、期货经纪公司的从业人员等故意提供虚假信息,诱骗投资者买卖期货合约;操纵期货交易价格……擅自从事期货经纪业务,等等。上述问题……严重扰乱了期货市场管理秩序,损害了投资者的利益,如不定罪处罚,难以保证期货市场健康发展。"黄太云、高翔:《〈中华人民共和国刑法修正案〉简介》,《中国司法》2000年第3期。

② 黄太云、高翔:《〈中华人民共和国刑法修正案〉简介》,《中国司法》2000年第3期。

到刑事处罚。故《刑法修正案（一）》将该种行为纳入非法经营罪的一种实行行为，并对此种行为以非法经营罪予以规制，以维护正常的市场经济秩序。

（二）《刑法修正案（三）》《刑法修正案（四）》预防性刑事立法扩张的现实根据：环境资源、公共安全等重大法益保护的现实需要

实践中，将境外固体废物、液态废物、气态废物走私进境，既偷逃了关税，又污染环境，危害严重。而走私固体废物依据原《刑法》第 155 条第 3 项规定的"以走私罪论处"，会出现不知具体适用何罪名、如何量刑的尴尬情形，而且《刑法》也未规定对走私液态、气态废物予以刑罚，①故《刑法修正案（四）》增设了走私废物罪，同时在《刑法》第 155 条中增加了在界湖、界河以走私论处的情形，以有效、全面打击走私行为，保护我国的关税监管秩序以及环境法益。针对实践中毁坏国家重点保护的植物及其制品，以及收购、运输明知是盗伐、滥伐林木，助长盗伐、滥伐林木的严重危害行为，且难以证明"以牟利为目的"、在林区外收购、运输盗伐、滥伐的林木无法适用原《刑法》第 345 条等问题，《刑法修正案（四）》对该条进行了修改，以更全面、更有力地保护森林资源。我国为了预防和控制恐怖、暴力和危险活动，保障国家、民众安全，维护社会秩序，《刑法修正案（三）》在《刑法》第二章"危害公共安全罪"中增加或修改了与恐怖活动、暴力活动、危险活动有关的刑法条款，加大了对恐怖、暴力和危险行为的惩治、预防和控制力度。2002年，公安机关在"执法检查中发现，一些个人或单位大量回收废旧的一次性注射器、输液管等医用材料，重新包装后销售到全国各地。"②这一行为存在广泛传播传染病的风险，严重危害人民群众身体、生命健康权利。由于这些伪劣的或废弃的医用卫生材料、医疗器械可能含有某种传染病病菌和病毒，而且一些传染病潜伏期长、发病周期长，从使用到发病往往要经过很

---

① 《刑法修正案（四）》修改之前，《刑法》第 155 条规定："下列行为，以走私罪论处，依照本节的有关规定处罚……（三）逃避海关监管将境外固体废物运输进境的。"

② 黄太云：《〈中华人民共和国刑法修正案（四）〉的理解与适用》，《人民检察》2003 年第 3 期。

长一段时间,等到发病时,因果关系难以查清,诉讼证据也难以收集和查证,因此,若按照先前《刑法》第 145 条要求的必须"对人体健康造成严重危害"的结果才构罪,显然不利于惩治、预防和控制这种生产、销售不符合标准的医用器材,不利于保证人民群众的身体健康、生命权利,故《刑法修正案(四)》将《刑法》第 145 条由结果犯改成了危险犯,侧重法益的提前保护和预防侵害。

(三)《刑法修正案(五)》中预防性刑事立法扩张的现实根据:金融管理秩序重大法益保护的现实需要

随着我国信用卡使用的普及,实践中频繁发生各类危害信用卡管理规定的行为。信用卡犯罪案件数量迅速增长,大案发案率不断升高,造成严重的社会危害性。"2004 年上半年的发案数就超过了 2003 年全年。我国目前每年信用卡犯罪金额在 1 亿元左右。互联网通用的特征使得信用卡犯罪往往牵涉多家银行,交易环节复杂,受害人众多,侦破难度大。"①实践中,执法部门反映,信用卡犯罪呈现集团化特征,各个环节之间有细致的分工。行为人为了逃避打击,对伪造、售卖空白信用卡分工明确:伪造—印制—写入信用卡磁条信息—运输—买卖,不同犯罪组织的人员或同一犯罪组织的不同人员在各个环节通常"各司其职"。根据原有《刑法》的规定,只能对伪造信用卡的犯罪分子以《刑法》第 177 条伪造金融票证罪予以入罪惩罚,而对于其他出售、购买、为他人提供或运输、提供他人信用卡信息资料等行为经常因不容易证明主观上与伪造者的共同故意而无法对其以共同犯罪惩处。而这些行为,往往是伪造信用卡犯罪、信用卡诈骗犯罪的帮助行为或者预备行为,社会危害性极大,却难以惩处。而难以追究其刑事责任的原因是难以查清这些信用卡是本人伪造还是他人伪造、是否用于诈骗。在韩国、日本、英国、美国、法国、加拿大、新加坡等一些国家,对伪造、携带、持有、运输的假信用卡的行为均规定为犯罪。

----

① 黄太云:《刑法修正案(五)的理解与适用》,《人民检察》2005 年第 3 期。

　　另外,跨境信用卡犯罪增多,周边国家和地区的信用卡犯罪有向我国迅速转移的趋势。20 世纪 90 年代末,韩国和日本成为亚洲信用卡犯罪中心,为此,日本、韩国分别于 2001、2002 年修改法律,细化了信用卡犯罪的构成,加大了对信用卡犯罪的刑罚惩治和预防力度,有效遏制了信用卡犯罪的发展。泰国和马来西亚针对信用卡犯罪猖獗的趋势亦于 2005 年开始启动《刑法》修订工作,以加大对信用卡犯罪的惩治力度。历史经验表明,周边国家加大了对信用卡犯罪的打击力度,我国若不进行《刑法》的修改、不加大对信用卡犯罪的打击、惩治和预防力度,犯罪行为则会向我国进行转移,例如我国破获的某国信用卡诈骗案,抓获国内外犯罪嫌疑人几十人,涉及我国 6 省市,金额达到几千万元,收缴非法持有外国发卡行发行的他人信用卡近两千张。[①] 因此,《刑法修正案(五)》增设了妨碍信用卡管理罪,将实施信用卡诈骗等犯罪行为的非法持有或者购买、运输、出售等预备行为或者帮助行为直接规定为妨害信用卡管理罪的实行行为,并独立设罪,[②]以全面维护我国金融管理秩序和金融安全,预防和控制信用卡金融犯罪。

　　(四)《刑法修正案(六)》中预防性刑事立法扩张的现实根据:公共安全、公司企业管理秩序等重大法益保护的现实需要

　　《刑法修正案(六)》犯罪扩张化、法益保护前置化等预防性刑事立法的

[①]　正如参与立法的黄太云所言:"近年查获的多起持有大量他人信用卡的案件,反映出……国际信用卡犯罪集团在他国(目前主要是韩国和马来西亚)与资信状况不良者串通,帮助其领取信用卡后予以收买,然后将大量信用卡携带至我国境内消费或取现。当持卡人收到月度账单时,以未出境为由,向发卡行否认境外交易,将损失转嫁到外国发卡行和我国收单行。"黄太云:《〈刑法修正案(五)〉的理解与适用》,《人民检察》2005年第 3 期。

[②]　《刑法》第 177 条之一规定:"有下列情形之一,妨害信用卡管理的,处三年以下有期徒刑……(一) 明知是伪造的信用卡而持有、运输的,或者明知是伪造的空白信用卡而持有、运输,数量较大的;(二) 非法持有他人信用卡,数量较大的;(三) 使用虚假的身份证明骗领信用卡的;(四) 出售、购买、为他人提供伪造的信用卡或者以虚假的身份证明骗领的信用卡的。"

扩张,是基于当时我国公共安全、公司企业管理秩序、金融管理秩序等重大法益保护的现实需要。随着我国工业的不断发展,公司、企业、厂矿不断增多,有些单位置劳动者的身体健康、生命安全于不顾,不仅劳动安全设施存在问题,而且连基本的劳动防护用品等安全生产条件都不具备,劳动者的身体健康、生命安全受到极大的威胁和伤害,安全事故频繁发生。仅2005年我国就发生了多起重大安全事故。在这些事故中,有些是个体开矿、无证开矿或者开矿的包工头,存在大量的个体经营、无照生产经营的情况,按照原有《刑法》第134条重大责任事故罪所要求的特殊主体难以追究这类行为人的刑事责任,因此,有必要扩大该罪的犯罪主体范围。还有些单位发生事故后,不及时、如实报告事故情况,弄虚作假,隐瞒不报、谎报事故情况,结果贻误抢救时机,致使损害结果的进一步扩大。① 这种行为无疑具有严重的社会危害性及危险性。为此,《刑法修正案(六)》修改了《刑法》第134、135条,扩大了重大责任事故罪、重大劳动安全事故罪的主体范围,在重大劳动安全事故罪的构成要件中增加了"或者安全生产条件不符合国家规定"的构成要件,以周密保护劳动者的劳动安全法益,并将"强令他人违章冒险作业"的行为独立成新罪,即强令违章冒险作业罪的,将对其加大处罚力度;增设《刑法》第139条之一,将负有安全事故报告职责的人员不报、谎报安全事故,贻误事故抢救、情节严重的行为,规定为不报、谎报安全事故罪。

随着我国经济社会发展和人民生活水平的不断提高,人民群众文化生活更加丰富,公园、风景区、各种俱乐部、游乐园、体育馆(场)、展览馆、居住区广场、居民生活区域等地方成为人口密集的地方,还有一些人数众多的演唱会、展销会、音乐会、民间竞技、体育比赛、灯会、游园等各种大型群众性文化娱乐场所,容易引发安全事故。然而,一些大型活动的组织者违背国家有关规定,在举办大型群众性活动时,存在未经批准擅自举办、活动场地消防措施不合格、紧急情况下应急预案和措施不过关等问题,致使发生

---

① 黄太云:《〈刑法修正案(六)〉的理解与适用(上)》,《人民检察》2006年第7期。

大型群众踩踏、挤压、死伤等恶性事故,人民群众的生命、公共安全受到严重危害。依据 1997 年的《刑法》无法对该种行为追究刑事责任。为此,《刑法修正案(六)》特意在《刑法》中增设了第 135 条之一大型群众性活动重大安全事故罪,以进一步维护公共安全。

公安机关和人民银行反映,近年来,部分公司、企业为了达到假破产真逃债的目的,在破产之前,就通过隐匿财产、承担虚假债务等手段造成资不抵债的假象,之后申请公司、企业破产,通过启动破产程序,逃避债务。① 这类行为在司法实践过程中,不仅使债权人和其他人的利益得不到保障,而且直接影响市场经济秩序,破坏社会稳定,具有严重的社会危害性。然而,依据《刑法》第 162 条妨害清算罪的规定显然不能对此行为予以适用,故《刑法修正案(六)》增加了《刑法》第 162 条之二虚假破产罪,用刑罚规制进入破产程序之前的隐匿财产、承担虚构的债务、转移处分财产,以及实施虚假破产的行为。相对于妨害清算罪,刑法干预前置体现了预防性刑事立法的精神。

随着社会主义市场经济的发展,社会公众也积极参与到公司股票、企业债券的交易中,公司的财务会计报告等重要信息对于股东和社会公众具有重要的作用。然而,部分公司、企业只向股东和社会公众提供财务会计报告,而不依据《证券法》的规定提供招股说明书和债券筹集办法,上市公司中期报告、年度报告、临时报告等其他重要的信息资料,甚者提供虚假的财务会计报告。实践中,不只是公司会向股东和社会公众提供虚假信息,其他法律法规规定有信息披露义务的债券上市交易的公司、基金托管人、股票发行人、银行、企业、基金管理人等信息披露义务人,也存在提供虚假信息或不按照法律法规披露信息的行为。这些行为不仅损害了股东及他人的利益,而且严重扰乱了公司、企业管理秩序,具有严重的社会危害性。然而,依据《刑法》第 161 条提供虚假财会报告罪却难以对这些行为进行刑罚规制,故《刑法修正案(六)》扩大了《刑法》第 161 条的主体范围,并增加

---

① 黄太云:《〈刑法修正案(六)〉的理解与适用(上)》,《人民检察》2006 年第 7 期。

"或者有其他严重情节的"内容,以解决部分案件中难以认定"严重损害股东或者其他人利益"的问题,并将罪名修改为违规披露、不披露重要信息罪。

贷款诈骗罪"以非法占有为目的"为其构成要件,但是,在司法实践中,有的单位和个人为了骗取贷款,采取隐瞒真相、虚构事实等欺骗金融机构的手段,导致金融机构的资金无法追回等严重后果。虽然这些行为采取了欺骗的手段给金融机构带来了较大的损失,但由于难以证明行为人具有"以非法占有为目的",致使无法对行为人以贷款诈骗罪惩治,使这类案件的处理陷入了两难境地,客观上造成了此类案件的高发趋势,国家金融安全受到严重威胁。另外,骗取银行票据承兑、信用证、保函、信用贷款等的案件频繁发生,也导致金融资产运行处于可能无法收回的巨大风险之中,[①]为此,《刑法修正案(六)》在《刑法》第 175 条增设了骗取贷款、票据承兑、金融票证罪,将那些难以证明具有非法占有为目的,采取欺骗的手段骗取金融财产并给金融机构带来重大损失的行为,用刑罚予以惩治和威慑。刑法干预早期化从一定意义上将贷款诈骗罪的预备行为实行化,可更好地维护金融管理秩序,体现了预防性刑事立法的思想。

随着金融市场的发展,委托金融机构理财成为一种新的形式,即资金、证券等金融性资产持有人通过委托或者信托的形式,与金融机构共同约定,在一定期限内金融机构按照委托人的约定管理金融性资产。但是,一些金融机构违背约定义务而进行违规操作,主要表现为:侵吞、擅自动用约定资产,利用约定资金赚取交易的手续费、操纵市场;受托金融机构的工作人员违反规定为他人出具信用证或者其他金融票证等。这些行为不仅严重损害了委托人、客户、金融机构的利益,动摇了公众对金融机构受托理财的信任,败坏了金融机构的声誉和信誉,而且使资产管理活动、金融秩序存在较大金融风险,极易造成社会的不稳定,具有严重的社会危害性。为此,《刑法修正案(六)》在《刑法》185 条增设背信运用信托财产罪、违法运

---

① 黄太云:《〈刑法修正案(六)〉的理解与适用(上)》,《人民检察》2006 年第 7 期。

用资金罪,且分别将其设置为情节犯、抽象危险犯,使法益保护前置;修改《刑法》第 186 条违法发放贷款罪、第 187 条吸收客户资金不入账罪,在构成要件中分别删除了"向关系人发放信用贷款""将资金用于非法拆借、发放贷款"等限制,并增加贷款"数额巨大"的选择性要件,解决了按《刑法》原规定部分违法发放贷款数额巨大却难以认定造成较大损失的难题,周延了法益保护范围;修改《刑法》第 188 条违规出具金融票证罪,将"造成较大损失"改为"情节严重",将结果犯变为情节犯,将法益保护向前延伸,使刑罚能动化。

近年来,各国规定的洗钱罪包括有组织犯罪、恐怖主义、走私、贪污受贿等犯罪,因此,为了加大对破坏金融管理秩序犯罪、金融诈骗犯罪的打击力度,以维护金融安全,并与国际公约要求一致,《刑法修正案(六)》修改了《刑法》第 191 条洗钱罪的规定,将其上游犯罪扩大到贪污贿赂犯罪、破坏金融管理秩序犯罪、金融诈骗犯罪,《刑法修正案(十一)》将自洗钱行为纳入洗钱犯罪,进一步扩大了法益保护的范围。此外,实践中,部分仲裁人员利用职务便利,以公开或者暗示方式向当事人索要财物、非法收受当事人财物,或者徇私舞弊,违背事实和法律进行枉法裁判,情节严重。[①] 这类行为不仅侵害了当事人的利益,而且严重侵害了仲裁制度的公正性、公信力,具有严重的危害性,为此,《刑法修正案(六)》在《刑法》第 399 条增设了枉法仲裁罪。

(五)《刑法修正案(七)》中预防性刑事立法扩张的现实根据:市场经济秩序、信息网络安全等重大法益保护的现实需要

《刑法修正案(七)》犯罪扩张化、刑法干预早期化等预防性刑事立法,是基于当时市场经济秩序、公民人身权利、信息网络安全、公共卫生等重大法益保护的现实需要。近年来,不法分子为谋取暴利,从境外疫区走私冷冻牛肉、鸡肉等到我国,这些产品不仅严重危害人的身体健康,而且危害我

---

① 参见黄太云:《〈刑法修正案(六)〉的理解与适用(上)》,《人民检察》2006 年第 7 期。

国的海关监管制度。遗憾的是,从境外疫区走私到国内的这些产品虽为国家禁止入境,但其性质属于非涉税货物,无法认定其为走私普通货物物品罪,为此,《刑法修正案(七)》修改了《刑法》第151条第3款的走私的对象,将走私"国家禁止进出口的珍稀植物及其制品"改为"珍稀植物及其制品等国家禁止进出口的其他货物、物品",从而扩大了国家禁止进出口的货物、物品的范围,而不限于珍稀植物及其制品,即只要实施了走私国家禁止进出口的货物物品的行为就构成此罪,扩大了法益保护的范围。

实践中,部分基金公司、商业银行等金融机构的从业人员实施的"老鼠仓"行为,不仅严重损害了客户的利益、所在单位的利益和金融行业信誉,而且严重损害市场的公平、公正和公开,破坏了国家金融管理秩序。为此,《刑法修正案(七)》修改了《刑法》第180条第1款,增加了处罚"明示、暗示他人从事上述交易活动",并增设第2款利用未公开交易信息罪,以进一步维护客户利益及金融管理秩序。

在我国社会经济发展中出现了传销活动,这种传销活动以"拉下线"、收"入门费"层级组织形式等迅速传播。传销活动既没有真正的商品,也不提供服务,不存在真实的交易标的,主要通过欺骗他人交纳入门费用获得会员资格,发展下线人员数量获利,不仅欺骗了大多数人的财产,而且侵犯了他人的人身自由,对人与人之间的良好信任关系产生严重的侵害,有的人甚至因为加入传销组织弄得家破人亡。传销活动严重扰乱了人们正常的生活秩序和社会稳定,具有很大社会危害性。在《刑法修正案(七)》增设组织、领导传销活动罪之前,主要依靠行政手段和《中华人民共和国治安管理处罚条例》予以取缔和处罚,少数案件以非法经营罪追究行为人的刑事责任。然而,行政处罚并不能遏制传销活动愈演愈烈的势头,而且由于传销活动实际上没有经营活动,对其以非法经营罪追究刑事责任显得较为牵强。为此,《刑法修正案(七)》在《刑法》第224条增设了组织、领导传销活动罪,以便更有针对性地打击、制裁传销犯罪行为。

"地下钱庄"具有为贪腐人员的赃款洗钱的功能,为一些犯罪行为(例如走私、毒品、黑社会、逃骗税、虚假出资)提供支持资金、转移资金等服务,还有的被国际恐怖势力利用、服务,为其恐怖活动提供、转移资金。"地下钱庄"不仅造成我国税款流失,而且为犯罪分子进行犯罪活动、躲避刑事追究提供了掩护,严重扰乱了金融秩序,以及侵害了国家经济安全和社会稳定。为此,《刑法修正案(七)》在《刑法》第225条非法经营罪第3项中扩大了非法经营罪的适用范围,增加了"非法从事资金支付结算业务",以便更好地维护金融市场秩序和金融安全。

当前社会与网络深度融合,几乎"无人不网"。因此,公民个人信息的安全性问题成为信息化时代社会关注度越来越高的一个问题。"近年来,一些组织或者个人任意将公民的个人信息资料出售牟利或者泄露给他人,获取非法利益。"①实践中,侵犯公民个人信息的行为往往成为破坏金融管理秩序、诈骗犯罪、金融诈骗、招摇撞骗等犯罪的预备行为,不仅侵犯了公民的人身权利与公民个人财产安全甚至公共安全,而且也威胁社会管理秩序、经济秩序,具有严重的社会危害性,为此,《刑法修正案(七)》增设了《刑法》第253条之一出售、非法提供公民个人信息罪。之后,《刑法修正案(九)》进一步将该罪的特殊主体修改为一般主体,扩大了法益保护的范围,并增设了从重处罚的规定,将罪名修改为侵犯公民个人信息罪。

随着我国信息网络的快速发展,一些计算机病毒、木马程序、后门、天窗等破坏性程序被植入计算机信息系统,破坏计算机信息系统的信息网络违法犯罪持续大幅上升。行为人通过计算机病毒、木马程序植入、不法软件等来非法获取网民的信息数据或者远程控制计算机信息系统。还有一些行为人,为实施侵入、非法控制计算机信息系统的违法犯罪行为人提供工具、程序,极大地危害了公民、法人和其他组织的合法权益,严重威胁国家信息网络的安全,扰乱社会管理秩序,并为其下一步实施诈骗犯罪、恐怖主义犯罪、破坏金融管理秩序等犯罪提供了便利和条件。为此,《刑法修正案(七)》增设了《刑法》第285条第2款非法获取计算机信息系统数据、非

---

① 黄太云:《〈刑法修正案(七)〉内容解读(三)》,《人民法院报》2009年4月22日,第6版。

法控制计算机信息系统罪,以及第 3 款提供侵入、非法控制计算机信息系统的程序、工具罪。

在日常生活中经常会有传染病发生,既有从国外传入的,也有本国发生的,例如,1986 年首次在英国确诊疯牛病病例,1990 年传入我国,1992—1993 年疯牛病发病率达到高峰。2008 年,我国发生手足口病,并大范围流行,因此,加强对动植物防疫、检疫的监管,预防传染病、动植物疫情传播成为现实需要。面对《刑法》原第 337 条逃避动植物检疫罪适用范围较为狭窄(仅适用进出境),无法适应惩治和控制、预防动植物疫情需要的困境,《刑法修正案(七)》修改了《刑法》第 337 条,将该条的适用范围扩大到"境内"所有动植物防疫、检疫,突破了过去"进出境动植物检疫",而且增设了"有引起重大动植物疫情危险,情节严重"的危险情形,将法益保护前置。

"近年来,一些不法分子大肆盗用、伪造军车号牌,假冒军车,从事违法犯罪活动,甚至呈'产业化'和'集团化'、黑社会性质的犯罪团伙趋势。"[1]不法分子非法盗窃、伪造、买卖、使用军车号牌等专用标志的目的是实施违法犯罪行为,例如逃避税费、享受交通优先、免交税费等国家待遇政策,扰乱交通秩序,并冒充军人实施诈骗、招摇撞骗,骗取荣誉等,一方面,给国家经济造成巨大损失;另一方面,给广大人民群众的生命财产安全带来威胁,扰乱了交通秩序,而且败坏了军队的声誉和形象。由于《刑法》第 375 条并未规定伪造、盗窃、买卖、非法提供、非法使用军用车辆号牌等专用标志的行为为犯罪行为,故实践中执法、司法机关无法对该种行为予以刑罚惩处,为此,《刑法修正案(七)》在《刑法》第 375 条增设第 3 款伪造、盗窃、买卖、非法提供、非法使用武装部队专用标志罪,将对象扩大到"车辆号牌等专用标志",并且考虑到军车号牌与军服的作用、造成的危害后果不同,从而将二者分开规定。从一定角度看,非法生产、买卖、使用专用标志,通常为实施诈骗、招摇撞骗等犯罪行为准备工具、制造条件,系这些犯罪的预备行

---

[1]　黄太云:《〈刑法修正案(七)〉内容解读(五)》,《人民法院报》2009 年 5 月 6 日,第 6 版。

为,刑法介入前置体现了预防性刑事立法的精神。

（六）《刑法修正案（八）》中预防性刑事立法扩张的现实根据：社会管理秩序等重大法益保护的现实需要

《刑法修正案（八）》犯罪圈扩大、刑罚加重、刑法干预前置的预防性刑事立法,是基于当时社会管理秩序、经济秩序、人身财产安全、公共安全等重大法益保护的现实需要。为减少监禁刑带来的高成本、犯罪分子易受传染、改造效果差的问题,并克服实践中管制、缓刑、假释实际处于脱管状态带来的危险性,有效预防和控制被判处管制、缓刑、假释的犯罪分子再次犯罪,以及给社会带来的法益侵害危险,《刑法修正案（八）》在《刑法》中增设了禁止令,体现了预防性刑事立法的思想。自 2006 年我国开展扫黑除恶专项斗争以来,司法机关依法惩处了一批黑社会性质组织犯罪分子,在一定程度上遏制了黑社会性质组织犯罪的高发态势,但受多种因素的影响,黑恶势力犯罪依然严峻。黑社会性质组织仍然存在,黑恶势力的违法犯罪活动还在继续,其违法犯罪活动严重威胁社会治安,败坏社会道德风尚,严重威胁基层政权建设,扰乱了国家正常的社会生活秩序,具有极大的社会危害性。但是,《刑法》原第 294 条规定的组织、领导、参加黑社会性质组织罪,存在黑社会性质组织的本质特征反映不充分的问题,不利于对犯罪行为的精准打击及司法认定;对黑社会性质组织的组织者、领导者法定刑偏低,对包庇、纵容黑社会性质组织的国家机关工作人员法定刑偏低、打击不力、未规定财产刑等问题,不利于对黑社会性质组织犯罪的惩罚及对其他犯罪行为的震慑,例如因证据等原因黑社会性质组织犯罪人员的财产未被没收,其被抓后还可以得到黑社会性质组织提供的生活费、抚慰费等帮助。若服刑人员出狱,黑社会性质组织又立即将其吸纳。[①] 由此可见,在打击黑恶势力犯罪时,仅对具体犯罪行为的惩治难以根除黑恶势力,还必须加强对黑恶势力经济基础的打击,增加对黑社会性质组织犯罪成员附加判处

① 黄太云:《〈刑法修正案（八）〉解读（二）》,《人民检察》2011 年第 7 期。

财产刑。为此,《刑法修正案(八)》修改了《刑法》第 294 条,明确了黑社会性质组织的特征,加大了对黑社会性质组织的组织者、领导者,以及"保护伞"的刑罚惩治力度,并增加了财产刑,以瓦解其经济基础,控制、预防其构成黑社会性质组织实施违法犯罪行为。

此外,近年来,黑恶势力敲诈勒索频繁发生,①部分犯罪行为人把目标对准名人、企业家等,以某种名义或托词,把被害人骗至某处,再加害或威胁被害人或其近亲属的人身安全,迫使被害人向犯罪行为人打下巨额欠条,或在犯罪行为人早已做好的巨额欠债文件上签名。之后,行为人据此向被害人或其亲属索要钱财。由于有被害人签字,且被害人难以证明自己受到人身威胁而被迫给予犯罪行为人巨额钱财,故即使案发,根据《刑法》原第 274 条敲诈勒索罪的规定,犯罪行为人最多判处其有期徒刑 10 年,而且不能对犯罪行为人适用罚金。还有部分犯罪行为人,虽然多次实施敲诈勒索行为,但每次勒索钱财都不大,未达到"数额较大"的标准,无法适用原《刑法》规定的敲诈勒索罪对其予以刑罚,然而敲诈勒索行为不仅严重侵犯他人财产,而且严重侵犯他人人身权利,使被害人产生恐慌心理,扰乱了社会正常生活秩序。其相较于只侵犯他人财产权利的盗窃罪、诈骗罪,显然法益侵害更为严重,但原《刑法》第 274 条规定的刑罚比较轻,难以适应保护重大法益的需要,故《刑法修正案(八)》对《刑法》第 274 条的敲诈勒索罪进行了修改,将"多次敲诈勒索的"纳入该罪实行行为方式,即不需要数额较大的结果,只要多次实施该行为就构成敲诈勒索罪,并且附加罚金刑,对数额特别巨大或有其他特别严重情节的加重最高刑至 15 年有期徒刑,从而扩大了适用范围,加大了惩罚力度。

随着我国社会主义市场经济的不断发展,部分犯罪行为人利用强迫手段在经济活动中获取非法利益。一些黑恶势力团伙,在招标和投标活动、公司资产、股份转让等商业活动中,采取威胁、暴力等手段迫使他人做出背离个人意志的选择,以谋取非法利益。这种行为不仅侵犯了公民的人身权

---

① 黄太云:《〈刑法修正案(八)〉解读(二)》,《人民检察》2011 年第 7 期。

利和财产,而且严重破坏了公平买卖、经营、竞争的社会主义市场经济秩序,具有严重的社会危害性。因此,《刑法修正案(八)》在原《刑法》第226条强迫交易罪中增加了三项类实行行为,并增加了"情节特别严重"的刑罚设置,提高了刑罚的惩治力度。① 另外,还有一些犯罪行为人,采取隐蔽的"软暴力"方式谋取非法利益。有些黑恶势力凭借其在当地的恶名声,通过召集、雇用大量闲散、无业青年,并以统一留特定发型、统一服装、统一刺青标志,或统一手中持械等形象示人,借助人多势众制造现场恐慌和紧张气氛,恐吓他人,给对方或者当地群众施加巨大心理压力,造成他人心理恐慌,以便插手、控制这些地方的贸易、经营、建筑承包等经济活动,并达到霸占矿产资源、解决经济纠纷、摆平事端、帮人催讨赌债等目的。因未发生斗殴,所以无法将这些行为认定为聚众斗殴罪,也难以认定为公共场所起哄闹事,造成公共场所秩序严重混乱,以原《刑法》第293条的寻衅滋事罪追究其刑事责任。事实上,此类恐吓、造势、滋扰行为危害性较大,此类行为不仅给当事人及家人造成巨大的心理压力,而且严重危害了公民的正常生活,故《刑法修正案(八)》在寻衅滋事罪中增加了"恐吓他人,情节恶劣"的实行行为方式,扩大了该罪的适用范围,且针对处罚过轻的《刑法》规定,将纠集他人多次实施寻衅滋事行为的最高刑提高到了10年有期徒刑,以更周全、有力地保护公共秩序法益。

　　随着我国社会经济的高速发展,人民生活水平的不断提高,拥有汽车的人数不断攀升,②与此同时,违反交通管理法律法规的交通事故也频繁

---

① 《刑法》第226条"强迫交易罪"规定:"以暴力、威胁手段,实施下列行为之一,情节严重的,处三年以下有期徒刑或者拘役,并处或者单处罚金;情节特别严重的……(一)强买强卖商品的;(二)强迫他人提供或者接受服务的;(三)强迫他人参与或者退出投标、拍卖的;(四)强迫他人转让或者收购公司、企业的股份、债券或者其他资产的;(五)强迫他人参与或者退出特定的经营活动的。"

② 据统计,到2010年年底,全国公路里程已达398.4万千米,其中高速公路通车里程7.4万千米;机动车保有量已达1.99亿辆;拥有驾驶证人数接近2.05亿人,其中汽车驾驶人数1.44亿人。参见黄太云:《〈刑法修正案(八)〉解读(二)》,《人民检察》2011年第7期。

发生,其中因醉酒驾驶、追逐驾驶飙车、毒驾等行为导致的重大交通事故引起了社会的强烈反响。2009年南京"6·30"醉酒驾驶撞人特大交通事故案,被告人张某某醉酒(经检测血液中酒精含量高达381毫克/毫升)后驾车回家,沿途先后撞倒9人(5死4伤)和撞坏路边停放的6辆机动车。经调查,张某某在此前就有酒后驾车的经历,自2006年以来有过80次违章记录。[①] 事故发生后,立即引起了社会的极大反响,人民群众强烈要求对醉酒驾驶行为进行严惩,南京也因此掀起了"禁酒风暴",一些执法人员、专家学者、人民群众纷纷要求将醉酒驾驶和飙车行为入刑。与其他道路交通违法行为相比,醉酒驾驶与飙车行为的危害性更高,危险控制的难度也更大。在仅靠行政处罚难以控制和预防危险的情形下,有必要对醉酒驾驶和互相追逐竞驶行为入刑。为此,《刑法修正案(八)》在《刑法》第131条增设危险驾驶罪,使其成为典型的抽象危险犯,这也是刑法干预前置、早期化立法思想由结果本位变为行为本位的典型表现。

近年来,我国食品安全事故频发。据统计,我国因食品中毒的人数每年在20万—40万,每年食品中毒的投诉在10万件以上。[②] 食品安全无小事。部分从事食品生产、加工和销售的企业或个人为了牟取暴利,突破道德底线,故意降低质量标准,使用有毒、有害的劣质原材料,过量使用添加剂生产、销售食品,食品安全不达标或没有任何食品安全。苏丹红调料、有毒大米、地沟油、瘦肉精猪肉、三聚氰胺奶粉、发霉或变质食品等安全事件引起社会强烈反响,并产生了极其恶劣的影响。这些食品安全事故不仅使受害者身体健康、生命受到危害,而且给广大人民群众造成恐慌,严重扰乱了正常的社会生活秩序。人民群众在强烈要求惩治生产、销售不符合安全标准食品行为人的同时强烈要求惩治在食品监管方面滥用职权、玩忽职守的国家机关工作人员。然而,依据《刑法》第397条滥用职权罪、玩忽职守

---

① 《南京司机酒驾撞死五人案将宣判,量刑成焦点》,https://auto.sina.com.cn/service/2009-12-22/0922552050.shtml,最后访问日期:2018年11月11日。

② 黄太云:《〈刑法修正案(八)〉解读(二)》,《人民检察》2011年第7期。

罪追究行为人刑事责任的构成标准要求高,处罚却相对较轻。实践中,某些职能部门的不作为让食品安全监管形同虚设,以玩忽职守罪、滥用职权罪追究负有食品监管职责的国家工作人员责任的少之又少,导致对政府食品安全监管失职问题一直备受社会关注。考虑到食品安全关系人民群众的身体健康和正常的社会安全生活秩序,《刑法修正案(八)》在《刑法》中增加第 408 条之一食品监管渎职罪,以督促、警戒负有食品监管职责的国家工作人员认真履职、依法履职,预防和控制食品安全事故的发生。

在劳务市场中,一些公司、企业、雇主、包工头等逃避支付劳动者报酬或者有能力支付而不支付劳动报酬的事件经常发生,使劳动者得不到自己辛勤劳动应得的报酬,造成劳动者的个人和家庭的生活质量受到影响,甚至导致个别劳动者出现跳楼、自杀、报复等极端行为。这种拖欠和不支付劳动者工资的行为严重侵害劳动者基本权利,属于一种欺诈行为,严重扰乱了正常的社会生活秩序,具有严重的社会危害性,即使运用民事诉讼、行政手段也难以制止此类事件的发生,所以,应当及时介入刑罚,以威慑和遏制其加剧的势头。由于追究行为人法律责任的目的是促使其支付劳动者应得的报酬而不是追究其刑事责任,因此,《刑法修正案(八)》增设对恶意欠薪数额较大、经政府有关部门责令支付仍不支付行为的,才予以刑罚。另外规定如果在提起公诉前能够支付劳动者报酬,并依法承担相应赔偿责任,且尚未造成严重后果的行为人可以减轻或者免除处罚,体现了刑事立法以预防和控制为目的的精神。

随着社会主义市场经济以及改革开放的进一步深入,人们跨区域流动频繁,许多人开始外出打工和谋生,然而,一些不法分子采用诱骗、暴力威胁、限制他人人身自由等手段强迫他人劳动,例如近年来发生的黑煤窑、黑砖窑等事件。还有的企业强迫劳动者劳动,使劳动者基本权利无法保障,在社会上产生了极大影响。还有些不法分子或组织作为直接强迫劳动者的帮凶,为了牟利,使用诱骗、暴力威胁等手段为强迫他人劳动的场所招募、接送人员,使劳动者落入被强迫劳动的悲惨境地。劳动者不仅没有选择工作的权利和自由,而且失去了人身自由,长时间从事高强度的劳动,严重伤害了劳动者的身心健康。这是一种赤裸裸地严重侵犯劳动者基本人权的犯罪行为,违反了我国加入的联合国公约的规定。① 虽然招募、运送或者其他协助强迫他人劳动的人员(组织)没有直接参与、实施在限定劳动场所里强迫劳动者劳动,但是,导致劳动者身心受到侵害的源头正是这些人的招募和接送等行为,其社会危害性已非常严重,然而,我国《刑法》第244条强迫劳动罪存在犯罪主体范围不清、对象较窄、刑罚较轻等问题,不利于对强迫他人劳动及其帮助者的打击、预防和控制。为此,《刑法修正案(八)》修改了《刑法》原第244条强迫劳动罪,将犯罪主体扩大为一般主体,强迫劳动的对象扩大为"他人",并提高法定刑,将为其招募、运送人员等协助强迫劳动的行为规定为强迫劳动罪的行为方式,帮助行为正犯化,扩大了适用范围和惩治力度,以加大对劳动者人身权利法益的保护。

随着我国改革开放的进一步加大,一些有伤风化的卖淫活动、组织卖淫活动层出不穷且不断升级,甚至出现了以此为业的个人和组织,其专门从事招募、转运卖淫人员,与卖淫场所和卖淫者勾结起来,约定收取卖淫场所和卖淫者的"介绍费""运送费"等。但是,一般从事招募、转运卖淫人员的行为人不是卖淫活动组织的成员,也不直接参与强迫卖淫、组织卖淫活动。运用《刑法》原第358条组织卖淫罪难以追究其刑事责任,即使受到追究也因为被认定是从犯而处以较轻的刑罚。实际上,正是由于这些招募、接送者的行为,为组织卖淫者、卖淫场所提供了生存的空间,使更多的人成为性被剥削者,以致最终沦落到悲惨境地,严重侵害了社会伦理道德秩序和国家对社会风尚的管理秩序,具有严重的社会危害性。而且,这种行为也违反了我国加入的国际公约规定。② 为此,《刑法修正案(八)》修改了

---

① 国际人权公约要求缔约国采取必要的立法和其他措施,将以强迫劳动、奴役、劳役为目的而通过暴力、威胁或者其他形式的胁迫,招募、运送、转移、窝藏或接收人员的行为规定为刑事犯罪。

② 国际人权公约要求缔约国采取必要的立法和其他措施,将以利用他人卖淫进行剥削或其他形式的性剥削为目的而招募、运送、转移、窝藏或接收人员的行为规定为刑事犯罪。

《刑法》原第358条,将"为组织卖淫的人招募、运送人员"直接规定为协助组织卖淫罪的实行行为,使帮助行为正犯化,加大了刑罚的打击力度。

随着我国市场经济的发展,市场上出现了许多伪造的增值税以外的假发票或虚开的发票。一些单位利用虚假发票套现后为员工谋取福利补贴,利用虚假发票增加成本降低利润逃避缴纳税款,或者虚假经营从税务机关大量套购、骗领发票,用于虚开发票牟利等。虚假发票或虚开发票的买方市场催生了虚假发票或虚开发票的卖方市场,尤其是在餐饮、住宿服务、金融保险、建筑安装等行业。"近几年,公安、税务机关每年缴获的假发票数量都以几倍的速度递增,2010年仅公安机关缴获的假发票数量就超亿份。"①虚假发票或虚开发票的种类多、涉及的领域广泛且数量较大,不仅为不法分子偷税、漏税、逃税、骗税提供了便利,而且为贪污受贿、私分国有资产、洗钱、挥霍国有财产等腐败行为提供了便利,既严重侵犯了我国的税收征管秩序,扰乱了我国的市场经济秩序,又助长了其他犯罪行为,具有严重的社会危害性。然而,在《刑法修正案(八)》之前,我国《刑法》只规定了虚开增值税发票、用于骗取出口退税和抵扣税款发票罪,以及伪造、出售伪造这类发票罪,而未规定虚开普通发票构成犯罪,致使司法实践中无法对这些行为进行有效打击。为此,《刑法修正案(八)》在《刑法》第205条中增加了虚开发票罪。针对实践中执法机关在不法分子身边缴获大量伪造的发票,却又无法查明该发票是用于出售还是系该不法分子伪造而无法对其定罪的盲区,《刑法修正案(八)》在《刑法》第210条增设了持有伪造的发票罪,将预备用假发票进一步实施犯罪的行为提前予以刑罚化,以维护我国的税收征管秩序。

自中华人民共和国成立以来,境内外的敌对势力和组织不停地对我国实施颠覆活动,采取各种方式、方法危害我国的国家安全,特别是随着我国改革开放、社会主义市场经济的发展,之前境内外机构、组织或者个人从事危害国家安全的犯罪活动主要是资助境内组织或个人,逐渐扩张到资助境

---

① 黄太云:《〈刑法修正案(八)〉解读(三)》,《人民检察》2011年第8期。

外组织或者个人从事危害我国国家安全的犯罪活动。然而,原《刑法》第107条规定本罪的资助对象仅限于境内组织或者个人,致使无法对资助境外组织或个人的行为予以刑罚,不利于维护我国国家安全。另外,实践中,一些国家机关工作人员在履行公务期间叛逃境外,严重威胁我国的国家安全和利益,或者在境外从事危害国家安全的犯罪活动,《刑法》原第109条明确要求"危害中华人民共和国安全",导致司法实践中难以适用叛逃罪对其定罪处罚。为此,《刑法修正案(八)》修改完善了相关条文,将《刑法》第107条资助危害国家安全犯罪活动罪中的对象——"境内组织或者个人"删除,扩展到境内外任何组织和个人;将《刑法》第109条中的"危害中华人民共和国安全"删除,规定在履行公务期间的国家机关工作人员,只要擅离岗位叛逃境外或在境外叛逃的,就可以叛逃罪追究其刑事责任,同时对掌握国家秘密的国家工作人员不要求在履行公务期间擅离岗位,即无论何时、在何种情况下叛逃,均可以叛逃罪对其追究其刑事责任,并从重处罚。

实践中,一些入户盗窃财物但未达数额较大的行为,依据《刑法》第165条的规定不能对其以盗窃罪处罚,但该种行为不仅侵入他人住宅,而且容易演变为抢劫、杀人、强奸等暴力犯罪活动,严重危害公民的人身和居所安全。有的犯罪分子携带凶器盗窃财物但未达到数额较大,一旦被发现又容易使用携带的凶器行凶甚至杀人;有的在公共交通工具、车站、码头、广场、商场等公共场所扒窃他人未达数额较大标准的财物。这些行为不仅严重侵犯了公民的财产安全,而且严重威胁了广大人民群众的人身安全,具有严重的社会危害性,但无法以原《刑法》第165条的盗窃罪对其追究刑事责任,实践中只能对其进行治安处罚,难以形成有效震慑力,导致犯罪分子有恃无恐,屡盗屡犯。为此,《刑法修正案(八)》完善了盗窃罪的规定,将"入户盗窃、携带凶器盗窃、扒窃"三类行为直接规定为不要求数额较大即可入罪的实行行为,既完善了法益保护的范围,也为这三类行为容易演变为抢劫、杀人、强奸等暴力犯罪提供了前置化的刑罚打击和预防手段。

实践中,多次小额"蚂蚁搬家式"的走私普通货物、物品行为大量发生。对此行为,原先只能以行政处罚的方式进行处罚,然而惩治效果甚微,起不到威慑的作用。为此,《刑法修正案(八)》在《刑法》第 153 条中增设了"一年内曾因走私被给予二次行政处罚后又走私的"条款,扩张了该罪的适用范围,周延了国家对外贸易普通货物物品进出口的监管制度和关税制度的保护。此外,随着经济的发展,集资诈骗犯罪、票据诈骗犯罪、金融凭证诈骗犯罪、信用证诈骗犯罪的犯罪数额越来越大,动辄上百万元、上千万元,甚至上亿元,然而,原《刑法》第 192—195 条规定的罚金刑最高也只有 50 万元,且未规定单位及直接负责的主管人员和其他直接责任人员的罚金刑,致使实践中无法在经济上对犯罪分子起到有力的制裁、惩罚、威慑的作用。为此,《刑法修正案(八)》修改了《刑法》第 200 条,增加了罚金刑,并且是无数额限制的罚金刑,适用单位犯罪中的单位及直接负责的主管人员与其他直接责任人员。

(七)《刑法修正案(九)》中预防性刑事立法扩张的现实根据:公共安全、秩序等重大法益保护的现实需要

《刑法修正案(九)》犯罪扩张化、法益保护前置化等预防性刑事立法,是基于当时公共安全、秩序、信息网络安全、公民人身权利、公职人员廉洁性等重大法益保护的现实需要。马克思主义法学认为:"无论是政治的立法或市民的立法,都只是表明和记载经济关系的要求而已。"[1]我国社会在经过 40 多年的改革开放后,社会经济发展和科技进步给社会带来了翻天覆地的变化,社会进入到一个崭新的时代。我国犯罪领域的社会环境的变化也延伸至网络犯罪、恐怖犯罪、妨害社会管理秩序犯罪等领域。"犯罪和现行统治都产生于相同的社会条件"。[2] 刑法既以遏制犯罪为使命,又是现代国家遏制与预防犯罪的基本手段。《刑法修正案(九)》的出台就是对新时代犯罪发展变化情况及惩治防范犯罪法治需要的回应。《刑法修正案

---

[1]　《马克思恩格斯全集》(第四卷),中共中央马克思、恩格斯、列宁、斯大林著作编译局译,人民出版社 1972 年版,第 121—122 页。

[2]　《马克思恩格斯全集》(第三卷),中共中央马克思、恩格斯、列宁、斯大林著作编译局译,人民出版社 1972 年版,第 379 页。

（九）》坚持实事求是的原则，以问题为导向，其出台是现实法益被侵害及其被侵害危险的及时反映，例如随着机动车的增加，醉酒驾驶或在道路上飙车、追逐竞驶等危险驾驶的行为呈现高发、多发态势，严重危及人民群众安全，对此，《刑法修正案（八）》于 2011 年 2 月增设了危险驾驶罪。为了更好地发挥刑法的预防功能，修正案（八）将刑法的防线前移，将以前由行政管理手段规制的危险驾驶车辆的违法行为入刑，以加强对民生的保护。[①] 据统计，2013 年，我国共查处酒驾 87.1 万件，比 2012 年下降了 39.3%，其中醉驾 12.2 万件，比 2012 年下降了 42.7%，这说明醉驾规定为犯罪后在预防交通违法犯罪、维护公共安全方面具有较好的作用。[②] 但是，随着时间的推移，超员、超速驾驶行为导致的危险和事故频繁发生，特别是校车业务、旅客运输严重超员、超速行为数量多，危害极大。[③] 另外，实践中还存在部分违法犯罪分子违反危险化学品安全管理规定运输化学品的行为，其危险性不仅危及行为人的人身安全，而且这种抽象危险一旦转化为现实危害，将会给人民群众的人身和财产权益造成严重危害。为此，《刑法修正案（九）》在《刑法修正案（八）》的基础上，在《刑法》第 133 条危险驾驶罪中增加了两种实行行为方式，即校车业务、旅客运输严重超员和超速，以及违规运输危险化学品而危及公共安全的行为，这也是预防性刑事立法防卫线前移、抽象危险犯立法的典型表现。

近年来，我国发生多起失信、背信、作假的行为。从伪造国家机关证件

---

① 张军：《〈刑法修正案（八）〉条文及配套司法解释理解与适用》，人民法院出版社 2011 年版，第 168 页。

② 徐日丹：《从严惩治醉酒驾驶犯罪有效维护人民群众安全：最高人民法院、最高人民检察院、公安部有关部门负责人〈关于办理醉酒驾驶机动车刑事案件适用法律若干问题的意见〉答记者问》，《检察日报》2013 年 12 月 27 日。

③ 2011—2014 年，全国道路交通事故中营运客车超员的事故 1 946 起，死亡 1 289 人、受伤 6 173 人，其中一次死亡 10 人以上的客运车辆超员的占 27.2%。全国校车、营运客车超速违法导致交通事故 6 649 起，死亡 2 891 人，其中在一次死亡 10 人以上的重特大道路交通事故中，因校车、营运客车超速行驶占 53%。参见吴飞飞：《〈刑法修正案（九）〉对危险驾驶罪的修改》，《中国检察官》2015 年第 11 期。

到伪造身份证,再到伪造和使用伪造的驾驶证、护照、社会保障卡等证明身份证件的行为屡次发生。这些行为损害了社会诚信,严重扰乱了国家正常的管理秩序、公共秩序、公平竞争秩序等,仅采取行政手段、民事手段不足以遏制此类违法犯罪行为的发生。为此,《刑法修正案(九)》将伪造、变造、买卖身份证件的对象扩展到护照、社会保障卡、驾驶证等可以依法用于证明身份的证件,并且将使用伪造的身份证件或者盗用他人身份证件的行为增设为使用虚假身份证件、盗用身份证件罪,还将在国家考试中提供作弊器材、组织作弊、替考、提供考试试题和答案等行为规定为组织考试作弊罪、非法出售、提供试题答案罪、代替考试罪,以全面保护公共秩序法益,促进社会诚信建设。

随着人们法治意识的增强,越来越多的人通过诉讼解决社会矛盾与问题,这可以从我国法院、检察院不断攀升的案件中得到体现。然而,部分不法分子借用诉讼这个合法程序进行虚假诉讼,以获取非法利益。据了解,虚假诉讼在我国是一个突出的问题,虽然没有公开的数据,但数量庞大。据统计,2014 年全国法院审理了 1 400 多万件案件,其中民事案件就有 1 300 多万件,而在民事案件里虚假诉讼比例最保守的估计也占 20% 以上,这意味着将有两三百万件案子是虚假诉讼。① 虚假诉讼不仅严重侵害了当事人的合法权益,而且严重妨害了司法的正常秩序,损害了司法的公信力,严重损害法治国家的建设,在《刑法修正案(九)》出台之前,法院面对这种虚假诉讼无能为力,即使采取司法措施和行政措施也不足以对违法犯罪分子产生抑制力,故有必要以刑罚对其予以规制和预防,为此,《刑法修正案(九)》在《刑法》第 307 条中增设了虚假诉讼罪。

近几年,随着网络的发展,未成年人、老年人、残疾人等被虐待的视频和事件频繁曝光。《刑法》原第 260 条虐待罪的对象为家庭成员,且为亲告罪,故对那些幼儿园老师虐待儿童、保姆虐待老人或儿童、养老及医疗机构虐待老人或病人等情节恶劣的行为无法以虐待罪追究其刑事责任,而采取

---

① 周光权:《刑法修正案九的加法与减法》,《法人》2016 年第 2 期。

民事、行政手段难以起到震慑作用。另外,"据有关数据统计,很大一部分施暴人是儿童的父母,加上家庭内部虐待儿童的行为较隐蔽,法律无法期待施虐者本身自告其有罪或保存并提供证据。"①由于幼童、老人作为弱势群体,通常不敢或无法向司法机关亲告,而且在其提起自诉后可能会遭受更严重的虐待、报复,故实践中这部分弱势群体无法得到有效的保护。为此,《刑法修正案(九)》在《刑法》第 260 条中将虐待被监护人、看护人罪,将老人、残疾人、未成年人、患病的人等被监护、看护的人列入被虐待的对象,扩大了法益保护的对象。同时,在《刑法》第 260 条虐待罪中增加第 3 款,对被害人没有能力告诉或者因受到强制、威吓无法告诉的不适用亲告的规定作出了亲告的例外,意味着任何人、任何组织发现虐待家庭成员情节恶劣的行为,都可以向司法机关报案,由司法机关启动公权力予以刑罚规制。

目前,我国信息网络快速发展,网络暴力事件频发,而许多被害人在自诉时无法合法、充分、有效地收集和提供证据,导致被害人的人身和名誉权受到极大的伤害,却无法通过司法程序追究犯罪行为人的刑事责任。为此,《刑法修正案(九)》在原《刑法》第 246 条侮辱罪、毁谤罪第 3 款对通过信息网络侮辱毁谤他人、被害人向法院提起自诉却提供证据有困难的,法院可以要求公安机关提供协助,帮助侦查收集证据。

针对实践中发生的拐卖妇女、儿童的事件,《刑法修正案(九)》也予以了回应。实践中儿童被拐卖,儿童的身心健康难以得到保障,而且往往会导致儿童父母精神崩溃,甚至丧失生活的信心。拐卖儿童的行为冲破了伦理道德的底线,是社会所最痛恨的行为之一,因此《刑法》对拐卖妇女儿童的最高刑可至死刑。然而,"没有买就没有卖",要想进一步惩治和预防拐卖妇女、儿童的行为,既要从卖方着手,也要从买方控制,特别是要加大对买方的刑罚预防和控制力度。《刑法》原第 241 条收买被拐卖的妇女、儿童罪第 6 款中规定了可以不追究刑事责任的情形,致使部分收买者认为其只要不虐待儿童、不阻碍解救、不阻碍妇女返回原居住地的,就可以不追究刑

---

① 王紫彤:《从刑法修正案九(草案)看虐待罪的立法完善》,《法制博览》2015 年第 15 期。

事责任,而且实践中对是否虐待儿童往往难以取证,间接纵容了收买被拐卖妇女、儿童的行为。为此,《刑法修正案(九)》将"可以不追究刑事责任"予以删除,只规定了可以从轻或减轻处罚。

诉讼过程尤其是在民事诉讼过程中,部分诉讼参与人不遵守法庭秩序和保密规定,以殴打、侮辱、威胁、毁坏法庭设施等方式严重扰乱法庭秩序,或者违法泄露案件信息,情节严重,严重扰乱了法庭秩序或者妨碍了正常的司法活动,损害了司法的严肃性和司法的威信,不利于我国依法治国的建设和实现。为此,《刑法修正案(九)》在《刑法》第 309 条中增加了第 3、4 项扰乱法庭秩序的犯罪行为,在第 2 项中将殴打对象扩充至诉讼参与人,还专门在《刑法》第 301 条增设泄露不应公开的案件信息罪与披露、报道不应公开的案件信息罪,进一步维护司法机关依法、有序、独立地行使司法权。

随着信息网络的发展,信息传播的速度、力度远超以往,给人们的社会生活带来极大影响。一些犯罪分子为谋取利益或出于某种目的,故意编造或传播虚假的险情、疫情、灾情、警情,引起社会恐慌,造成社会秩序严重混乱,例如故意传播虚假的地震信息、灾害信息、疫情信息,使群众恐慌,生活秩序严重混乱,或者使地震、公安、消防、卫生检疫等职能部门采取紧急应对措施,严重扰乱国家机关的工作秩序。为此,《刑法修正案(九)》在原《刑法修正案(三)》增设的编造、故意传播虚假恐怖信息罪的基础上扩大了犯罪对象,在《刑法》第 291 条增设编造、故意传播虚假信息罪,扩大了惩罚和预防的范围。

针对司法实践中法院判决和裁定执行难、空判、《刑法》第 313 条因未规定单位犯罪无法处罚、最高刑处罚过轻,难以起到惩罚、震慑和惩罚拒不执行判决裁定的行为,严重影响司法公信力的问题,《刑法修正案(九)》对拒不执行判决、裁定罪增设了单位犯罪以及"情节特别严重"的情形,并提高了最高刑罚,由原来的最高刑 3 年有期徒刑提高到了 7 年有期徒刑,扩大了刑罚规制范围,加大了惩罚力度,以有效维护司法裁判的公信力、执行力,维护国家的审判制度。

为维护国家工作人员职务的廉洁性、职务行为的不可收买性,维护党的执政基础、执政地位,保持党的先进性,国家不断加大惩治腐败的力度,对利用职务便利贪污、受贿构成犯罪的国家工作人员以及行贿人依法予以刑罚,对国家工作人员及行贿人起到了一定的惩治和预防作用。然而在司法实践中,有些行为人间接贿赂国家工作人员的近亲属或者关系密切的人,以达到谋取不正当利益的目的,规避了《刑法》第389条行贿罪的构成要件,以达到不受刑罚的非法目的。这种围猎国家工作人员及其近亲属、关系密切人的行为,严重损害了国家工作人员职务的廉洁性、职务行为的不可收买性,不利于惩治腐败行为。为此,《刑法修正案(九)》在《刑法》第390条中增加了对有影响力的人行贿罪,以保护国家工作人员职务行为的廉洁性和不可收买性。

《刑法修正案(九)》的出台,一方面,是基于我国政法机关和有关部门、人大代表提出修改《刑法》的建议;另一方面,源于我国实践中出现的新问题、新情况,必须对《刑法》做出调整以解决实践中出现的严重危害社会的问题,例如对于多次发生的严重危害国家、人民安全的暴力恐怖案件;快速发展的网络犯罪问题;危及党的信誉、执政地位、国家工作人员廉洁性的严重贪污腐败问题;逐步减少死刑罪名;做好劳动教养制度废除后法律上的衔接问题;等等。针对上述问题,有必要从总体国家安全观出发,全面考虑《刑法》与《反间谍法》《反恐怖主义法》等法律的衔接与配套,需要对原有《刑法》的有关规定作出修改。① 在《刑法修正案(九)》的修改过程中,充分体现了立法的民主性、科学性,在网上向全国人民征求《刑法修正案(九)(草案)》的意见,并对草案的必要性、可行性、实施的社会效果和可能出现的问题特别邀请了全国人大代表、专家学者、司法人员和律师,充分进行了评估和预测,并认为"草案总结了我国……的实践经验,较好地回应了社会

---

① 李适时:《关于〈中华人民共和国刑法修正案(九)(草案)〉的说明:2014年10月27日在第十二届全国人民代表大会常务委员会第十一次会议上》,《中华人民共和国全国人民代表大会常务委员会公报》2015年第5期。

关切,可以适应现阶段预防和惩治犯罪的需要,有利于发挥刑法在……规范社会生活方面的引领和推动作用,具有较强的针对性和可操作性,出台是必要的、适时的。"①《刑法(修正案)》以及其他预防性刑事立法体现了我国刑事立法与时俱进、因时而变的指导思想,是社会变迁、重大法益保护的要求。随着我国社会经济的高速发展,出现了不少新情况和新问题,具有社会危害性的新型社会风险行为在社会各个层面不断出现,我国立法机关面临的一大任务是如何根据实际情况进行必要的法律调整。刑事立法者应因时而变,根据社会的变迁、法益保护的客观需要进行立法,秉持"预防优于治疗和补救""不能等到花瓶打碎了再去修补"的道理进行立法。例如,黑社会性质组织犯罪具有极大的社会危害性,是刑事犯罪中最严重的犯罪形式之一,其对国家政权、经济发展、伦理道德、广大群众的人身和财产安全有严重威胁。1997年《刑法》修订时,立法机关曾深入调查、研究了我国有组织犯罪的情况,并认为,我国尚未形成大规模的能产生重大影响的黑社会性质组织,但是此类性质的有组织犯罪在部分地方已开始出现,并有越来越严重的趋势。而《刑法》第294条存在条文罪状表述未充分反映黑社会性质本质特征、未规定财产刑、对黑社会性质组织的组织者和领导者法定刑偏低、"黑社会"保护伞刑罚偏低等问题。为了有效打击黑恶势力犯罪、维护社会安全秩序、保护人民群众生产生活安全,《刑法修正案(九)》修改了黑社会性质犯罪的罪名。

随着信息化的发展,公民的姓名、年龄、婚姻状况、家庭住址、电话号码等身份信息、隐私不断泄露,一些违法犯罪分子非法向他人出售、提供公民个人信息,导致公民的人身权利、财产权利、生活秩序等受到严重侵害。为此,《刑法修正案(八)》《刑法修正案(九)》相继增设、修改了刑法第253条的侵犯公民个人信息罪的规定。

---

① 乔晓阳:《全国人民代表大会宪法和法律委员会关于〈中华人民共和国刑法修正案(九)〉(草案)〉审议结果的报告:2015年8月24日在第十二届全国人民代表大会常务委员会第十六次会议上》,《中华人民共和国全国人民代表大会常务委员会公报》2015年第5期。

《刑法》第 288 条规定,扰乱无线电通信管理秩序罪要造成严重后果才能入罪,导致因入罪门槛过高而被长期虚置,且无法将"伪基站"等严重危害社会的问题纳入该罪进行惩处,为此,在经过调研的基础上,《刑法修正案(九)》将该罪由结果犯改为情节犯,降低入罪门槛并加重处罚,以便更有效地预防和控制扰乱无线电管理秩序的犯罪行为。

(八)《刑法修正案(十一)》《刑法修正案(十二)》预防性刑事立法扩张的现实根据:市场经济与社会管理秩序、公共安全等重大法益保护的现实需要

《刑法修正案(十一)》《刑法修正案(十二)》犯罪扩张化、法益保护前置化等预防性刑事立法,是基于公共安全、社会主义市场经济秩序、社会管理秩序、国家机关正常管理秩序等重大法益保护的现实需要。正如全国人大常委会法制工作委员会副主任李宁在进行"草案说明"时所言,《刑法修正案(十一)》出台的背景,是根据目前的"新任务、新要求、新情况对刑法作出的局部调整"。

一是党的十八大以来,党中央对安全生产、产权保护、金融市场秩序、食品药品安全、生态环境、公共卫生安全等领域的刑法治理和保护提出了明确要求,特别是对民营企业产权的刑法保护被上升到国家战略高度,习近平总书记对加强安全生产问题进行了多次批示,这些无疑为"坚决贯彻党中央决策部署,将党中央的决策转化为法律制度"提出了新的刑法修改思路和要求。

二是国内外形势发生了重大变化,主要表现有:对公共卫生安全、生物安全提出了更高要求;对自洗钱行为独立成罪提出要求;我国自加入世贸协定以来,TRIPS 协定中知识产权标准的提高对我国刑法相关规定所带来的挑战;等等。

三是近年来司法实践中出现了一些新情况、新问题,例如犯罪低龄化、性侵未成年人、因司乘纠纷而引发的抢夺方向盘或者殴打驾驶人员、高空抛物、P2P 爆雷事件引发的金融安全事件、非法编辑基因事件所引发的对

人类基因安全和人类未来的担忧,这些都需要刑法予以明确和解决。① 另外,近年来一些重特大事故不断发生,严重危害公共安全,例如天津港瑞海公司危险品爆炸事故案、江苏响水"3·21"特大爆炸事故案等,造成了极其严重的后果。为了防止重大事故发生现实危险的重大隐患行为,积极预防和惩治此类犯罪,《刑法修正案(十一)》增加了危险作业罪,将刑事处罚阶段适当前移,对于特别危险的重大隐患行为,即使没有发生现实危害结果的也要追究刑事责任。

改革开放以来,我国经济社会取得显著发展,知识产权创造的数量和规模发生了根本性变化,侵犯知识产权违法犯罪的新情况、新问题不断出现,为此,《修正案(十一)》对假冒注册商标罪、销售假冒注册商标的商品罪、非法制造和销售非法制造的注册商标标识罪、侵犯著作权罪、销售侵权复制品罪和侵犯商业秘密罪进行修改,增加了商业间谍罪,即为境外窃取、刺探、收买、非法提供商业秘密罪,以进一步满足对知识产权法益的保护。为加大惩治民营企业内部侵害财产犯罪、更好保护民营企业财产法益,《刑法修正案(十一)》将职务侵占罪、非国家工作人员受贿罪的最高刑由 15 年有期徒刑提高到无期徒刑,并增加罚金刑,同时调整两罪刑罚档次配置,以与贪污罪和受贿罪平衡;将挪用资金罪最高刑由 10 年有期徒刑提高到 15 年有期徒刑,既加大了对民营企业权益的保护,又与公职人员腐败犯罪的刑罚匹配,体现了平等保护精神。

为进一步防范化解金融风险、保障金融改革、维护金融秩序、保护人民群众利益,《刑法修正案(十一)》完善了《刑法》第 182 条操纵证券、期货市场罪,增加了实行行为方式,进一步明确了"蛊惑交易操纵""抢帽子交易操纵"等新型操纵市场行为系犯罪行为,严密了刑事法网。同时修改《刑法》第 229 条提供虚假证明文件罪、出具证明文件重大失实罪,对在证券发行、

---

① 李宁:《关于〈中华人民共和国刑法修正案(十一)(草案)〉的说明:2020 年 6 月 28 日在第十三届全国人民代表大会常务委员会第二十次会议上》,《中华人民共和国全国人民代表大会常务委员会公报》2021 年第 1 期。

重大资产交易活动中提供虚假的资产评估、会计、审计、法律服务、保荐等证明文件,情节特别严重的,增加了一档"五年以上十年以下有期徒刑"刑罚,以震慑资本市场欺诈、造假、操纵等严重违法行为,保障资本市场平稳健康发展,更好地服务实体经济,保护投资者合法权益。

为有效预防、惩治洗钱违法犯罪,并为境外追逃追赃提供充足的法律保障,《刑法修正案(十一)》修改了洗钱罪,将实施严重犯罪后的"自洗钱"明确为犯罪行为,同时完善了有关洗钱行为方式,增加地下钱庄通过"支付"等洗钱方式。[①] 近年来,一些不法分子借"P2P"、网络理财等互联网金融创新名义从事非法集资活动,有的编造投资项目,隐瞒资金用途,为投资收益"画大饼";有的拿他人的钱肆意冒险,不断出现"跑路"案件,严重扰乱了经济金融秩序,对人民群众的财产造成极大危害。为此,《刑法修正案(十一)》修改了非法吸收公众存款罪、集资诈骗罪及其单位犯罪处罚。[②] 另外,为了严厉惩处非法讨债行为,进一步维护正常的公共秩序,依法保护公民人身、财产权利,《刑法修正案(十一)》增设了催收非法债务罪。

2019 年 8 月修订后的《中华人民共和国药品管理法》(以下简称《药品管理法》)对"假药"的定义和范围进行了调整,将假药和按照假药处理的情况分开,使对"假药"的定义回归功效标准,将违反药品管理秩序未经批准生产、进口的药品等不再以假药论处,而是规定了另外的法律责任。为了与修改后的《药品管理法》进一步衔接,《刑法修正案(十一)》针对此前以假药论处以及违反药品生产质量管理规范的行为,分别修改了《刑法》第 141 和 142 条,并增设了妨碍药品管理罪,既依法惩治了生产、销售、提供假药

[①] 周光权:《全国人民代表大会宪法和法律委员会关于〈中华人民共和国刑法修正案(十一)(草案)〉修改情况的汇报:2020 年 10 月 13 日在第十三届全国人民代表大会常务委员会第二十二次会议上》,《中华人民共和国全国人民代表大会常务委员会公报》2021 年第 1 期。

[②] 张义健:《〈刑法修正案(十一)〉的主要规定及对刑事立法的发展》,《中国法律评论》2021 年第 1 期。

和劣药的犯罪行为,又惩治了各种妨碍药品管理的犯罪行为,进一步维护了人民群众的身体健康安全。

近年来低龄未成年人实施严重犯罪的案件时有发生,据初步统计,2014—2018年平均每年发生的14周岁以下未成年人故意杀人案件20余件,故意伤害案件90余件。为依法保护被害人权利尤其是未成年人的生命安全和身体健康,《刑法修正案(十一)》在《刑法》第17条第3款中规定了已满十二周岁不满十四周岁的人构成犯罪的情形,将最低刑事责任年龄降到12周岁。[①] 随着高空抛物、在公共交通工具上对驾驶人员使用暴力或抢夺方向盘或打架斗殴,危及公共安全的事件不断出现,《刑法修正案(十一)》在《刑法》第291条增设高空抛物罪,在第133条增设妨害安全驾驶罪,以保护人民群众的公共安全法益。

随着我国民营企业的发展,民营企业内部腐败犯罪多发、易发,主要集中在负责审批、采购、财务等关键岗位人员,由于企业内部监督不完善,内部人员因腐败侵害企业利益的情况越来越多,迫切需要加强这方面的治理。[②] 为此,《刑法修正案(十二)》修改了《刑法》第165条非法经营同类营业罪,将非国有公司、企业的董事、监事、高级管理人员纳入刑罚范围;修改了《刑法》第166条为亲友非法牟利罪,将非国有公司、企业的工作人员也作为犯罪主体;修改了《刑法》第169条徇私舞弊低价折股、出售公司、企业资产罪,将非国有公司、企业直接负责的主管人员纳入刑罚范围。

从刑法理论的角度来看,《刑法修正案(十一)》《刑法修正案(十二)》沿袭了近年来积极的一般预防理念,以新增罪名、扩张原有罪名的客观行为类型、降低刑事责任年龄、提升法定自由刑上限、增设罚金刑、增设单位犯罪等形式,扩大刑法适用范围(犯罪化),加重对具体犯罪的法定刑(重刑

---

① 张义健:《〈刑法修正案(十一)〉的主要规定及对刑事立法的发展》,《中国法律评论》2021年第1期。

② 张义健:《〈刑法修正案(十二)〉的理解与适用》,《法律适用》2024年第2期。

化),以表达立法者对当今转型社会发展过程中所出现的新问题、新情况的态度,回应社会一般民众对于当今社会重大案件必须予以严惩的呼声和关切。①

---

① 黎宏:《〈刑法修正案(十一)〉若干要点解析——从预防刑法观的立场出发》,《上海政法学院学报(法治论丛)》2022 年第 2 期。

第四章

我国预防性刑事立法扩张的危险

任何事物都有两面性，预防性刑事立法也不例外，其像一把"双刃剑"，在适应社会变迁、防范社会风险、预防法益侵害危险、维护国家安全等方面具有优势和正当性，但也带来了一定的危险。

第一节　对自由价值和权利保障侵袭的危险

预防本身具有无止境扩展的本能，倾向于将干预的节点不断往前推移。为了实现将危险控制和预防在尽量早期的状态，预防性刑事立法不断将可罚性的标准向前推移，在法益尚未受到实际侵害的情形下，刑罚就急于提前予以惩治与保护。预防性刑事立法这种倾向于尽早干预、节点不断往前推移、持续扩展的本能，将导致出现刑罚过度扩张的危险。

一、脱离法治原则的极端工具化倾向

预防性刑事立法以预防和控制法益侵害危险、实现社会控制为目的，其作为社会治理的一种手段和工具，在犯罪化、刑法干预前置、危险犯立法的趋势表现等方面具有较为积极的灵活性。但是，在风险社会，由于防卫社会的刑法功能被凸显，预防性刑事立法也容易脱离法治原则而走向极端工具化倾向，并被人为放大，故侵袭自由价值的潜在危险被扩大。[1] 为了安抚公众情绪，立法逐步抛弃规范的实用性与可行性标准，形成了由实体性扩张向形式性扩张的"新刑法工具主义"立法取向。[2] 极端工具化倾向

---

① 高铭暄、孙道萃：《预防性刑法观及其教义学思考》，《中国法学》2018 年第 1 期。

② 魏昌东：《新刑法工具主义批判与矫正》，《法学》2016 年第 2 期。

表现为有罪必罚观念、单项入罪思维、刑法万能主义、刑法家长主义、象征性立法的无限膨胀。极端工具主义通常认为,有罪必罚是维护刑法地位和处罚效应的重要保障;极端工具主义在实践中容易被表现为单项入罪思维而闭塞出罪思维,认为刑罚的严厉性、惩罚性、剥夺性的特点,对预防犯罪和威慑作用极具效果。然而,极端工具主义在面对较为复杂的风险社会恶劣的危险和不断反复增长的犯罪情况下,可能会陷入过度依赖、迷信刑罚、刑罚万能主义的误区。例如,有人认为,在传染病疫情期间,编造"某人刚从疫区回来"的虚假信息引发群众恐慌,使公安、卫生检疫等职能部门采取紧急应对措施,严重扰乱了社会秩序,不采取刑罚的手段予以定罪量刑,不足以惩治、警戒、预防此类行为的发生,故应以编造虚假恐怖信息罪追究相关行为人的刑事责任,以充分发挥刑罚的手段作用。另有学者认为行为人是否构成编造虚假恐怖信息罪值得商榷。笔者认为,编造、故意传播虚假恐怖信息罪是《刑法修正案(三)》增设的罪名,目的是预防和惩治编造、故意传播虚假恐怖信息,为保护社会公共秩序法益而设立,其构成要件行为是"编造爆炸威胁、生化威胁、放射威胁等恐怖信息,或者明知是编造的恐怖信息而故意传播,严重扰乱社会秩序的"行为。该罪保护的法益"社会秩序"系一种抽象的法益,构成要件行为对象"等恐怖信息"具有开放性、能动性、扩张性,体现了预防性刑事立法的思维。这种思维也体现在 2013 年最高人民法院《关于审理编造、故意传播虚假恐怖信息刑事案件适用法律若干问题的解释》第 6 条:"'虚假恐怖信息'是指以发生爆炸威胁、生化威胁……重大灾情、重大疫情等严重威胁公共安全的事件为内容,可能引起社会恐慌或者公共安全危机的不真实信息。"该解释将恐怖信息扩大为包括发生"重大疫情"等事件。从一定的角度看,将"重大疫情"归为"恐怖信息"有司法解释的依据,且确实侵害了社会公共秩序的法益,但在理解行为人谎称"刚从某疫区回来"能否被认定为编造"以发生重大疫情的事件为内容"的虚假恐怖信息值得商榷。

笔者认为,引起上述不同争论的原因,从立法上看是该罪体现了法益保护前置、立法能动性、扩张性的预防性刑事立法方式,而这种预防性刑事立法方式也可以说是出于刑法的工具主义思想。刑法家长主义在大陆法系一般是为了保护行为人的利益而限制行为人自由的干预模式,认为在行为人自身成为被害人的"自己侵害"或行为侵害自己的利益的场合应予以干预;可用于解释无被害人犯罪或自己是被害人犯罪予以入罪处罚的情形,而法益侵害原理无法合理解释这两种情形入罪的理由。刑法家长主义的过度推崇会导致自由权利受到压制,进而滑向极端刑法工具化的类别中。"象征性立法"被认为背离了立法的科学性、有效性原则,缺乏实际的法益保护功能,是一种"形式意义上的立法存在或宣示感"。① 实质上,这种混同了必要性立法和象征性立法的方式无法保障刑事立法的科学性。诸如此类的刑法极端工具化的法治危险,会陷入"有罪必罚"及先入为主的"有罪思维",难以作到刑法宽容或出罪机制的启动,与宪法和其他部门法之间的协调关系也可能被冲破,使个人被迫服从于国家利益、公共秩序、公共安全的需要,侵袭个人自由,超出了工具法治应有的法治边界,打破了目的与手段的合理性,以及实质与形式合理性的动态平衡关系。

二、法益概念抽象化导致界限模糊的危险

预防性刑事立法以预防法益侵害危险、维护安全为目的,其本身具有"预防越早越好"的趋势,刑罚的干预与介入也越来越提前化、早期化。"法益"概念自德国学者比恩鲍姆于 1843 年提出后,以宾丁为首的实证主义者从权利侵害说转向法益侵害说,法益概念使刑法保护的范围由个体权利扩张至共同利益、社会利益。刑法由原来限于对侵犯个体权利的惩罚扩张至所有国家认为值得刑法保护的利益。② 实体法益的消弭和精神化与抽象化的法益使得法益概念一方面不断地提升了其包摄能力与范围;另一方

---

① ［德］克劳斯·罗克辛:《刑罚目的难道不是保护法益吗?》,樊文译,陈兴良:《刑事法评论》(第 19 卷),北京大学出版社 2006 年版,第 155 页。

② 杨萌:《德国刑法学中法益理论的历史发展及现状述评》,《学术界》2012 年第 6 期。

面,使法益概念发挥不了限制国家犯罪化的功能,相反成为服务于国家刑罚权的扩张,难以为刑法提供清晰而稳定的可罚性界限,使法益的批判功能不断被弱化。20世纪以来,随着法益概念的界定日益宽泛,大陆法系国家刑法处罚范围的扩张开始实现。在刑法应对风险社会所进行的调适中,法益概念逐渐被精神化与抽象化、模糊化及外延不断扩张。"立法者试图通过刑法的手段对新兴的风险做出反应,尤其是科技和经济体制日益增长的复杂性与脆弱性的急剧发展所导致的风险。"①科技的发展、经济的全球化、网络信息的快速发展、全球社会的动荡不安,使人为风险与日俱增,人们更加关注安全问题,这种客观现实促使刑法把预防风险和控制风险作为本职使命对待,导致刑罚的处罚范围不断扩张,使法益论不断进行自我调整,"无形中就会取消法益限于法规范的前提,而以规范运作的功能取代法益的地位。"②由法益论的演变过程不难看出,法益概念在立法上的功能主要表现在证明国家刑罚干预的合理性,避免刑罚被工具化和恣意发动,③变成服务于刑罚权的扩张,从约束刑罚权到引导刑罚权的扩张。在预防性刑事立法的观念中,法益概念的功能不仅没有使刑罚权被特别限制,而且可能导致一些纯粹政策性观点转向积极证立国家刑罚权的扩张。

预防性刑事立法以预防为导向,"但预防总是与无限制相联系,具有不确定性和难以捉摸的特性,具有与生俱来的'越早越好'的内在扩张逻辑。"④在风险社会中,为了预防风险的发生和法益侵害的危险,刑罚介入开始提前。预防导向的过度追求可能将使刑法干预社会的应有界限模糊。

---

① 〔德〕Lothar Kuhlen:《刑事政策的原则》,陈毅坚译,《中国政策报告》(第3辑),中国法制出版社2008年版,第712—713页。

② 舒洪水、张晶:《近现代法益理论的发展及其功能化解读》,《中国刑事法杂志》2010年第9期,第20页。

③ "法益"概念的这一机能甚至被克劳斯·罗克辛认为是德国刑法学为欧洲法律文化奉上的最重要的馈赠之一。〔德〕克劳斯·罗克辛:《对批判立法之法益概念的检视》,陈璇译,《法学评论》2015年第1期,第54页。

④ Rik Peeters. The Price of Prevention: the Priventive Turn Consequence for Role of State. *Punishment & Society*, Vol. 17, No. 2, 2015, pp. 167-168.

风险刑法理论认为,犯罪不是以导致具体的损害作为实施制裁的前提条件,而是以没有促使安全状态的形成或者这类犯罪的不法来表述。"在行为实施之前采取提前的实际的警戒和保障可以阻止危害的结果发生。"①有学者认为,风险刑法理论在具体犯罪的处罚上呈现出全面风险化的倾向,不仅要求广泛处罚危险犯,而且会对实害犯进行"风险"解读,导致无限扩张的风险。乌尔里希·齐白认为,在世界范围内应对"风险社会"挑战时,可以考虑刑法的延伸和去边界化问题,更加侧重运用刑法解决安全问题和预防问题,并提出了"实体刑法中可罚性的前移""预防性监控观念的延伸"等观念。显而易见,这将导致无边界的滥用刑法,并消解刑法作为善良人及犯罪人大宪章的作用。②受"风险刑法"理论的影响,以积极的一般预防为目的、追求人类安全为目标的预防性刑事立法,也难免会出现刑法处罚介入越来越早,刑法处罚范围不断扩张,并使刑法的谦抑性丧失的危险。《刑法》第 225 条规定了非法经营罪,③该条第 4 项规定的"其他严重扰乱市场秩序的非法经营行为"系一项兜底条款,具有能动性、扩张性、法益抽象性等预防性刑事立法的特征,容易导致刑法可罚性界限的模糊。2014 年 11 月 13 日—2015 年 1 月 20 日,内蒙古巴彦淖尔市临河区农民王某某未办理粮食收购许可证,且未经工商部门核准登记并颁发营业执照,就擅自在白脑包镇附近村组违法收购玉米,并将所收购的玉米卖给巴彦淖尔市粮油公司杭锦后旗蛮会分库,非法经营数额 218 288. 6 元,非法获利6 000 元。案发后,王某某主动退缴 6 000 元,并投案自首。巴彦淖尔市临河区公安局、人民检察院、人民法院均认为,王某某违反国家规定,未经粮食主管部门许可及工商行政管理机关核准并颁发营业执照,非法收购玉

---

① [德]乌尔斯·金德霍伊泽尔:《安全刑法:风险社会的刑法危险》,刘国良编译,《马克思主义与现实》2005 年第 3 期。

② 刘艳红:《"风险刑法"理论不能动摇刑法谦抑主义》,《法商研究》2011 年第 4 期。

③ 《刑法》第 225 条规定:"违反国家规定,有下列非法经营行为之一,扰乱市场秩序,情节严重的,处五年以下有期徒刑或者拘役……(四)其他严重扰乱市场秩序的非法经营行为。"

米,非法经营数额较大,触犯了《刑法》第 225 条第四项"(四)其他严重扰乱市场秩序的非法经营行为"的规定,其行为构成非法经营罪。临河区人民法院根据《刑法》第 225 条第四项等规定判处王某某有期徒刑 1 年,缓刑 2 年,并处罚金人民币 20 000 元。判决后,王某某未上诉,检察机关也未抗诉,一审判决生效。后来最高人民法院发现该判决错误,指令巴彦淖尔市中级人民法院再审。该院再审后认为,王某某未经批准无证买卖玉米的行为违反了当时的国家粮食流通管理有关规定,但没有达到严重扰乱市场秩序的危害程度,不具备与《刑法》第 225 条规定的非法经营罪相当的社会危害性和刑事处罚的必要性,不构成非法经营罪,王某某无罪。[1] 笔者认为,从该案中可以看出,《刑法》第 225 条第四项这种兜底性条款的规定,具有能动性、扩张性、法益保护前置、法益的抽象性等预防性刑事立法的特征,具有可罚性界限模糊的风险。

三、脱离犯罪构成实质标准的危险

预防性刑事立法的扩张,将刑罚的介入点提前,不以行为所引起的危害结果为处罚根据,而是以行为的实施为处罚要件,可能导致形式上符合构成要件而实质上没有社会危害性或法益侵害性的行为被刑事追究,即脱离犯罪构成实质标准追究刑事责任的危险。在风险社会下,"风险刑法"理论以防范风险为目标,认为犯罪"不是一个具体的损害,而是一种慌乱不安。"[2]有学者认为,"风险刑法"理论考虑的不是法益侵害的结果,而是行为是否实施,只要行为实施便要受到刑事处罚,而不论结果如何;可罚性的判断基准更多地停留在主观层面,对于行为、行为人本身在实施行为时的意图、动机、观念、想法等过分关注会导致远离罪责,形成极端的行为无价

---

[1] 《指导案例 97 号:王力军非法经营再审改判无罪案》,https://www.court.gov.cn/shenpan/xiangqing/136361.html,最后访问日期:2024 年 10 月 1 日。

[2] [德]乌尔斯·金德霍伊泽尔:《安全刑法:风险社会的刑法危险》,刘国良编译,《马克思主义与现实》2005 年第 3 期。

值和刑法的伦理主义的结果。① 日本学者认为，"风险刑法理论最终在刑事立法中蕴涵了容忍将'如果有危险就有刑罚'原则化、扩大化的危险。"②

　　预防性刑事立法受风险刑法理论的影响，也可能会导致出现脱离实质社会危害性或法益侵害性追诉行为人，侵犯公民基本权利自由的结果和危险。2016 年 10 月，赵某某在街头摆摊射击气球，被公安机关查处，其中6 支气枪被鉴定为枪支。2016 年 12 月 27 日，天津市河北区法院一审以非法持有枪支罪判处其有期徒刑 3 年 6 个月。③ 该判决一出，社会一片哗然，后二审被天津市第一中级人民法院改判为有期徒刑 3 年，缓刑 3 年。非法持有枪支罪是一种持有型犯罪，其立法意图就是想通过禁止非法持枪预防持枪杀人、伤害等危害社会行为的结果发生，不管是否发生持枪危害社会的实际结果，只要具有非法持枪的行为就构成犯罪，刑罚的介入点不在危害结果的出现阶段，而在危害结果出现之前的行为阶段，是一种预防性刑事立法的体现。具体到本案中，赵某某虽然持枪的目的是摆摊射击气球，没有危害后果，不具有实质社会危害性，但其行为符合非法持有枪支罪的构成要件，构成犯罪。立法者对非法持有枪支罪采取了预防性刑事立法的方式，由此可以看出，预防性刑事立法为了预防危害社会行为的发生、为了追求安全价值，刑罚介入早期化、提前化可能牺牲公民的基本权利，侵犯公民的人身自由。

　　2018 年火爆的电影《我不是药神》，徐峥饰演的程勇因帮助买不起"天价"进口抗癌药的患者，购买未经国家批准的印度抗癌药，被公安机关以销售假药罪抓获，并由检察机关起诉至法院，以销售假药罪定罪量刑。影片中的事例与现实中的湖南省某市陆某涉嫌妨碍信用卡管理罪、销售假药罪案极其相似。该案中，慢性粒白血病患者陆某需长期服用抗癌药"格列

---

①　刘艳红：《"风险刑法"理论不能动摇刑法谦抑主义》，《法商研究》2011 年第 4 期。

②　［日］关哲夫：《现代社会中法益论的课题》，王充译，《刑法论丛》2007 年第 12 卷，第339 页。

③　https：//wenshu. court. gov. cn/website/wenshu.

卫",但是"格列卫"系列药品是我国从瑞士进口到国内的正规药品,每盒需要 23 000 多元,为了增加购买人数并降低药价,陆某建立了白血病患者QQ 群。某月,陆某通过他人购买到了印度生产的价格只需 4 000 元的同类药品,购药途径是从日本购入,药效与瑞士进口药"格列卫"一样。自此,陆某按照使用说明书所标明的联系方式联系到了印度抗癌药物经销商赛诺公司,并直接从该公司购买此抗癌药物。陆某经过一段时间的服用,感觉产自印度的药物不仅疗效好,而且价格便宜,于是便把这种药推荐给病友,之后利用其懂英文的特长,为白血病患者推荐购买印度赛诺公司该抗癌药品。为了方便支付患者的购药款,陆某于 2013 年在网上购买了 3 张用他人身份信息开设的银行借记卡,其中两张不能激活,只使用了 1 张。公安机关的起诉意见书认定,自 2013 年以来陆某帮助印度公司销售药物的金额达 300 余万元(检察院《不起诉决定书》认定,陆某先后通过银行账户购买了价值 120 000 元的 10 余种抗癌药物)。经鉴定,从印度购买的该系列抗癌药物系未经我国批准进口的药品。该案经历过公安机关以销售假药罪、妨害信用卡管理罪移送检察机关起诉,检察机关经过退回补充侦查后以妨害信用卡管理罪、销售假药罪移送某市人民法院起诉,因陆某传唤不到案,被法院决定逮捕,之后某市检察院又撤回起诉,并对陆某取保候审,对陆某以不是销售行为不构成销售假药罪;以购买他人身份信息的借记卡并使用 1 张的行为,其目的和用途不是为了牟利用,而是用于减轻白血病患者支付自服药品费用的压力,危害不大,情节显著轻微,不认为是犯罪为由对陆某决定不起诉。① 陆某帮助他人购买价格便宜、药效同样但未经批准进口的抗癌药物,从结果上看不仅没有社会危害性,而且有利于广大患者买得起抗癌药物进行治疗,是一种有利于广大患者治病的有益行为。然而,我国《刑法》第 141 条生产、销售假药罪是抽象危险犯,在《刑法修正案(八)》修正以前,生产、销售假药需要"足以严重危害人体健康的"才

---

① 《抗癌药"代购第一人"被诉,百余白血病人联名呼吁非犯罪化》,https://www.thepaper. cn/newsDetail_forward_1284043,最后访问日期:2018 年 1 月 10 日。

构成生产、销售假药罪,而《刑法修正案(八)》后,将"足以严重危害人体健康的"构成要件删除了,意味着只要生产、销售假药(含以假药论处的药物),不管是否危害人体健康均构成犯罪。《刑法修正(五)》在《刑法》第177条增设的妨碍信用卡管理罪也同样存在这种情形。这种立法方式将刑罚提前化,处罚前置是一种预防性刑事立法的方式。该种立法方式虽然可以起到提前预防、震慑犯罪的作用,但隐含着脱离实质社会危害性、犯罪构成实质标准追诉行为人、侵犯公民人身权利与自由的隐忧和危险,甚至导致不仅不能实现立法目的,反而阻碍公民权利的自救,不利于市场经济的健康发展。

第二节　对法治国家的侵袭、经济社会 创新发展阻碍的危险

一、对法治国家侵袭的危险

"法治最特殊、最非同凡响的地方正是其分配权力,但又限制权力实施的理念",①刑事法治与众不同之处在于其被赋予国家刑罚权,但又限制刑罚权随意发动。"基于对公权力的高度不信任,法治国家的核心在于通过法律的确定性来塑造和制约国家公权力,保证国家权力对公民自由的干预符合正义原理。"②在风险社会下,预防性刑事立法追求预防导向,刑罚干预早期化、前置化,法益保护日益抽象、精神化,刑法介入的边界也可能逐渐变得模糊,刑法处罚范围不断扩张,刑法的公权力不断提升,侵袭公民的自由空间。"若刑法一意追求预防导向,值得思考的是:法治国家的核心价值是否会受到预防刑法的改变和威胁?"③刑法的任务本来被限制在保护个人法益免受侵害上,以服从于法治国家这一导向,而侧重安全价值的预防刑法的本质是社会成员以部分权利与自由为代价来换取安全社会生活,即自由与安全的交换。当前刑法的发展趋势正越来越偏离这种"法治

---

① ［英］韦德·曼塞尔、贝琳达·梅特亚德、艾伦·汤姆森:《别样的法律导论》,孟庆友、李锦译,孟庆友审校,北京大学出版社2011年版,第11页。

② 何荣功:《预防刑法的扩张及其限度》,《法学研究》2017年第4期。

③ 何荣功:《预防刑法的扩张及其限度》,《法学研究》2017年第4期;［德］乌尔里希·齐白:《全球风险社会与信息社会中的刑法:二十一世纪刑法模式的转换》,周遵友、江溯等译,中国法制出版社2012年版,第205页。

国家导向"。① 预防总是倾向于不断推前国家介入的节点,其本身就具有无限扩展的本能。目标总是尽可能早地进行干预,急于将威胁扼杀、消灭在萌芽状态,与其实现的不可能性在一起,促使预防性措施的持续扩张,沿着威胁起源的因果链无限制地后退。② 安全凌驾于自由,过度扩张化的危险可能会带来对法治国家核心价值的侵袭,挑战人类法治建设的进程,带来法治国家建设的隐忧与危险。

二、对经济社会创新发展阻碍的危险

预防性刑事立法因刑罚前置、可罚性前移使刑法防卫线重大扩张,带来了实体刑法的膨胀趋势,在对基本价值自由侵袭的同时可能会对经济社会的创新性发展起到一定的阻碍、扼杀的危险,从而背离立法目的。改革创新是对旧事物的突破、废弃,对新事物的创造与接纳,在改革创新中通常蕴含着风险与挑战。在我国改革开放的社会主义市场经济发展过程中,一些新事物不断涌现,必然会带来一些风险,若国家过于追求社会管理的预防与控制,并且通过刑事立法的方式进行预防与控制风险,则有可能阻碍经济社会的创新发展。我国 1979 年《刑法》第 117 条规定:"违反金融、外汇、金银、工商管理法规,投机倒把,情节严重,处三年以下有期徒刑或者拘役,可以并处、单处罚金或者没收财产。"该罪产生于计划经济时代,当时看起来似乎是合理的,但现在看来,该罪在一定程度上阻碍了商品经济的发展,遏制了经济活力,所以,在 1997 年《刑法》修改时便将投机倒把罪废除。还有前述的生产、销售假药罪,由于《刑法》规定不管生产、销售的假药(含以假药论处的药)罪中是否会产生危害社会的结果,只要实施了该行为就

---

① 〔德〕沃斯·金德豪伊泽尔:《适应与自主之间的德国刑法教义学——用教义学来控制刑事政策的边界?》,蔡桂生译,《国家检察官学院学报》2010 年第 5 期。

② Markus Dirk Dubber. Policing Possession: the War on Crime and the End of Criminal Law. *Journal of Criminal and Criminology*, Vol. 11, No. 91, 2001, pp. 841 - 842.

构成犯罪,导致一些可能没有社会危害性,相反,将可以治病救人的药"以假药论处"(例如未经批准生产、进口或未经检验或未取得批准文号等),并成为该罪的犯罪对象,从而构成犯罪。

《刑法修正案(九)》增设的帮助信息网络犯罪活动罪与拒不履行信息网络安全管理义务罪,从作为与不作为两个方面对信息网络服务者的行为进行控制,封闭了网络中立帮助行为的出罪空间,一方面,有利于预防和控制利用网络实施的犯罪行为;另一方面,网络技术的高速发展对我国经济社会的发展具有重要的作用。这两个罪名的增设使网络经营者对消费者的使用意图有了审查的义务,容易使网络经营者陷入恐慌,不敢大胆创新开发经营,甚至无法进行正常的经营活动,阻碍了经济社会的创新发展。这也是德日两国对中立帮助行为可罚性加以限制的逻辑起点。①

此外,我国《刑法》第三章破坏社会主义市场经济秩序犯罪中规定的一些罪名,例如虚报注册资本罪、虚假出资、抽逃出资罪(主要是以行为加数额构罪的模式)、走私普通货物物品罪、骗取出口退税罪等与市场经济发展、改革开放发展有紧密联系的犯罪,随着建设自由贸易试验区、自由贸易港等市场经济的进一步发展,可能会被取消,否则,将阻碍我国自由贸易港经济的发展,尤其是那些以行为无价值模式构建的预防性刑事行政犯、经济犯,更有阻碍经济社会创新发展的危险。

---

① 刘艳红:《网络中立帮助行为可罚性的流变及批判——以德日的理论和实务为比较基准》,《法学评论》2016年第5期。

第五章

我国预防性刑事立法过度扩张的限制构想

预防性刑事立法一方面是适应社会变迁的产物,有其正当性的一面,就预防本身而言其并不可怕,同样,很多危险即使处于萌芽状态也会被预防性立法所遏制,有鉴于此,应承认其在风险社会下具有保障个体自由之积极性;①另一方面,其本身的扩张也存在不容忽视的危险与隐忧。如何克服其缺陷、消减其内在危险与隐忧,构建合理有效的制约机制,使预防性刑事立法在其合理的限度内运行成为必要。笔者从宪法性防控机制、刑法内部保障机制两个宏观理念到我国预防性刑事立法总体方向、技术性要求、限制条件,提出了我国预防性刑事立法过度扩张的限制构想。

第一节　我国预防性刑事立法过度扩张的宪法性防控机制

一、坚守人民主权原则

现代立法坚持民主原则是世界各国的普遍认识,但是各国遵循立法民主原则的含义、内容、方式与其国情相关。根据《中华人民共和国宪法》(以下简称《宪法》)第 2 条的规定,中华人民共和国的一切权力属于人民。立法应当充分反映广大人民的意志和愿望,确认和保障人民的权利,而不是以少数人的意志为依据,以少数人的利益为依归。制定法律尤其是关系人民权利和自由的《刑法》时,更应充分反映广大人民群众的意愿,从维护广大人民群众的利益出发。立法过程和立法程序要充分贯彻群众路线,反映人民的意愿和遵循客观规律的要求,体现民主性,使具有实践经验的广大

---

① 劳东燕:《风险社会中的刑法:社会转型与刑法理论的变迁》,北京大学出版社 2015 年版,第 70 页。

人民群众能够通过必要的途径有效参与立法,表达自己真实的意愿。立法要遵循我国的国情,尊重本国人民的传统习惯,不能将国外的立法生搬硬套地直接引进。

立法尊重、反映人民意愿时,要注意防止少数人所谓的"民意",不能将少数人的意见当成大多数人民群众的民意。我国实行的是人民代表大会制度,人民通过人民代表大会行使立法权力,通过各级人大代表将人民群众的意愿反映至人民代表大会。因此,人大代表应真正由多数人民群众选出,选出的人大代表要真正能代表广大人民群众的意志,而不是反映少数人、少数阶层的意见。在网络时代,既要充分利用网络,让人民群众参与立法,提出立法建议,又要防止少数人利用网络形成所谓"广大网民意见",冒充广大人民群众的真正愿望。立法要遵守严格的程序规范,深入基层及广大人民群众中调研,广泛调研、多次调研、多方论证,坚持依照严谨规范的程序依法立法。

立法尊重、反映人民意愿时,还要注意坚持立法的专业性与科学性原则。由于人民群众的政治觉悟、文化水平、管理国家的能力、专业水平的局限,完全按照人民群众的朴素的、直接的、眼前的意愿进行立法,会影响立法的科学性、前瞻性、稳定性、现代性,因此,立法既要尊重广大人民群众的意愿,又要广泛征求专家的意见,以便科学立法。坚持立法的科学原则有助于尊重立法规律、克服立法中的主观随意性和盲目性,而产生现代法治国家建设所需要的良法、实现立法的现代化,也有利于避免或减少错误和失误,降低成本,提高刑事立法效益。在刑事立法时要坚持以问题为导向,理论联系实际,注重现实性与前瞻性相结合、原则性和灵活性相结合、主客观条件相结合、社会发展规律和立法发展规律相结合等。要防止为了满足所谓的"民意"而仓促出台"象征性立法"。

二、坚守人权保障底线原则

预防性刑事立法的核心潜在危险在于侵犯宪法所规定的基本人权和

自由。我国在 1954 年的《宪法》中就确立了法律意义上的人权,并以"公民的基本权利"形式规定。基本权利是指那些关于人的先天既存的和后天能够实现的价值在法律上的一般承认,其具有人的不可缺乏性、不可取代性、不可转让性、稳定性、母体性、共似性等含义,是那些对于人和公民不可或缺的、不可取代的、不可转让的、稳定的共同权利,是宪法制度保障的基本权利。人权是人的利益的度量分界,既是公共权利评价的道德标准,也是人与人相处的共同尺度,其政治表现为民主,法律表现为法治,是法治国家的基本要求。

人权对于法治国家建设具有基础性和不可缺少的重要作用。因此,立法者在进行预防性刑事立法时,必须坚守人权保障底线原则,确保所立之法不侵犯人权和自由。

三、坚守比例原则

一般认为,比例原则是从德国公法学发展出来的,由警察法学拓展到行政法学领域的理论,并最终发展为一个宪法性原则,是法治国家中不可缺少的一项重要法律原则,目的在于解决公法益和私法益之间的矛盾,是实现实质正义理念的一种理性思考法则。虽然将比例原则明文规定在《宪法》中的国家不多,但由于比例原则是基本权利、平等原则的主要内容及内在要求,是维持权力和权利、自由和平等之间适度平衡的基本原则,故各国认可比例原则的宪法地位。[①] 一般认为,传统的比例原则主要由以下三个子原则构成。

第一,适当性原则,即限制人民基本权利的行为手段对于所要达到的目的是适当的,要求限制基本权利的行为手段与所要达到的目的之间具有相当的关联性,使用的行为手段是可靠的,并且能够有效促成目的

---

① 门中敬:《比例原则的宪法地位与规范依据——以宪法意义上的宽容理念为分析视角》,《法学论坛》2014 年第 5 期。

的实现。从宪法的角度考虑,比例原则要求为实现公益目的,国家所采取的手段与其所侵害的私益之间必须具有相当的比例关联性,故该原则是限制公民基本权利所应遵循的实质性要件,即要具备实质合宪性。为了保护国家安全、公共安全、公共秩序,实现社会控制,预防性刑事立法采取预备行为实行化、实行行为前置等刑法干预前置化、早期化、能动化的积极预防的刑事立法手段,该种手段与目的之间也要符合适当性原则。

第二,必要性原则,又称最小侵害原则。该原则要求在选择适于达到法定目的的措施、手段时,应该在所有措施、手段中选择对公民个人权益侵害最小的措施、手段,即当有多种合目的手段时,要求选择损害最小的,从"法律后果"考察手段的正当性,防止国家公权力对公民基本权利的过度侵害。同样,为了追求国家安全、公共安全、公共秩序,预防和控制社会风险,刑事立法者在制定具体的预防性刑事立法措施,以达到立法目的时,也要选择损害公民个人权益最小的措施,将损害降到最低。

第三,狭义比例原则(均衡性原则),是指国家权力的行使措施与其所欲达到的目的之间必须相称和均衡,即使某一措施是为达到法定目的所必要,但如果它对公民基本权利带来的侵害过于严重,且明显超过了法定目的所能实现的价值,则该措施仍不被允许。[①] 在采取措施时需进行利益权衡,对手段与欲达到的目的进行利弊衡量,只有当带来的利益超过侵害时,其所采取的手段、措施才具有正当合理性。简言之,利益一般要大于侵害。在进行预防性刑事立法时,要对采取的这种立法方式所欲达到的维护国家安全、公共安全、公共秩序等利益,与侵害公民权利、侵袭法治等潜在的危险和损害进行利益比较、衡量,若所造成的损害明显超过了所欲带来的利益,则该项具体措施不被允许。

除了上述三个子原则,有的学者认为,比例原则应当还包括目的正当性原则,即宪法比例原则由四个子原则构成:目的正当原则、必要性原则、

---

① 陈新民:《德国公法学基础理论》(增订新版·上卷),法律出版社 2010 年版,第 415 页。

妥适性原则、狭义的比例原则(权衡原则)。[①] 笔者认为,传统观念下的比例原则的三个子原则仅评价了公权力行为所选择的手段及利益,并未对公权力行为目的是否正当进行评价。在比例性原则中加入目的正当性这一子原则,在逻辑意义上有利于保证目的与手段之间的完整比例性。比例原则宪法审查,只有符合宪法所确认的限制目的、出于维护社会公共基本价值目的,才能对宪法权利做出某种限制。那么,出于何种目的限制宪法权利才具有目的正当性? 从《世界人权宣言》以及国际性人权公约与各国宪法规定看,归纳起来大致包括:人的尊严、维护他人的权利与自由、公共利益、公共秩序、普遍福利、公众健康、公共道德、国家安全,即出于以上目的的限制宪法性权利才具有目的正当性。以色列最高法院前首席大法官巴拉克认为,宪法权利存在两类等级:一是"基本的"或"高级"的宪法权利;二是其他宪法权利。在对第一类基本或高级宪法权利进行法律限制时,要求法律的目的必须基于紧迫的社会公共利益;对第二类宪法权利进行法律限制时则采取温和审查,即要求法律的目的应当基于重要的社会公共利益。[②]

刑事立法的比例性思维其实是以公法上的比例原则为基础的,故可以按照比例原则内含的四个子原则,从适当性、均衡性、必要性、目的性、有效性等角度,对刑罚手段与刑事立法目的之间的关系进行审视和检查,以实现行使公权力的目的正当性与方法的正当合理性。比例原则为设定刑罚权与人权保障之间的价值权衡提供了客观、公正的评价判断标准。为了让罪刑关系能够实现实质均衡,应加入比例性的约束机制,这对彰显罪刑关系的理性配置、科学的刑事立法发挥着重要的指导作用。刑事立法的比例性思维,对遏制刑法工具法制的极端化具有积极的稀释作用,有助于让预

[①] 蒋红珍:《目的正当性审查在比例原则中的定位》,《浙江工商大学学报》2019 年第 2 期。

[②] Aharon Barak. *Proportionality: Constitutional Rights and Limitations*. Cambridge University Press,2012.

防性刑事立法在其功能化、社会化进程中的价值自始至终在"轨道内运动",有助于刑法维护国家安全、公共安全、公共秩序与尊重自由,保护公民基本权利的价值融合与发展。坚持维护刑事立法的比例性、科学性,有利于从现实层面控制司法适用的功能异化。

四、理性坚守刑法谦抑性原则

刑法的谦抑性一直被我国刑法所强调。我国刑法学界普遍认为,只有当其他法律不足以抑制某种危害社会的行为时才可以采用刑法的方法,以控制刑法的处罚范围。由于在所有的法律制裁措施中刑法的制裁措施最严厉,故其可以保障其他法律的实施。在整个中国的法律体系中,由于刑法保障地位的突出性及制裁的严厉性,决定了刑法本身应具有谦抑性。而关于刑法谦抑性所包含的内容,日本学者平野龙一认为,其应该包含以下三个方面:刑法的补充性、刑法的不完整性、刑法的宽容性。刑法的补充性是指即使是为了保护市民安全,也只有在其他手段无法对该行为进行充分规制时才可适用刑法。刑法的不完整性是指刑法不能介入与公民生活有关的每个角落。刑法的宽容性也被称为尊重自由性,是指即使市民的安全受到了不法行为的侵犯,而对于该不法行为在其他控制手段无法充分发挥规制效果的场合,刑法也没有必要毫无遗漏地对其进行处罚。[1] 张明楷教授认为,平野龙一只谈了处罚范围的抑制,未谈及处罚程度的抑制,结合我国实际,应当将处罚程度涵盖进刑法的谦抑性。[2] 陈兴良教授认为,可以运用刑法手段来对社会冲突进行解决,但是其应当符合两个条件:一是刑法规制的对象必须是具备相当严重程度的社会危害性的行为;二是作为对该行为的回应,刑罚只能是唯一的选择。若运用刑罚手段无效果、可替代、太昂贵,则不能认为其属于无可避免性的情形。无效果是指即使认为

---

① [日]平野龙一:《现代法Ⅱ:现代法与刑罚》,岩波书店 1965 年版,第 21—22 页。

② 张明楷:《论刑法的谦抑性》,《法商研究(中南政法学院学报)》1995 年第 4 期。

某一危害行为是犯罪行为,并据此对其采取刑事制裁措施,也无法达到预防与抵制的效果。所谓可代替就是指对于某一危害行为运用其他社会的或者法律的手段可以替代刑罚手段,例如通过道德教育、行政制裁或者民事手段也足以预防这一危害行为。所谓太昂贵是指经过比较发现,通过刑罚手段获得的收益要小于其所产生的不良作用。① 对此,笔者表示赞同,并认为刑法的谦抑性是由其刑罚的严厉性及保障法地位所决定的,是保障公民基本权利与自由的重要刑法基本理念,是控制刑罚范围、防止刑罚恣意扩张的重要基本理念,既对刑事立法及司法发挥了重要的指导作用,也是世界各国刑法通行的基本理念。

在经济全球化、信息全球化、网络发达的风险社会中,是否还要坚守刑法的谦抑性,学者有不同的看法。有学者认为,面对社会需求,曾经被视为社会政策最后手段的刑法,在当前已经被要求作为解决和调整社会问题的最优先手段来考虑。② 还有学者认为,我国的传统观点一直强调刑法的谦抑性,可是这样的刑法理念在网络时代值得反思,我国刑法应当从"限定的处罚"转向"妥当的处罚",应当根据法治的要求,松弛刑法谦抑性的要求,扩大犯罪圈,将各种严重的、轻微的犯罪行为纳入刑法范围进行规制,由法院根据不同的制裁程度依法适用不同的刑罚,这既是依法治国的应有之义,也体现着社会的成熟度。③ 一些学者认为,在风险社会理论的提出及建设法治国家的今天,不能动摇刑法的谦抑性,其认为刑法谦抑主义要求刑法不能把凡是危害社会安全的危险行为就作为当然的刑罚对象,而应当将刑法限制在迫不得已的必要限度内。④ 另有学者认为,毋庸置疑,虽然风险与我们的距离较近,但是我们并不能据此认为"风险刑法"就应该离我

---

① 陈兴良:《刑法哲学》,中国政法大学出版社 2009 年版,第 7—10 页。
② [韩]金日秀:《风险刑法、敌人刑法与爱的刑法》,郑军男译,《吉林大学社会科学学报》2015 年第 1 期。
③ 张明楷:《网络时代的刑法理念——以刑法的谦抑性为中心》,《人民检察》2014 年第 9 期。
④ 刘艳红:《"风险刑法"理论不能动摇刑法谦抑主义》,《法商研究》2011 年第 4 期。

们较近。正义、谦抑、文明、保守等精神价值是刑法背后所蕴含的价值,而这些价值也是人类社会几百年来通过探索所得到的结晶,在现代社会中其仍应被坚持,犯罪圈的每一次扩张都应当承受更多的正当性诘难。①

笔者认为,刑法的谦抑性是贯穿现代刑事法领域的基本理念,是保障人权和实现依法治国的重要基本刑法理念,应当坚持。在经济全球化、信息全球化、网络发达的风险社会中,我们在坚持刑法的谦抑性的同时应理性地看到刑法谦抑性的真正目的、内涵,以及随着社会的变迁内涵的发展变化,其具体内容会随着社会的发展而变化。有学者从刑法谦抑精神的起源、发展、理论基础、基本主张、实现方式等方面分析,认为刑法谦抑性的核心目的是克制刑罚权的滥用,其核心依据是主张刑罚的有效性以及刑法的有限性,刑罚权的配置与启用应当受到慎用性与正当性的制约,但并非一律要对必要的刑罚化与犯罪化持反对态度,也并非从实质排斥刑法参与社会治理及在社会发展中的"工具法制"角色。② 张明楷教授指出,传统观点基于刑法的谦抑性理念,常常以限制处罚范围为荣,甚至认为处罚范围越窄越好。其实,处罚范围越窄越好并不是刑法谦抑性的内容,刑法谦抑性的具体内容会随着社会的发展而变化。其提出了由"限定的处罚"转向"妥当的处罚"的观点,认为刑法的处罚范围不应是越窄越好,而应是越合理越好。笔者对此表示赞同,并认为刑法的谦抑性的目的是克制刑罚权的滥用,但也不是说不用刑罚或者说刑罚适用的范围越窄越好。若如此,便可以认为不要刑法最好,其实这是不切实际的幻想,正确的思路应该是根据社会的发展变迁,妥当、合理地确定刑法的处罚范围。科处刑罚是为了维护全体公民的利益,并非"越是限定处罚就越能维护公民的利益",故应探寻为保全公民的利益所需要的最小限度的刑罚。③ 刑法具有保障人权、防卫社会的双重任务,对刑法权进行限制并不会有碍该功能的实现,只是应

---

① 于志刚:《"风险刑法"不可行》,《法商研究》2011 年第 4 期。

② 高铭暄、孙道萃:《预防性刑法观及其教义学思考》,《中国法学》2018 年第 1 期。

③ [日]前田雅英:《刑法总论讲义》,东京大学出版会 2011 年版,第 5 页。

当在合理的限度内,且与整个社会的发展程度保持一致便是妥当的;反之,若一味地追求刑罚的最小限度的范围,甚至放弃了刑罚权,这将会丧失刑法的保障功能与保护机能。若单纯地限制对行为的刑法规制,这将会导致刑法无所作为,则在本质上与刑法作为社会制度的功能本性相悖。

随着社会生活的复杂化、科技化、信息化、全球化,价值观念日趋多元化,导致不同的价值观并存,使得非正式的社会统治力日趋衰弱,人们的社会生活一方面要依托于尚未完备的技术手段;另一方面,人类面临的潜在危险也有了飞跃性地增长。在恐怖主义犯罪、网络犯罪、计算机犯罪、金融风险、科技风险不断增加的情形下,刑法必然不可避免地会通过扩大处罚范围以保护法益的倾向。"当今社会比以往更加依赖刑罚。"[1]若只强调限定的处罚,而否认妥当的处罚,显然难以应对当今复杂的犯罪形势。马克昌教授认为"我国刑法应以谦抑为原则,意思是在不能用刑时即不用刑,能不用重刑时即不用重刑,但依法不能不用刑时,就应当用刑,依法不能不用重刑时就应当用重刑。"[2]预防性刑事立法作为一种刑事立法的发展趋势,比较重视刑法的局限性,并将过去的干预思维转变为面向未来的积极介入思维。预防性刑事立法对刑法的谦抑性依然要坚守,但要从社会变迁的现实需要出发,以发展的思维看待刑法的谦抑性,从必要性、合理性、妥当性、比例性方面进行衡量,由"限定的处罚"转向"妥当的处罚"。

---

[1]　张明楷:《网络时代的刑法理念:以刑法的谦抑性为中心》,《人民检察》2014年第9期。

[2]　马克昌:《我国刑法也应以谦抑为原则》,《云南大学学报(法学版)》2008年第5期。

第二节 我国预防性刑事立法过度
扩张的刑法保障机制

一、理性坚守罪刑法定原则

刑法的基本原则是刑法本身所具有的贯穿于刑法始终具有全局性、根本性的准则,既是法治的基本原则在刑法中的具体表现,也是刑法的立法与适用必须遵循的基本准则。在风险社会,预防性刑事立法依然要坚守刑法的基本原则,需在正视预防的前提下思考如何解决其中侵犯自由的危险问题。德国刑法学家克劳斯·罗克辛指出,在运用刑罚方法来应对风险时,应坚守法益的关联性与法治国家的其他归责原则。还有学者认为,在化解风险中,"风险刑法"虽然可以发挥一定的作用,但若刑法为此就肆意扩张,甚至突破罪刑法定主义、责任主义等原则作为法治刑法所应具有的底线,则同样不可取。①

罪刑法定原则是保障公民免受任意的、不可预测的刑罚及保障公民自由的重要基本原则,是迈向法治最重要、最关键的一步。奉行罪刑法定主义是19世纪所有文明国家的立法原则,也是当今世界文明各国建设人权、法治国家的必备原则,是体现人权保障精神的、法治国的根本原则。通说认为,罪刑法定原则的实质是寻求刑法的实质合理性,以保障公民自由,实现社会公平和法治。罪刑法定原则"实质侧面"之一的明确性原则,包括法定刑的明确性与犯罪构成的明确性,即规定犯罪的刑法规范必须清楚明白,让公民可以准确了解某种犯罪规定的刑种、刑期、犯罪构成要件及其要

---

① 陈兴良:《"风险刑法"与刑法风险:双重视角的考察》,《法商研究》2011年第4期。

素内容,准确地确定罪与非罪的范围以及刑罚的内容,以确保法律没有明文规定为犯罪应受刑罚的行为不构成犯罪及不受刑事处罚。

预防性刑事立法由于具有刑罚干预的早期化、前置化、活性化特点,应该坚守立法的明确性,即规定犯罪的构成要件及其要素要清楚明确,减少规范的构成要件,使公民具有预测的可能性。若犯罪构成的内容不明确,公民在行为前就无法预测其行为的违法性,无从知晓其行为是否构成犯罪。除了明确性原则,还需要罪刑法定原则"实质侧面"的另一个方面,即刑罚内容的适正原则(适正的罪刑法定),主要是指刑罚法规只能将具有处罚根据或值得处罚的行为规定为犯罪,禁止处罚不当罚的行为,禁止不均衡、残虐的刑罚。法治并不表示一切琐碎之事均由法律规制,更不应由刑法来规定。毋庸置疑,刑罚具有消极作用,若肆意适用,将大大限制公民的自由,侵犯公民的人身权利。当然,也不是说刑罚的范围越小越好,而是要看某种行为是否达到了值得科处刑罚的程度,若某种行为随着社会发展的变迁,其法益侵害性达到了运用刑罚对其进行制裁的程度,就应考虑将其犯罪化,以起到预防犯罪、保护法益的功能作用。

二、理性坚守法益保护原则

刑法的法益保护原则是刑事立法和司法应予坚持的基本原则。通说认为,犯罪的本质是侵犯法益,刑法的目的和任务是保护法益,不法行为只有侵犯了法益才具备刑罚的处罚根据。日本刑法学者山口厚认为,法益保护主义是"拥护法益,即'值得法律保护的利益',只有在对其实施了加害行为的场合才应该肯定犯罪的成立这一原理。"保护法益是刑法的任务,故犯罪行为应该仅限于对法益的加害行为,这样的思考方法已经成为学说中的通说,甚至定说。① 法益保护主义是刑事立法的基本指导原理,尤其是在

① ［日］山口厚:《刑法总论》(第 2 版),付立庆译,中国人民大学出版社 2011 年版,第 4 页。

第二次世界大战之后,各国刑法理论均加强了对法益概念的探讨,法益概念成为研讨修改旧条款、制定新条款的重要根据,以及决定刑法是否保护某种社会生活利益的决定性依据和界定刑法处罚范围的价值判断标准。[1]保护法益是刑法的主要任务,而侵害法益是犯罪的本质。就刑法学界而言,法益概念成为德国现代刑法思想的重要基石。第二次世界大战后,德国刑法学不断努力通过法益理论为刑法的暴力干预划定底线,其有一个核心的观点是,刑法保护的对象只能是具体的法益,政治和道德信仰、纯粹的感情、宗教教义、世界观的意识形态等不允许被纳入法益保护的范围。[2]同样,"在英语国家,刑法规范合法性的基石是'损害原则'(Harm Principle)",[3]即法律强制的适当理由永远是预防行为人对他人或公共造成损害及其风险,这也被称为"对他人的损害原则"或简称为"损害原则"。[4]

克劳斯·罗克辛指出,法益概念分为实质的法益概念(批判立法的法益概念)与形式的法益概念(方法论上的法益概念),其"赞成的法益概念是一个批判立法的法益概念,通过这种方法,其要告诉立法者刑罚的界限……通过该界定可知,法益应被理解为法律的目的,即法律之理。"[5]实质的法益概念判断的是刑法应当保护什么利益,关注的是立法的规制机能;形式的法益概念判断的是刑法正在保护什么利益,关注的是解释规制机能。刑法理论既要以保护法益为根据解释法条,又要反思该法益是否值得刑法保护。法益的内容本身是前实定的,在前实定的法益中,一些受到

---

[1] 林山田:《刑法特论》(上册),三民书局 1978 年版,第 4 页。

[2] [德]克劳斯·罗克辛:《刑法的任务不是法益保护吗?》,陈兴良:《刑事法评论》(第 19 卷),北京大学出版社 2006 年版,第 147 页。

[3] [英]安德鲁·冯·赫尔希:《法益概念与"损害原则"》,陈兴良:《刑事法评论》(第 24 卷),北京大学出版社 2009 年版,第 190 页。

[4] [美]乔尔·范伯格:《刑法的道德界限(第一卷):对他人的损害》,方泉译,商务印书馆 2013 年版,第 11 页。

[5] [德]克劳斯·罗克辛:《刑法的任务不是法益保护吗?》,陈兴良:《刑事法评论》(第 19 卷),北京大学出版社 2006 年版,第 152 页。

了刑法的保护,规定在刑事法规范中,另一些没有受到刑法的保护,但是刑事立法者在刑事立法时要思考在社会情形发生改变后,值得刑法保护的法益有哪些,不值得保护的又有哪些。对刑法的任务或目的的理解决定着对违法性的实质、概念的理解,也就是说,违法判断的内容及违法要素的范围,必须由该刑罚所预定的规制目的、保护目的予以限定。[①] 刑法是通过适用刑罚损害一部分法益来保护另一部分法益,刑罚的特征决定了刑罚的适用必须受到限制。刑事立法者欲将某种行为犯罪化时,需要对其进行法益衡量。申言之,如果将某种行为规定为犯罪所保护的法益小于所造成的法益侵害,刑事立法者就不能将这种行为规定为犯罪。所以,立法者在制定刑法时需要进行法益衡量。

事实上,对于已经受到侵害的法益,刑法不可能对其进行保护。对侵害法益的行为科处刑罚,一方面,是为了预防行为人再次实施侵害法益的行为;另一方面,是为了预防其他人侵犯法益。法益保护原则是为了使法益不受侵害或者威胁而制定《刑法》。随着风险社会的来临,为了应对风险,法益概念的实体性内容日趋模糊与单薄,其内涵渐趋模糊、抽象,外延不断扩张,涵摄能力大大提高。立法目的或立法者的价值判断成为填充法益内涵的主要元素。预防性刑事立法主动发现、积极评估未来可能出现的法益危险或实害,并及时跟进和控制,从重视法益实害结果向重视法益的抽象危险侧重,从注重保护传统意义上的个人法益向公共法益和社会秩序倾斜,因此,预防性刑事立法更应该注意法益保护原则所具有的立法指导、限制功能,只有侵犯重大法益或重大法益的危险的不法行为才具备刑罚的处罚根据,才能将其纳入刑法的范围。有学者根据法益保护的原则,提出了入罪的 5 种条件和 8 种不能入罪的情形,认为只有具备以下条件才能规定为犯罪:第一,该种行为不管从哪个角度而言,对法益的侵犯性都非常严重,而且大多数人主张以刑法规制;第二,适用其他制裁方法不足以抑制这种行为,不足以保护法益;第三,运用刑法处罚这种行为,不会导致禁止

---

① [日]井田良:《犯罪论の现在と目的的行为论》,成文堂 1995 年版,第 147 页。

对社会有利的行为,不会使公民的自由受到不合理的限制;第四,对这种行为能够在刑法上进行客观的认定和公平的处理;第五,运用刑罚能够预防或抑制该行为的效果。同时,其认为以下情形不应入罪:第一,不能将单纯违反伦理的行为规定入罪;第二,对于没有被害人或者自己是被害人,也没有侵犯可以还原为个人法益或国家、社会法益的行为不得规定入罪,例如同性恋和吸毒行为;第三,对于参与有处分权的自我损害行为不能规定为犯罪;第四,对于单纯有损某个国家的权威性,但没有侵犯相关法益的行为,不得规定为犯罪;第五,对于公民行使宪法权利的行为,不能仅因违反程序规定便以犯罪论处,只有在不当行使权利的行为对法益的侵犯非常严重和高度现实时,才宜以犯罪论处,否则必然违反宪法精神;第六,对于低度的、并不紧迫的危险行为,不宜规定为犯罪;第七,对于公民容忍或认可的行为,即使由于社会发展变迁使得该行为具有侵害法益的性质,也不宜轻易规定为犯罪;第八,对于极为稀罕的行为,即使法益侵害较为严重,也没有必要规定为犯罪,因为法律是普遍适用的规范。①

笔者认为,该观点除在不应入罪的第三、四项上存在值得商榷以外(例如第三项涉及安乐死的情形,协助他人实施自杀行为可能构成犯罪;第四项关于国家机关权威性的论述可能存在矛盾,因为伪造国家机关印章等行为所侵害的正是作为重要法益的国家机关权威),其余观点值得赞同,并具有借鉴价值。这些主张充分体现了现代刑事立法的基本原则:一是民主原则(体现在应入罪的第一、三项和不应入罪的第五、七项);二是法益保护原则(贯穿应入罪的第一、二项和不应入罪的第一——五项);三是刑法谦抑性原则(全面体现在不应入罪的所有条款中);四是比例原则(反映在应入罪的第一、三、五项和不应入罪的第五—八项);五是罪刑法定明确性原则(集中体现在第四项)。这些主张不仅具有坚实的法理基础,而且展现出鲜明的时代特征,对于规范预防性刑事立法实践具有重要的指导意义。

---

① 张明楷:《刑法学》,法律出版社 2016 年版,第 64—66 页。

三、理性坚守责任主义原则

法治国家刑法的刑事责任基本原则体系由责任主义原则、罪刑法定主义原则、法益保护主义原则共同构筑。在公民基于自己的意志,能够自由控制自己行为的前提下,通过预测刑罚和适用刑罚预防人们犯罪;若无法期待公民自主地控制自己的行为,则不得对其加以非难,这就是"刑罚以责任为基础,无责任就无刑罚"的责任主义原则。[1] 值得注意的是,规范责任论认为,该责任既是心理责任,也是规范责任。责任主义除了包括"无故意、无过失之外,还包括无责任能力、无违法性意识可能性、无期待可能性所形成的无非难可能性之行为不得作为犯罪加以处罚的原则。"[2]从报应论的角度,责任的非难可能性本质要求通过刑事制裁手段让罪犯承受痛苦,使罪犯由其自主实施了违法行为而受到应有的惩罚,使正义得到恢复。由此可见,责任为国家刑罚权的发动提供了正当性根据。[3] 责任主义原则基于尊重人的自由意志为前提,认为行为人在自由意志支配下可以实施合法行为,却故意或过失地实施不法行为,则在该场合下便可对行为人进行非难,但即使行为人实施了具有构成要件该当性、违法且有责的行为,也只能在行为人所表征的罪责程度范围内适用刑罚。因此,责任主义原则具有两种功能:一是责任可以将可非难的行为归责于行为人;二是其限制着国家刑罚权的发动,确立了国家刑事规则和刑罚干涉的边界。责任不仅是犯罪论上犯罪成立的必要条件,能够确证刑罚适用的正当性,而且是刑罚论上确定刑种、强度及其限度的基准,为刑罚适用的强度设置了不可逾越的界限。只有坚持把责任作为犯罪成立要件与刑罚裁量基准,才能恰当

---

[1] 梁根林:《责任主义原则及其例外——立足于客观处罚条件的考察》,《清华法学》2009年第2期。

[2] 陈子平:《刑法总论》,元照出版有限公司2008年版,第312页。

[3] [德]克劳斯·罗克辛:《德国刑法学总论(第1卷):犯罪原理的基础构造》,王世洲译,法律出版社2005年版,第44页。

地确定刑法干预的起点与范围、刑罚适用的强度,从而有效惩治不法且有责的社会危害行为,以发挥刑法应有的辅助性法益保护机能,并防止刑罚对公民自由的过度遏制。责任主义的真正目的是防止国家基于一般预防和特殊预防的功利考虑而任意扩张、滥用刑罚。另外,责任主义原则限定了刑罚的范围,这不仅与一般公众的法感觉相契合,而且有助于强化一般公众的正义情感,故从该层面看,其也具有一般预防的意义。

随着经济全球化、工业化、信息化、网络化的不断发展,社会变迁、社会现实、国家治理的客观需要对责任主义基本原则提出了新的要求。固守古典刑法犯罪阶层体系所发展起来的体系性、逻辑性思考,无视现实社会解决问题的客观需要,将刑事责任基本原则神圣化为"正义的、绝对的、不容侵犯的需要,不容许有任何例外",显然会使责任主义原则难以发展且与其产生的初衷不符,会让其因缺乏实践的解释力、应变力、有效性而得到相反的效果。为了应对风险社会,有学者提出了客观处罚条件的设置,即在构成要件符合性、违法性、有责性之外设置客观处罚条件,并认为这是为了满足公共政策的需要而设置的犯罪成立条件,是责任主义原则的例外。[1] 客观处罚条件是独立于违法、有责性之外的因素,其仅取决于客观上是否存在这样的事实,并不要求行为人对该事实有认识,换言之,即使行为人对此没有认识或者预见亦不影响其行为的可罚性。《德国刑法》第104条规定的针对外国的犯罪行为的处罚条件被认为是最早被举证的客观处罚条件。本来,其是在不法与责任的基础上关于限制刑罚的范围的附属条件,是一种刑罚限制事由,但是,德国立法者发现,运用客观处罚条件这种概念有助于解决故意难以证明的难题,[2]这一点被德国立法者看中,并运用至之后的立法中。在第二次世界大战后对抗经济犯罪的刑事政策趋势下,德国立法者在经济犯罪与违反社会秩序法中,不断将某些事实规定为客观处罚条

---

① 梁根林:《责任主义原则及其例外——立足于客观处罚条件的考察》,《清华法学》2009年第2期。

② 许玉秀:《当代刑法思潮》,中国民主法制出版社2005年版,第85页。

件,从而免去了对该事实有故意的证明困难,以便指控犯罪。虽然质疑、谴责客观处罚条件这一功效有违责任主义的声音一直不绝于耳,但立法者仍然不断设置或继续保留客观处罚条件,以实践回应社会和国家治理的客观需要,例如英美刑法体系在确立"没有犯意的行为不是犯罪"的责任主义原则的同时,在公共福利、交通运输等领域,例外规定了仅根据被禁止的行为与危害结果的因果法则而无需根据其主观意图即予以归责的严格责任,甚至绝对责任。① 虽然大陆法系强调责任主义对自由与安全的保障,但从来没有将其贯彻到底,当然也有例外,《意大利刑法》不仅在第 44 条明文规定了"可罚性"的客观条件,而且在第 43 条第 2 款规定重罪是超意图或者超出意愿范围的。英美刑法中的严格责任或绝对责任以及意大利刑法中的超故意,事实上均是对责任主义原则的限缩与例外。我国储槐植教授早在《刑法例外规律及其他》一文中就指出了刑法例外现象的存在以及存在的"刑法例外规律"。他认为刑法例外规范的出现具有内在根据,这种内在根据就是国家治理的客观需要,是源于国家控制危害行为的需要,例外总是走向两极化:一是逐渐被淘汰;二是逐渐转化为一般规则,这是例外现象发展的必然趋势,而国家需要和社会公正则是例外趋向两极转化的充分根据。② 张明楷教授也提出了类似于客观处罚条件功能的概念,他认为《刑法》第 186 条违法向关系人发放贷款罪中"造成较大损失""造成重大损失"都是"客观的超过要素"。③ 陈兴良教授提出了"罪量"的概念,认为盗窃罪中的"数额较大"、滥用职权罪中的"致使公共财产、国家和人民利益遭受重大损失"之类的量罪要件均为独立于主体、罪责的第三犯罪构成要件,故不属于行为人主观需要认识的内容,该因素与行为人的主观罪过无关。④ 从以上国内外的情形可以看出,现代刑法体系尚未将罪刑法定原则、法益保护原则、责任主义原则等刑事责任基本原则作为不可逾越的教条,而是在

---

① 梁根林:《刑事法网:扩张与限缩》,法律出版社 2005 年版,第 103—178 页。

② 储槐植:《刑法例外规律及其他》,《中外法学》1990 年第 1 期。

③ 张明楷:《"客观的超过要素"概念之提倡》,《法学研究》1999 年第 3 期。

④ 陈兴良:《规范刑法学》,中国人民大学出版社 2013 年版,第 96—97 页。

根据这些原则确立自由保障机制的同时,考虑到社会的发展变迁、国家治理的现实需要,保留或者创设了必要的例外,使得原则与例外共存于现代刑法体系,并逐步具有规律性。

随着风险社会的到来,国家基于预防和控制危害行为、有效治理社会的现实需要,将促使现有刑法体系的面相、构造及机能发生一定的变化,类似于客观处罚条件等例外规范的新的刑法现象也可能经常出现。现代刑法一方面为保障公民自由与安全需坚守刑事责任基本原则;另一方面,要根据预防和控制风险、国家治理的客观需要,理性、合目的、有节制地对刑事责任基本原则创设一些必要的例外。

第三节　我国理性预防性刑事立法的方向、
　　　　要求和具体限制

一、总体方向：宽严相济下的严而不厉

　　我国理性预防性刑事立法的总体方向：由厉而不严向宽严相济下的适度严而不厉地调整。我国著名刑法学家储槐植教授提出，刑事法网的严密程度决定犯罪圈的大小，刑罚的苛厉程度体现为刑罚的轻重，罪刑配置有四种刑法结构类型，即不严不厉、又严又厉、严而不厉、厉而不严，而我国的刑法结构目前主要是刑罚苛厉和法网不严的"厉而不严"。理想的《刑法》结构应由"厉而不严"向刑罚宽缓、法网严密的"严而不厉"的模式转变。[①]纵观我国1979年后的《刑法》修改史，从1979年《刑法》与随后的单行法规和补充性规定共有200多个罪名，到1997年《刑法》的412个罪名，再到十二次《刑法（修正案）》的修订，我国《刑法》罪名拓展到483个，罪名数量增加了200多个，刑罚通过减少死刑，增加轻刑罚、罚金刑、非监禁刑，由以生命刑和自由刑为中心逐步向以自由刑和财产刑方向发展。从我国1997年的《刑法》到现在，我国《刑法》修改的罪名主要分布在危害公共安全罪、破坏社会主义市场经济秩序罪等，集中表现为恐怖主义、极端主义等新型严重危害行为，使刑事法网越来越严密。当然，在我国《刑法》的修改过程中，一方面，是犯罪圈扩张；另一方面，也体现了宽严相济的刑事政策。在《刑法》和前6个《刑法（修正案）》中，刑法的规范内容有越来越严的趋势，刑罚力度不断被加强，法定刑不断被提高。值得注意的是，《刑法修正

[①]　储槐植：《刑事一体化论要》，北京大学出版社2007年版，第54—67页。

案(七)》开启了近 20 年来我国刑法修法宽严相济的走向。《刑法修正案(七)》在绑架罪中增设了从宽的法定量刑档次,将偷税罪修改为逃税罪,并增设了一个出罪条款,这打破了过去《刑法(修正案)》一律从严的做法,体现了入罪与出罪相结合的刑事政策。之后,《刑法修正案(八)》《刑法修正案(九)》延续了宽严相济的刑事政策,例如经过《刑法修正案(八)》的修改,13 个罪名的死刑被取消、未成年人犯罪不构成累犯、被判处 5 年以下有期徒刑免除报告义务、已满 75 周岁的老年人从宽处罚并一般不适用死刑,未成年人犯罪和怀孕的妇女犯罪,以及已满 75 周岁的老年人犯罪符合缓刑条件的应当宣告缓刑,将"坦白从宽"制度法定化,降低了两种犯罪的法定最低刑等。[1]《刑法修正案(九)》在特定罪行的处罚上进一步从宽。[2] 由此可见,从立法层面上看,我国《刑法》经历了由仅注重从严处罚到宽严相济并重、罪名由少变多、修法内容由单一分则到分则与总则全面考量的过程。这一方面体现了我国刑事立法逐渐具有积极性、主动性等特点;另一方面,也表明《刑法》在我国公民生活中的作用得到进一步的凸显。[3]

关于我国以后刑事立法的立法方向上,一些学者认为,应该向德国、日本等国外刑事立法学习,将刑法的范围大大增加,例如增设轻罪,将许多现在由治安管理处罚法处罚的行为纳入刑法,以严密刑事法网。笔者认为,虽然国外的刑事立法体现了"入罪容易",但实际上在司法上也不会给予刑事处罚,例如某人偷了一个面包,在日本是一个犯罪行为,但其基于处罚条件一般不会对其予以刑罚。在我国,犯罪是严重的社会危害行为,某人若犯罪了,则邻居会认为这个人是一个犯过罪"很坏的人""很危险的人",相

---

[1] 高铭暄:《刑法体现宽严相济刑事政策》,《人民日报》2015 年 8 月 28 日,第 5 版。

[2] 《刑法修正案(九)》取消了九种犯罪的死刑并严格死缓犯执行死刑的门槛,将绑架罪、贪污罪、受贿罪的死刑由绝对确定的死刑改为相对确定的死刑,不仅将原来绝对确定的数额改为概括的数额,部分降低了贪污罪、受贿罪的处罚力度,而且对犯贪污罪、受贿罪,如实供述自己罪行、真诚悔罪、积极退赃,避免、减少损害结果发生的,还可以从宽处理。

[3] 赵秉志:《中国刑法立法晚近 20 年之回眸与前瞻》,《中国法学》2017 年第 5 期。

关行为人将背上污名劣迹,且在上学、就业、入伍、工作等诸多方面受到影响,甚至其亲属也会受到影响。因此,我国不能照搬国外的这种全面扩张刑事法网的刑事立法方式,而要考虑我国的历史传统文化等,理性、适当地扩张刑事法网。2013年劳动教养制度被废除,有些以前由劳动教养规制的行为在《刑法》上没有规定相应罪名,而具有严重的社会危害性值得刑罚的行为仅根据《治安管理处罚法》进行行政处罚又可能起不到惩戒效果,故为了预防和控制犯罪,在刑事立法时可适当考虑将其入罪。

在风险社会中,我国既要积极、主动地发挥刑法对社会治理、风险控制的社会管理机能,适当地扩大犯罪圈、严密刑事法网,以应对和防范化解风险、预防犯罪,又要注意不能一味地扩张犯罪圈,而是要根据社会情势、社会治理的现实需要,理性回应重大社会关切,坚持理性的犯罪观和刑罚观,贯彻宽严相济的刑事政策,当宽则宽、该严则严,宽严相济,将犯罪化和非犯罪化相结合,刑罚以自由刑和财产刑为中心,增加资格刑等附加刑,使得制裁措施朝着多元化和宽缓的方向发展。

二、我国理性预防性刑事立法的技术性要求

(一)立法科学性要求

"当前,最务实的做法是首先坚持立法的科学性,并牵制司法适用的功能异化。"[1]立法的科学性是现代法治国家提高立法质量、实现立法现代化的重要要求。立法科学性要求把握立法规律,防止盲目立法、任意立法。要求树立正确立法理念,摒弃过时、不适合现代化的立法观念和理论;坚持理论引导与从实际出发、科学预见相结合;国外与中国社会实际相结合;稳定性、持续性和因时变动相结合;原则性与灵活性相结合;民主与集中相结合。建立科学的立法权限划分体制、立法主体设置体制、立法程序机制。立法既要体现人民的意志,又要防止泛民意识,防止以少数网民的意志冒

---

① 高铭暄、孙道萃:《预防性刑法观及其教义学思考》,《中国法学》2018年第1期。

充人民的意志,立法主体应由高素质的立法者和立法工作人员组成。在经济全球化、信息化、网络化、纷繁复杂的风险社会情形下,预防性刑事立法应坚守科学性原则,对立法进行实证研究调研,准确把握社会情势,找准存在的问题,不断强化立法的准备工作,夯实预防性刑事立法所应具有的社会和民意基础,以合乎社会发展规律和立法发展规律,避免象征性立法,理性解决风险社会下预防性刑事立法将一个危险行为犯罪化或者刑罚介入提前的正当性或合理依据问题,科学把握犯罪化与非犯罪化以及危险犯与实害犯的界限。从主客观因素看,适度犯罪化将是我国今后刑法立法的趋势,①因此,可以根据社会发展,适当调整一些立法基本理念及其制度,将《刑法(总则)》与《刑法(分则)》并举,整体降低某些犯罪的入罪门槛,考虑轻罪、重罪并举的分层立法结构。

(二)立法有效性要求

立法具有目的性,其是为了解决某问题,达到某种目的而立法。同样,预防性刑事立法的目的也是解决问题,促进刑事立法目的的实现,若通过所立之法的实施达到了立法的目的则立法有效,否则即无效或效果不好。《刑法》通过颁布和实施,一方面,通过对违反刑法规范的犯罪行为人予以刑罚,使犯罪人遭受生理、道义或政治、财产、精神上的痛苦,从而达到惩治犯罪行为人、预防其再次实施犯罪行为,并警戒社会上其他想实施犯罪行为的人,起到特殊预防和一般预防的作用;另一方面,树立公民对刑法的遵从意识,使其产生对刑法的信赖和维护,起到积极的一般预防作用。立法在创设新的罪行规范时要考虑是否可行,若犯罪化某种行为,导致的结果是大多数公民都会违反这种规定,则这种犯罪化的现实影响就决定了这种犯罪化不可行。犯罪化的理想和现实的差别要求立法者在犯罪化时必须深入思考非理想的后果,在设定犯罪时应考虑在现实生活中可能造成哪些影响,以及公民在多大程度上能够接受惩罚,惩罚是否能实现预防犯罪的

---

① 高铭暄:《风险社会中刑事立法正当性理论研究》,《法学论坛》2011 年第 4 期。

目的等。若某种行为犯罪化虽然能保护某种法益,但在实践中不具有可行性,则不能对其犯罪化,例如曾有学者提出学习国外设置见危不救罪,但国内有学者提出"分析危难救助义务的立法不具有可行性",①因为若设置该罪,则为行为人科以了强人所难的道德义务,难以取得好的效果,所以该提议没有获得立法通过。② 刑事立法还要考虑刑罚的可能性、运行成本、对刑法目的实现的实证考察等。"预防性刑法观是当代刑法基于时代需要而主动求变之举,以'刑罚有效性'作为基准,一般性与动态地限制刑罚权的发展方向,保持处罚范围的自然更迭。"③预防性刑事立法主要目的是预防侵害法益的危险行为的发生和实现,通过刑罚干预提前化、早期化,防范化解风险社会下的危险行为,追求国家安全、公共安全、社会安全、公共秩序价值。应通过立法评估、衡量、实证考察等方法,考虑是否能起到这些效果,达到这些立法目的。如果可以则可以立法;否则,该立法不可行。

《刑法修正案(八)》增设的危险驾驶罪是典型的抽象危险犯。从交通肇事罪的角度看,其将刑罚的介入提前化、刑法干预早期化、刑罚前置化,将构成犯罪要求损害结果的出现阶段提前至行为阶段,即为了防止危害公共安全,只要具有醉酒驾驶的行为,即使交通事故损害结果未出现也可以入罪,这是一种典型的预防性刑事立法的体现。从该罪拟增设到实施,刑法学界一直有不同的看法,有的赞成,认为醉驾危害极大,必须以刑罚规制;有的不赞成,认为没必要将醉驾入刑,行政处罚即可。公安部数据显示,2014 年,全国因酒驾、醉驾造成的交通事故数量和死亡人数比醉驾入刑实施前 3 年分别下降 25％、39.3％,但这一成绩的取得建立在大量司法资源的投入上:每年平均出动警力 2 000 多万人、警车 1 200 万辆、查车酒

---

① 郑丽清:《对危难救助义务功能的考察与反对立法理由的回应》,《福建师范大学学报(哲学社会科学版)》2012 年第 6 期。

② 姜敏:《刑法修正案犯罪化及限制》,中国法制出版社 2015 年版,第 332—333 页。

③ 高铭暄、孙道萃:《预防性刑法观及其教义学思考》,《中国法学》2018 年第 1 期。

精检测近 1 亿人。① 笔者从"中国裁判文书网"查询了该罪(醉酒驾驶)自 2011 年 5 月 1 日实施以来至 2024 年 4 月 30 日全国基层法院一审审判的案件数,以及交通肇事罪(醉酒驾驶)、交通肇事罪(酒后)的审判案件数,并观察它们之间的联系(见图 5-1、图 5-2、图 5-3)。②

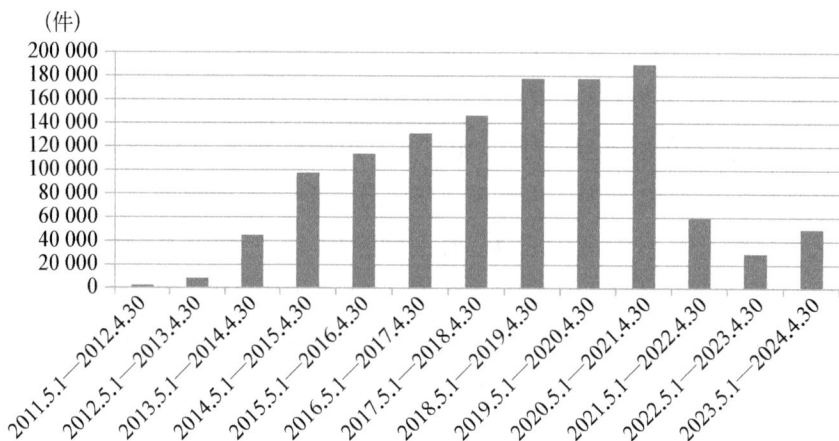

图 5-1 《刑法修正案(八)》增设危险驾驶罪以来至 2024 年 4 月 30 日全国基层法院一审判决因醉酒驾驶构成危险驾驶罪案件数

从图 5-1 中可以看出,自《刑法修正案(八)》增设危险驾驶罪,并于 2011 年 5 月 1 日实施以来,该罪因醉酒驾驶导致构成危险驾驶罪的案件数一直处于高位,并逐年攀升,至该罪实施第 10 年时案件数达到最高峰 189 868 件,至第 11 年时开始下降至 59 431 件,第 12 年进一步下降至

---

① 公安部:《"醉驾入刑"三年,酒驾事故数下降 25%》,《新华每日电讯》2014 年 10 月 20 日,第 5 版。

② 最高人民法院先后于 2010 年 11 月 21 日、2013 年 11 月 21 日、2016 年 8 月 29 日发布《关于人民法院在互联网公布裁判文书的规定》。2010 年规定裁判文书可以在互联网公布;2013 年规定除少数涉及国家秘密、未成年人犯罪、个人隐私等不宜在互联网公布的裁判文书外,其他生效裁判文书都在互联网公布;2016 年要求应当依法、及时、全面、规范公布裁判文书,故在 2013 年 11 月 21 日之前有些案件未在中国裁判文书网公布,导致公布数与实际发生案件数不符,而之后基本反映了实际情况。http://wenshu. court. gov. cn/list/list,最后访问日期:2025 年 3 月 30 日。

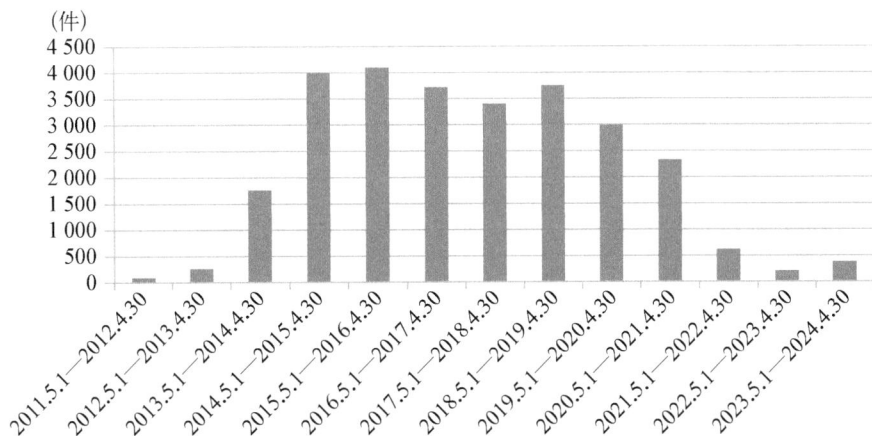

图 5 - 2　《刑法修正案(八)》增设危险驾驶罪以来至 2024 年 4 月 30 日全国基层法院一审判决因醉酒驾驶构成交通肇事罪案件数

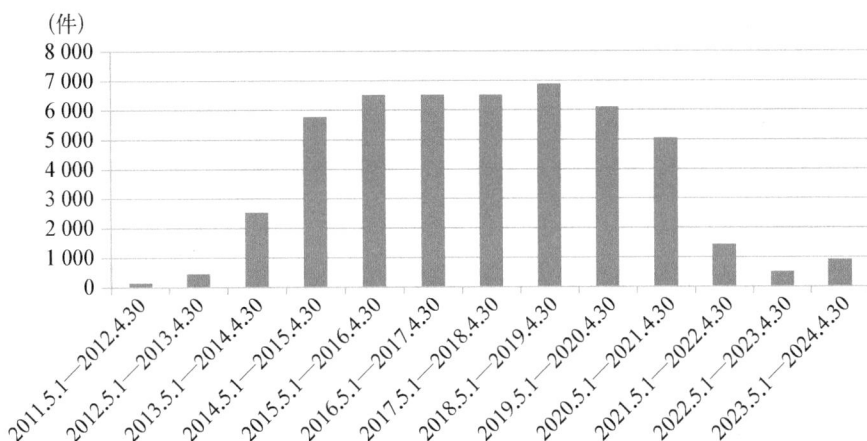

图 5 - 3　《刑法修正案(八)》增设危险驾驶罪以来至 2024 年 4 月 30 日全国基层法院一审判决因酒后驾驶构成交通肇事罪案件数

29 413 件,第 13 年时上升至 50 089 件。因醉酒驾驶导致的交通肇事案件在危险驾驶罪实施第 6 年时开始下降,即由第 5 年的 4 098 件下降到 3 717 件,此后除第 8、13 年略有反弹外,其余均进一步下降。因醉酒驾驶构成危险驾驶罪的案件数呈高位状态,这表明醉酒驾驶的行为相当多,数量达到十几万件,人在醉酒状态下驾驶车辆,发生交通事故造成人身伤亡或财产损失的概率极大,而醉酒驾驶行为显然严重危害了公共安全,若不及时予以制止和惩罚,将会造成重大的人身伤亡或者财产损失。从这个角度看,公安人员对醉酒驾驶者采取刑事强制措施,避免了重大人身伤亡和财产的损失,有效维护了公共安全的法益。

由于制定危险驾驶罪对醉酒驾驶行为先予规制,避免了行为人醉酒驾驶行为发生交通事故,导致重大人身伤亡或者财产损失的可能,减少了因醉酒驾驶构成交通肇事罪的数量,这也可以从图 5-2 中显示的因醉酒交通肇事罪的判决案件数相对醉酒危险驾驶罪总数差距较大的结果中得到印证。而且,从图 5-2 中可以看出,自危险驾驶罪实施至第 5 年,因醉酒构成交通肇事罪的案件数从第 6 年就开始下降,表明危险驾驶罪的一般预防效果开始显现,起到了一定的刑法预防效果,同时,避免了醉酒驾驶导致的重大人身伤害或财产损失的可能,有效维护了重大公共安全法益,在一定程度上体现了预防性刑事立法的有效性。但是,自危险驾驶罪实施以来,因醉酒驾驶构成危险驾驶罪的案件逐年攀升,似乎并无遏制和转向的趋势,致使部分学者对醉酒入刑产生了怀疑,认为醉酒入刑不仅没有起到遏制醉酒驾驶、预防和控制醉驾危害的危险,反而导致每年十几万人因该罪的立法而入刑,影响其本人和家庭的正常生活,也浪费了大量的司法资源。笔者认为,醉酒构成危险驾驶罪的案件逐年攀升有多方面的因素,例如机动车辆和驾驶人的逐年增长、①交通警察对酒驾的查处力度不断加大等。根据日常生活经验,自醉驾入刑以来,很多人在喝酒前都会考虑是否驾驶汽车,会提醒自己"喝酒不开车,开车不喝酒"。"开车不要喝酒,醉酒

---

① 2017 年,全国民用汽车保有量 21 743 万辆,比 2016 年年末增长 11.8%,其中私人汽车保有量 18 695 万辆,增长 12.9%。2011—2017 年,汽车保有量分别为 105 780 000、120 890 000、137 410 000、154 470 000、172 280 000、194 400 000、217 430 000 辆,逐年攀升,由 2011 年的 1 亿多辆增加到 2017 年的 2 亿多辆。另据国家统计局统计,2019 年年末全国民用汽车保有量 26 150 万辆,比上年末增加 2 122 万辆。参见《统计局:2019 年年末全国民用汽车保有量 26150 万辆》,https://j. eastday. com/p/1582862585014031,最后访问日期:2020 年 10 月 31 日。

驾驶会坐牢"的观念已深入人心,从一定意义上看,危险驾驶罪这种预防性
刑事立法在客观上已经起到了积极的一般预防作用。《刑法修正案(八)》
实施至第 11 年时,危险驾驶罪(醉酒驾驶)下降至 29 413 件,此后总体保持
下降趋势,这表明醉酒驾驶的主体总体在下降,且醉酒驾驶交通肇事罪及
酒后驾驶交通肇事罪分别于第 6、9 年开始总体呈下降态势,这进一步表明
该罪的预防性刑事立法效果显现。当然,要准确地得出危险驾驶罪的立法
起到了多大的效果、有效性程度如何、综合平衡是否利大于弊、是否科学和
有效等,还需要进一步全面、准确、科学地调研、分析、研判。

三、我国理性预防性刑事立法的具体限制条件

(一)"确定的"紧迫的法益侵害危险要件

在《现代汉语词典》的解释中,"风险"是指可能发生的危险,而"危险"
是指遭到损害或失败的可能性。[①] 风险大致有两层含义:一是强调了风险
表现为收益或者代价的不确定性;二是强调风险产生的结果,既可能是损
失,也可能是利益。刑法中的危险是指行为本身所具有的使刑法上的法益
遭受侵害的可能性,或者行为所导致的刑法上的法益遭受损害的可能状
态。[②] 有学者指出,"风险社会"的风险具有人为化,兼有积极性和消极性、
影响后果的延展性、影响途径不确定性和建构性等特征。[③] 可见,风险是
可能发生的危险,其可能带来危险也可能带来利益,其外延大于仅是带来
损害的危险。"危险行为"是指行为会确定性地造成法益侵害,只是侵害结
果在现实生活中并没有发生,而"风险行为"是指法益侵害可能发生,也可
能不发生,即行为即使最终会发生一定的结果,但该结果并非具有社会危

---

① 中国社会科学院语言研究所词典编辑室:《现代汉语词典》,商务印书馆 2019 年版,第
　 391 页。
② 王志祥:《危险犯研究》,中国人民公安大学出版社 2004 年版,第 8 页。
③ 刘明祥:《"风险刑法"的风险及其控制》,《法商研究》2011 年第 4 期。

害性。① 考虑到风险具有普遍性与资源的有限性,刑法不可能将所有的风险都纳入规制的范围,故风险社会中的风险是蕴藏于现代社会科学技术、社会制度中的风险,如果仅依据这一点还难以将其评价为违法,而在日常的社会生活中出现的某种侵害法益的事实,其往往是刑法将某种行为犯罪化的根据,即使大量的风险存在于当今的社会中,需要动用刑罚对其加以规制,也是因其具有法益侵犯性。② 预防性刑事立法只能将有"确定的"紧迫的法益侵害危险行为规定为犯罪,不能将仅具有风险的行为规定为犯罪。对风险的预测与评估"兼具认知和规范、描述和评价",涉及法益性质的重大性、法益主体的范围及规模、危险现实化的概率、危害结果的可控性、人们的认知偏见、非理性反应或利益团体的干预等因素,故对风险的预测与评估应尽量基于客观因素,借助大量的专业性调查、理性的大数据分析等实证分析,使预防性刑事立法建立在科学的预测和评估基础上。基于刑法只有在发生损害的危险时才介入风险控制,因此,这就需要严格识别风险,只把公认的、确定的、具有严重危险的风险行为纳入刑法的犯罪圈,而那些让整个社会得以发展的必须容忍的风险或具有争议的风险排除在刑法规制之外。"在这一点上,刑法的反应应该是冷静的、稳妥的,对任何风险的刑事规制都必须以社会安全的急切需要为前提,并由此可以及时挽救社会已经出现的巨大危险。在无法做到这一点时,刑法就要停止恣意地干涉。"③

(二)"严重或重大的"法益侵害危险要件

一般认为,犯罪的本质是对法益的侵害,或者说刑法主要任务是保护法益,但并不是说只要侵害了法益就要入罪,而是要达到一定的程度或"量",只有具有严重的法益侵害性才能考虑入罪。行为的法益侵犯危险性

---

① 何荣功:《预防刑法的扩张及其限度》,《法学研究》2017年第4期。

② 张明楷:《"风险社会"若干刑法理论问题反思》,《中国检察官》2012年第1期。

③ 高铭暄:《风险社会中刑事立法正当性理论研究》,《法学论坛》2011年第4期。

越大,刑法就越有必要对其进行干预,但干预不仅要贯彻目的正当、立法有效、手段必要,符合比例原则,而且要坚持辅助性或谦抑性原则,这既是刑法保障公民自由的要求,也是现代法治国家对刑法的要求,例如某些行为虽然具有法益侵害性,但危害性不大,则不能将其轻易纳入犯罪行为。预防性刑事立法将刑罚干预和法益保护提前,是为了预防法益受到侵害。对侵害法益的危险行为予以入罪主要体现在危险犯的立法上,但是只有将其应该限定在"严重或重大的"法益侵害危险的程度上才能考虑入罪,这是对危险"量"的要求。实际上,人类的很多行为都会制造不同的危险,刑法若要禁止一切危险,那么,人类的一切活动都有可能受到刑事制裁的威胁,因此,将某种行为犯罪化除非为了降低重大危险,否则,犯罪化理论应排除预防危险。[①] 鉴于我国违法和犯罪是分开的不同的立法体系,故需要以设置"严重或重大的"法益侵害危险作为预防性刑事立法的限制性要件。

　　根据我国《刑法》规定,犯罪限于严重侵害法益或侵害重大法益的行为,或者说具有严重的社会危害性的行为,相对已经造成法益侵害结果的结果犯或实害犯,危险犯的违法性程度要小,实际造成的损害也小,其干预范围自然就要求采取更严格的要件予以限制,那么,法益侵害危险是否严重或重大,如何把握侵害危险的程度?笔者认为,可以考虑以下几个方面:一是要看行为侵犯的是何种法益,即其侵犯的对象是否"重大"的法益。首先,在一般情况下,危害国家安全罪侵犯的法益是国家安全,整体上与其他犯罪所侵犯的法益相比是最重大、最危险的犯罪。其次,危害公共安全的犯罪,例如放火、决水、投放危险物质、爆炸,恐怖活动,危害公共交通、电力设备、公用电信设施,非法制造、买卖、运输、邮寄、储存枪支、弹药、爆炸物,重大安全事故,等等。再次,侵犯公民生命、身体健康、人身自由等基本人权的法益。二是要看侵犯行为的手段、时间、地点、造成的后果。犯罪的手段是否残忍、凶狠,是否使用暴力,是否在特殊时期,公共场合等,这些决定

---

① Douglas Husak. *Overcriminalization: the Limits of the Criminal Law*. Oxford: Oxford University Press, 2008, p. 161.

了社会危害性的大小或法益侵害危险的大小。例如恐怖分子实施暴力恐怖活动,在战时投敌叛国,在自然灾害发生时趁火打劫实施危害行为,在社会治安不好时抢劫、强奸、烧杀抢掠等。三是要以历史的、与时俱进的眼光看待问题。法益侵害性或社会危害性是一个历史的范畴,社会条件发展变化了,法益侵害性或社会危害性也会发生变化,例如中华人民共和国成立之初,国家需要恢复国民经济,允许个人开粮油店、布店等,但后来为了稳定市场,国家不允许私人开办粮油店等,由国家统购统销,《刑法》规定了投机倒把罪。随着我国改革开放,为了发展社会主义市场经济,1997 年的《刑法》取消了投机倒把罪,之后,随着社会的进一步发展变化,恐怖主义犯罪、网络犯罪、环境污染犯罪、食品药品安全犯罪等的法益侵害危险性日益严重,预防性刑事立法成为必要。有学者认为,从法益侵害的类型看,法益侵害具有弥散性特点,超个人法益犯罪的公共安全犯罪领域是预防刑法的主要规制领域,例如各国预防性刑事立法主要表现在恐怖主义犯罪、信息网络犯罪等领域。[①] 笔者认可该观点,且认为应该将危及国家安全、重大公共秩序安全、公民基本人权等纳入预防性刑事立法范围。网络犯罪等具有弥散性特点的犯罪,其牵涉面广,侵害的对象数量非常庞大且分散在各个不同的区域,在这种情形下,犯罪的行为以及结果、因果关系等的认定和取证就会变得异常困难,如果按照传统的以结果为本位的刑事追责模式,则在现实中将会面临举证难等司法难题,从而影响对犯罪行为的打击力度以及对重大法益的保护。

(三)"实质的"法益侵害危险要件

由于预防性刑事立法刑罚干预提前,在实害结果还未实际出现时就可以纳入犯罪进行刑罚,因此有可能会出现最终结果实际上没有法益侵害或轻微的法益侵害,甚至是有益的行为被入罪处罚,而背离立法目的的情形,例如我国《刑法》第 141 条规定的生产销售假药罪,该条第 1 款规定只要是

---

① 何荣功:《预防刑法的扩张及其限度》,《法学研究》2017 年第 4 期。

生产、销售假药的就构成犯罪，不论是否危害人体健康，且第2款规定的假药是指依照我国《药品管理法》的规定属于假药和按假药处理的药品和非药品。《药品管理法》规定按假药处理的情形中有："（二）依照本法必须批准而未经批准生产、进口，或者依照本法必须检验而未经检验即销售的……（五）使用依照本法必须取得批准文号而未取得批准文号的原料药生产的。"这意味着，有些按假药处理的药品形式上是"假药"，而实质上可能对人体无害甚至有益（例如未办审批手续的进口药、家传秘方等）。该法的立法目的、保护的法益本来是保护国家对药品的管理制度和不特定多数人的身体健康和生命安全，然而，在实践中曾出现相关案例，即癌症病人为了购买到效果同样但价格低廉的进口抗癌药品，通过各种途径找到未经批准进口的药品生产者、销售者，生产者、销售者将未经批准进口的药品销售给病人，缓解了病人因买不起药而得不到治疗的困难。因该药品未经国家批准进口，侵害了国家的药品监管秩序，故生产者、销售者构成了生产、销售假药罪，需受到刑事处罚，从而出现了违背立法目的（保护人民群众身体健康、生命安全）的情形。因此，在衡量某种行为是否应该入罪时，不仅要看形式上的法益侵害，而且要看是否有实质性的法益侵害，要避免对"无辜"行为甚至是有益行为进行处罚。

（四）限于故意、特别过失要件

为了预防和控制风险，刑法承担了预防和惩治严重危害社会行为的任务，刑法对危险行为进行提前干预，将法益保护前置来处罚危险犯。由于危险行为并未出现实害结果，刑罚对此予以规制必须要有正当根据，需要相当的谨慎。《刑法》例外地处罚危险犯应同时坚持客观必要原则与主观特别过错原则。[1]

首先，《刑法》只能将那些超越允许的危险行为，即刑法禁止的危险行为纳入规制的范围。"为了使工业文明的成果最大限度地惠及人们的生

---

[1]　高铭暄：《风险社会中刑事立法正当性理论研究》，《法学论坛》2011年第4期。

活,社会必须在一定程度上承受文明带来的危险,这在刑法理论上被称为被允许的危险。"①例如人们发明了汽车,给人们的出行带来了极大的便利,但同时在一定的程度上须忍受汽车撞人的风险,不能因为汽车会撞人就不允许其存在。这类可允许的危险通常存在于工业生产、交通、有风险的体育表演、医生的医疗措施等领域。当然,这类可允许的危险也不能让人无限忍受其风险,例如如果行为人驾驶汽车违反交通法规,造成了重大人身伤亡和财产损失,则《刑法》就要对其予以刑事处罚,即使只是过失,但只要造成了实害结果,就需要对其予以刑法规制。虽然在德国《刑法》随着犯罪性质的改变,关注的中心正趋向危险犯,②但对于尚未造成实害结果的危险行为,显然要比已经造成实害结果的危害行为入刑要求严格。只能对那些在个人极端漠视公共利益的心态下造成《刑法》所不能容忍的具有极大社会危害性的危险的行为进行刑罚,即具有刑事惩罚的必要性的危险行为。

其次,在将对象确定为那些确有必要以刑事处罚的危险行为的前提下,对那些明知自己的行为会对社会公共利益产生极大危害性的危险性行为,还积极追求、希望或放任这种危险发生的心理态度,即主观上是故意的,则可以纳入《刑法》规制的范围。例如,《刑法》第 114 条第 1 款规定的放火罪、决水罪等,即是对尚未造成严重后果但主观上是故意的危险行为进行刑罚规制,而对那些主观上是过失心理的则要严格限制,即《刑法》处罚过失危险犯是例外中的例外。具体来说,处罚过失危险犯主要指那些对重大法益侵害负有特定保护义务的人的情形,由于这类法益重大,一旦遭受侵害将对公共利益或公共安全造成极大的损害或无法挽回的损失,故赋予对此类法益保护具有特殊义务的人对法益侵害危险特别的注意义务,例如,《刑法》第 330 条妨害传染病防治罪规定,违反传染病防治法的规定,引

① 高铭暄:《风险社会中刑事立法正当性理论研究》,《法学论坛》2011 年第 4 期。

② 薛晓源、刘国良:《法治时代的危险、风险与和谐——德国著名法学家、波恩大学法学院院长乌·金德霍伊泽尔教授访谈录》,《马克思主义与现实》2005 年第 3 期。

起甲类传染病传播或者有传播严重危险的可构罪处罚,即处罚了引起严重危险但尚未出现实害结果的过失行为。《刑法》第 332 条妨害国境卫生检疫罪也是对违反国境卫生检疫规定,引起检疫传染病传播或者传播严重危险的进行刑罚,即处罚引起严重危险但尚未出现实害结果的过失行为。这类行为往往是行为人负有业务上的特殊义务,或者业务上事关公共安全重大利益的注意义务,行为人一旦因过失造成危险发生,将会给公民的生命健康和财产安全带来不可逆转的重大损失,故刑事立法者赋予这类行为人特殊的责任。若行为人漠视该责任,《刑法》便可对其进行处罚。除了此类危险行为可以考虑刑法处罚过失外,其余的一般性危险行为不得以刑罚处罚行为人的过失行为。

预防性刑事立法对危险行为限于故意和特别过失,显然排除了严格责任。所谓严格责任是指超越主观罪过的一种刑事责任。虽然在英美国家保留了严格责任,例如在毒品犯罪中就规定了严格责任,但其本身引起了争议。刑法责任主义要求,如果要让行为人承担责任,要以行为人在主观上有值得非难的罪过为条件,无罪过即无犯罪,也无刑罚。严格责任超越了无责任无刑罚的责任主义原则,我国《刑法》对实害犯没有采用,对危险犯则更不能适用。

（五）立法方式：例外立法方式

行为刑法原理是当今世界立法的基础,其核心是将刑罚的重点放在着手实行构成要件行为上面,[①]且一般是对法益侵害造成了实际损害的行为进行刑事处罚,但基于预防和控制风险,有效保护公共安全、公共利益、公共秩序、人身基本权利等重大法益的刑事政策考虑,刑法对某些虽然尚未造成法益损害的结果,但已严重威胁法益的危险行为,可以例外地采取刑罚前置的预防性刑事立法方式。储槐植教授在很早以前就指出并归纳了

---

① 梁根林:《预备犯普遍处罚原则的困境与突围——〈刑法〉第 22 条的解读与重构》,《中国法学》2011 年第 2 期。

刑法例外规律的现象,认为刑法例外规范是普遍现象,其所包含的内部本质联系和必然发展趋势是出于国家治理的现实需要,例外现象产生和存在的内在根据是国家治理的现实需要,即国家需要和社会公正。① 有学者认为,刑法例外现象不是立法者在刑法原则、规范体系内进行逻辑演绎的结果,而是现代刑法体系基于其本身所具有的工具价值与法益保护机能,因不断变迁的现代社会现实需要、公共政策需求而自我调适的结果。② 刑事责任基本原则与刑法例外规范共生、共存于现代刑法体系中。在预防性刑事立法的模式下,一方面,要看到危险犯、行为犯、预备犯处罚模式的确立源于风险控制,即如果刑法只在行为人已经着手实施实行行为之后或者在法益实害结果发生之后才仓促地干预其行为或消极地惩罚行为人,则在充斥传统危险与现代风险的现代社会中,很难及时、充分、有效地保护法益与维护法律秩序。另一方面,要看到预防性刑事立法内含的侵蚀个体自由权利和法治国家的潜在危险,需将危险犯、行为犯、预备犯等预防性刑事立法模式纳入例外的立法方式。

在通常情况下,关于原则和例外有两种模式:一是扩张原则中概念的内涵,将例外的情形包括进来,例如扩展"行为"范畴的含义,将持有、不作为纳入其中;二是在保持基本原则内涵基本不变的情形下,在基本原则之外规定某些需要突破原则的情形。胡萨克指出,更为紧迫的道德性考虑可以突破基本原则,但偏离原则要具备特别正当的理由。③ 有学者认为,特别正当理由应具备如下条件:一是存在压倒性的、紧迫的公共利益;二是没有合理的其他替代手段,并且构建例外与惩罚的目的不会相悖;三是非如此不足以保护公共利益,或者非成本太大为刑事司法系统所不能承受;四是构建"例外"不会压制社会可欲的行为;五是存在提出积极抗辩的机

---

① 储槐植:《刑法例外规律及其他》,《中外法学》1990 年第 1 期。

② 梁根林:《责任主义原则及其例外——立足于客观处罚条件的考察》,《清华法学》2009 年第 2 期。

③ Douglas Husak. *Philosophy of Criminal law.* Totowa:Rowman & Littelefield publishers,1987,pp. 35 - 39.

会;六是有明确的适用范围限制;七是可以无偏私地、非歧视地得到处理,且具有操作上的可行性。在此基础上,再进一步考虑是否违背宪法性的基本权利,以确保合宪性。① 笔者认为,该学者提出的观点可借鉴,可归结为笔者前文提出的坚持人民主权、人权保障、比例原则、谦抑性原则的理性坚守等宪法性制约机制和刑法基本原则的理性坚守,立法的科学性、有效性原则,以及"确定的"紧迫的法益侵害危险要件、"严重或重大"的法益侵害危险要件、"实质的"法益侵害危险要件、限于故意和特别过失要件等具体限制条件等。在具体立法时,可考虑分类别进行刑事立法,例如对自然犯(刑事犯)、个体法益的犯罪由传统立法犯罪体系规制,不用预防性刑事立法,而对侵犯国家安全、公共安全、公共法益(国家法益、集体法益)的犯罪行为,以及涉及个人基本权利保障的可考虑采用预防性刑事立法方式。

---

① 劳东燕:《风险社会中的刑法:社会转型与刑法理论的变迁》,北京大学出版社 2015 年版,第 82 页。

第六章

我国预防性刑事立法扩张与
限制的个罪检验——以恐怖
犯罪立法为例

第一节　我国恐怖犯罪立法的扩张

一、通过《刑法(修正案)》不断扩张处罚范围

我国在 1979 年《刑法》中未明确规定涉恐怖活动犯罪的罪名。1992 年全国人大常委会在《关于惩治劫持航空器犯罪分子的决定》(简称《决定》)中设置了劫机犯罪的反恐单行刑法。1997 年《刑法》修订时,将该《决定》中的劫机罪纳入其中,设置了劫持航空器罪,并增设了组织、领导、参加恐怖组织罪。2001 年"9·11"恐怖袭击事件发生后,联合国安理会于 9 月 28 日通过了第 1373 号反恐决议,号召各国加强反恐并注意惩治资助恐怖活动的行为。我国根据国际、国内反恐形势,于同年 12 月 29 日通过了以加强反恐刑法预防和控制为主要内容的《刑法修正案(三)》,在《刑法》第 120 与 291 条中增设了三个恐怖犯罪专有罪名:①资助恐怖活动罪、投放虚假危险物质罪和编造、故意传播虚假恐怖信息罪。② 另外,《刑法修正案(三)》还通过修改五个恐怖犯罪的相关罪名、

---

① 刘艳红教授将恐怖犯罪罪名分为专有罪名与相关罪名。专有罪名是指只能或主要由恐怖犯罪行为构成的罪名,往往含有"恐怖"二字,但还有少数罪名名称中没有"恐怖"二字,又确属公认的恐怖犯罪,例如劫持航空器罪、投放危险物质罪。相关罪名是指恐怖犯罪分子常用的犯罪手段,例如故意杀人、爆炸等,其主要性质是普通刑事犯罪。参见刘艳红:《二十年来恐怖犯罪刑事立法价值之评价与反思》,《中外法学》2018 年第 1 期。

② 将资助恐怖活动组织、实施恐怖活动的个人资助行为单独成立犯罪;将投放虚假的爆炸性、毒害性、放射性、传染病病原体等物质的行为入罪;将编造爆炸威胁、生化威胁、放射威胁等恐怖信息,或者明知是编造的恐怖信息而故意传播,严重扰乱社会秩序的行为入罪。

罪状、法定刑,扩大了处罚范围,加大了处罚力度,例如删除了《刑法》第
114 条放火罪、决水罪等危害公共安全罪中的"工厂、矿场"等具体行为
对象的限制,①即不管破坏的是否工厂、矿场,只要实施了放火、决水等行
为危害公共安全即可构罪,并将投毒罪的对象扩充为"毒害性、放射性、传
染病病原体等物质"。此外,将《刑法》第 125 条第 2 款规定的"非法买卖、
运输核材料罪"行为对象由核材料扩充为毒害性、放射性、传染病病原体等
物质,并将行为方式扩充为非法制造、买卖、运输、储存;将《刑法》第 127 条
第 1、2 款的盗窃、抢夺枪支、弹药、爆炸物罪与抢劫枪支、弹药、爆炸物罪中
的对象增加"毒害性、放射性、传染病病原体"等物质,并将罪名进行相应扩
充;②将"恐怖活动犯罪所得及其收益"确立为洗钱罪的一个上游犯罪,以
加大对恐怖活动犯罪所得的去向的堵截和打击力度。此外,修改了组织、
领导、参加恐怖组织罪的法定刑,将组织、领导者的法定刑上升到 10 年以
上有期徒刑或者无期徒刑,并在《刑法修正案(九)》中增加了对该罪的财
产刑。

　　随着极端主义、恐怖主义犯罪活动的全球化趋势,我国极端主义、恐
怖主义犯罪活动不断出现。自 20 世纪 90 年代,国内外民族分裂势力、
宗教极端势力、暴力恐怖势力在新疆策划并组织实施了数千起爆炸、暗
杀、投毒、纵火、暴乱等一系列暴力恐怖事件,造成多名无辜群众伤亡,数
百名公安人员殉职。这些恐怖活动不仅严重危害了新疆广大人民群众
的生命健康和财产安全,而且严重扰乱了人们正常的生产、生活秩序,严
重危害了国家安全、公共安全,故《刑法修正案(八)》将恐怖活动犯罪纳
入特别累犯范围,加大了处罚力度。为了进一步预防和控制恐怖犯罪活
动,尽量在危害结果发生之前就及时控制犯罪,《刑法修正案(九)》对恐

---

① 《刑法》第 114 条规定:"放火、决水、爆炸、投毒或者以其他危险方法破坏工厂、矿场、油
田、港口、河流、水源、仓库、住宅、森林、农场、谷场、牧场、重要管道、公共建筑物或者其
他公私财产,危害公共安全,尚未造成严重后果的,处三年以上十年以下有期徒刑。"
② 将第 1 款罪名相应扩充为盗窃、抢夺枪支、弹药、爆炸物、危险物质罪;将第 2 款的抢劫
枪支、弹药、爆炸物罪扩充为抢劫枪支、弹药、爆炸物、危险物质罪。

怖活动犯罪进行了较大幅度的扩充修改,增设了《刑法》第 120 条第 1—6 款帮助恐怖活动罪、准备实施恐怖活动罪、非法持有宣扬恐怖主义、极端主义物品罪等六个罪名。此外,进一步完善了四种已有的罪名,增加了构成要件的实行行为方式,对原恐怖活动犯罪范围进行扩张,并增加了财产刑。[①]

从以上恐怖犯罪的立法修正的历程可以看出,《刑法》中恐怖犯罪的专有罪名从 1997 年《刑法》规定的 1 个(组织、领导、参加恐怖组织罪)增加到了 9 个,恐怖犯罪的相关罪名也随之增加。《刑法》对恐怖犯罪的处罚范围不断扩张,处罚防卫线不断前移,处罚力度不断加强,体现了预防性刑事立法的特征。如果《刑法修正案(九)》之前的预防性刑事立法条款只是针对个别行为的碎片化立法,那么,在《刑法修正案(九)》关于恐怖犯罪的规定就呈现出类型化、整体性的特征。[②]

二、通过预备行为实行化等方式不断强化预防和控制

为了提前预防恐怖犯罪,加大对恐怖犯罪准备行为的打击力度,我国刑事立法将恐怖犯罪的准备行为直接规定为独立的犯罪,即预备行为实行化,例如《刑法修正案(九)》增设准备实施恐怖活动罪,将实施恐怖活动的

---

① 《刑法》第 120 条之一在"资助恐怖活动罪"中增加"资助恐怖活动培训""为恐怖活动组织、实施恐怖活动或者恐怖活动培训招募、运送人员"的实行行为,罪名也相应地改为"帮助恐怖活动罪";对于第 311 条拒绝提供间谍犯罪证据罪的犯罪对象,增加了"恐怖主义、极端主义犯罪行为",罪名也相应改为"拒绝提供间谍犯罪、恐怖主义犯罪、极端主义犯罪证据罪";对于第 322 条偷越国(边)境罪增加了"为参加恐怖活动组织、接受恐怖活动培训或者实施恐怖活动,偷越国(边)境"的实行行为,从而扩充了偷越国边境罪的范围。

② 何荣功:《预防刑法的扩张及其限度》,《法学研究》2017 年第 4 期。

准备工具、培训、策划等预备行为独立成罪,①《刑法修正案(九)》还通过共犯行为正犯化,加大对恐怖犯罪的惩治和防控力度,例如将对恐怖活动组织及实施恐怖活动的个人,以及为恐怖活动培训进行资助或招募、运送人员的帮助行为直接规定为实行行为,独立成立《刑法》第120条之一的帮助恐怖活动罪,即本来是共同犯罪中的帮助犯行为,修订后的《刑法》直接将其单独规定为正犯行为,使帮助行为正犯化;将以制作、散发等帮助、教唆恐怖活动的行为直接增设为《刑法》第120条之三宣扬恐怖主义、极端主义、煽动实施恐怖活动罪的实行行为,并独立成罪;②将以暴力、胁迫等方式强制他人在公共场所穿戴恐怖主义服饰、标志的行为,以及非法持有宣扬恐怖主义物品的行为,规定为恐怖活动犯罪的实行行为,分别成立强制穿戴宣扬恐怖主义、极端主义服饰、标志罪和非法持有宣扬恐怖主义、极端主义物品罪。③ 为了有效遏制恐怖犯罪,提高对恐怖犯罪打击和预防的有效性,考虑到经济基础对恐怖活动犯罪具有重要的支撑作用,立法者加大对恐怖活动犯罪行为的经济制裁力度,《刑法(修正案)》对恐怖活动犯罪普遍设置了财产刑,以剥夺其支撑犯罪的经济能力,例如《刑法修正案(三)》增设资助恐怖活动罪时就设置了并处罚金或没收财产刑,并在洗钱罪中将恐怖活动犯罪所得及其收益作为洗钱罪的对象。《刑法修正案(九)》对恐

---

① 《刑法修正案(九)》将为实施恐怖活动准备凶器、危险物品或者其他工具的行为;组织恐怖活动培训或者积极参加恐怖活动培训的行为;为实施恐怖活动与境外恐怖活动组织或者人员联络的行为;为实施恐怖活动进行策划或者其他准备的行为均纳入恐怖活动罪的范围。将恐怖活动犯罪的干预提前至预备行为,即预备行为实行化,并独立成为《刑法》第120条之二准备实施恐怖活动罪。

② 《刑法》第120条之三规定:"以制作、散发宣扬恐怖主义、极端主义的图书、音视频资料或者其他物品,或者通过讲授、发布信息等方式宣扬恐怖主义、极端主义,或者煽动实施恐怖活动的,处五年以下有期徒刑、拘役、管制或者剥夺政治权利,并处罚金。"

③ 《刑法》第120条之五规定:以暴力、胁迫等方式强制他人在公共场所着、佩戴宣扬恐怖主义、极端主义服饰、标志的,处三年以下有期徒刑、拘役或者管制,并处罚金;第120条之六规定:明知是宣扬恐怖主义、极端主义的图书、音频视频资料或其他物品而非法持有,情节严重的,处三年以下有期徒刑、拘役或者管制,并处或者单处罚金。

怖犯罪增设了财产刑,例如在组织、领导、参加恐怖组织罪中增设了并处没收财产刑和罚金刑,在新增的五种涉恐犯罪中均设置了并处罚金或者没收财产的财产刑。在恐怖犯罪的相关罪名中,除了拒绝提供间谍犯罪、恐怖主义犯罪、极端主义犯罪证据罪之外,其他的恐怖犯罪的相关罪名均设置了财产刑。

第二节 我国恐怖犯罪预防性
刑事立法的背景

一、维护公共安全法益的现实需要

随着经济全球化,全球风险社会特征凸显,我国恐怖犯罪形势不断发展和变化,恐怖犯罪刑事立法也相应发生了变化。20 世纪 80 年代末—90年代初,我国劫机事件频发,仅 1993 年就发生了 21 起劫持航空器事件,[①]为此,《刑法》设立了劫持航空器罪。1990—2001 年,新疆"东突"恐怖组织多次实施暴恐活动,给社会安全和人民群众生命财产安全带来了较大损失。为了严厉惩治恐怖组织及其活动、发挥《刑法》的惩治和预防功能,1997 年的《刑法》设置了组织、领导、参加恐怖活动罪。2001 年美国"9.11"恐怖袭击事件发生,导致近 3 000 人伤亡,使得国际社会被恐怖阴影所笼罩,恐怖活动、恐怖组织数量增多,暴力毁坏程度、危害结果越来越严重。为此,联合国安理会于 2001 年 9 月 28 日发出 1373 号反恐决议,号召所有国家打击恐怖主义,并将资助恐怖主义的行为规定为犯罪。为了保护国家安全和人民生命财产安全,维护人民群众的正常社会生产生活秩序,严厉打击恐怖活动犯罪,我国《刑法修正案(三)》增设了"资助恐怖活动罪"。2009 年新疆"7·5"暴恐事件发生后,我国的恐怖活动犯罪呈现出犯罪手段复杂化、动机极端化、地域扩大化、犯罪对象无差别化等特征,恐怖犯罪形势日趋严重,对我国公共安全和人民群众的生命财产安全造成了严重的

[①] 吕明合、丁补之、嘉实等:《解密 15 年前惊心动魄的"劫机狂潮"》,《南方周末》2008 年 3 月 6 日。

现实威胁。① 为了进一步控制和预防恐怖犯罪,我国先后在《刑法修正案(八)》《刑法修正案(九)》中增设了新的恐怖活动犯罪罪名,以扩张恐怖犯罪的惩治范围,加大惩治力度,将刑罚惩治阶段提前,有效打击和遏制恐怖犯罪。

从我国恐怖犯罪的立法历程可以看出,我国的恐怖犯罪立法是随着恐怖活动犯罪形势的变化以问题为导向,以保护国家和社会的安全秩序、人民群众的生命财产安全的现实需要为出发点及目的进行的刑事立法,立法不断扩张恐怖犯罪惩罚范围,提前介入预备阶段,强化预防和控制,并加大惩治力度。

二、对恐怖犯罪法益侵害的应对要求

"恐怖犯罪之所以恐怖,乃在于其手段的暴力性、结果的毁灭性以及对象的不特定性。"② 从我国《反恐怖主义法》对恐怖主义、恐怖活动、恐怖事件的定义可以看出,恐怖犯罪的手段有暴力、恐吓、胁迫、绑架、破坏、纵火、砍杀、爆炸、驾车冲撞、劫机、自杀式袭击等残忍、恶劣的手段,结果会造成社会恐慌、重大人员伤亡、财产损失、社会秩序严重混乱、扰乱国家机关和组织的正常活动秩序等,严重危害国家安全、政权安全、公共安全、广大人民群众的人身和财产安全、社会秩序的和谐稳定等,具有比其他犯罪明显严重的社会危害性。③ 恐怖犯罪往往具有突发性,一旦发生将立即且迅速地对公众的人身财产安全造成极大的损害和恐慌,对人民群众的安全感、

---

① 李栋:《我国恐怖活动犯罪特点与防控策略研究》,《净月学刊》2017 年第 2 期。

② 刘艳红:《二十年来恐怖犯罪刑事立法价值之评价与反思》,《中外法学》2018 年第 1 期。

③ "从新闻媒体的有关报道来看,除惯常的绑架、纵火、砍杀、劫持人质等手段外,还出现了驾车冲撞、劫机、制造爆炸装置、自杀式袭击等手段。"参见梅传强、张永强:《我国恐怖活动犯罪的现状、特征及防控对策》,《北京师范大学学报(社会科学版)》2015 年第 6 期。

社会公共秩序造成极大的破坏,危害后果极其严重,而且一旦发生很难立即控制,往往在瞬间就造成人员伤亡和财产损失。因此,恐怖犯罪是具有"确定的""严重或重大"的法益侵害行为,以及"实质的"法益侵害危险行为。"由于对恐怖犯罪的事后打击难以弥补其造成的巨大损失,为此,国际社会普遍认为,反恐犯罪的重点在于'如何有效地做到事前预防'。"①对于具有极其严重危害性的恐怖犯罪的预防和控制要适当提前,要打早、打小、打苗头,以严厉的刑罚惩治进行全面的打击、预防和控制。我国的刑事立法尤其是近年的反恐立法凸显了安全和预防的价值导向,坚持防范为主、惩防结合和先发制敌、保持主动的原则,明确了"预防为主"的反恐国家战略,体现了预防性刑事立法的理念和特征。

---

① [美] Robot J. Fischer、Edward Halibozek、Gion Green:《安全导论》,任骥、赵兴涛等译,靳晓鹏审校,电子工业出版社 2012 年版,第 397 页。

第三节　我国恐怖犯罪预防性刑事
立法扩张的危险

　　"传统刑法以结果为本位的立法技术,在恐怖主义犯罪领域基本被抛弃。"①预防性刑事立法由过去的结果无价值、法益侵害的实害结果为主的立法理念或根据,转向行为无价值、规范违反、法益侵害威胁、危险犯等为主的立法理念或根据。这一转向是社会变迁、预防和控制犯罪、保护重大法益的需要,虽然凸显了以安全为价值的立法理念,但也隐含着侵袭以自由为核心的法治国家建设的危险。"反恐犯罪国际立法基本上都是通过'扩大警察等强力机关的侦查权'的权力,并使公民'牺牲自己的一些自由权利'来'保障安全',我国也概莫能外。"②我国《反恐怖主义法》明确将维护国家、公共安全作为立法的首选目的,其第 5 条规定了"预防为主、惩防结合和先发制敌、保持主动的原则"。可以看出,《反恐怖主义法》与《刑法(修正案)》、司法机关发布的规范性文件对恐怖犯罪的规定均体现了安全至上的价值理念。然而,这种打早、打小、预防为主、安全至上的刑事立法的理念,有可能将不是真正的恐怖犯罪分子或尚未被认定为恐怖犯罪分子的一般人视为"潜在的恐怖犯罪分子"进行打击。③ 美国学者罗宾逊指出,"人们设立刑罚分配以便有效地对未来犯罪形成威慑,如果目标是威慑其

---

①　何荣功:《预防刑法的扩张及其限度》,《法学研究》2017 年第 4 期。

②　刘艳红:《二十年来恐怖犯罪刑事立法价值之评价与反思》,《中外法学》2018 年第 1
　　期;胡连合:《全球反恐论:恐怖主义何以发生与应对》,中国大百科全书出版社 2011
　　年版,第 11 页。

③　刘艳红:《二十年来恐怖犯罪刑事立法价值之评价与反思》,《中外法学》2018 年第
　　1 期。

他的潜在犯罪人,是指'一般威慑'……在极端的情况下,一般威慑会使惩罚无辜者正当化。"①

一、基础性概念立法不明确

立法的模糊性有违罪刑法定原则的明确性,给人权保障、公民自由带来了威胁。"追求安全价值的刑法倾向于使用不确定的法律概念,追求自由价值的刑法则特别注重罪刑法定的明确性。"②我国恐怖主义犯罪立法的基础性概念:"恐怖活动""恐怖主义""极端主义"含义不明确。虽然我国《刑法》规定的6个恐怖犯罪都涉及"恐怖活动""恐怖主义""极端主义"这3个基础性概念,但并未对这几个基础性概念明确界定。2011年,全国人大常委会《关于加强反恐怖工作有关问题的决定》第2条对"恐怖活动"进行了解释,之后,《反恐怖主义法》第3条也对"恐怖主义""恐怖活动"进行了解释,③但二者对什么是"恐怖主义"的界定存在分歧,前者突出恐怖活

---

① 〔美〕保罗·H. 罗宾逊:《刑法的分配原则:谁应受罚,如何量刑?》,沙丽金译,中国人民公安大学出版社2009年版,第8、14页。

② 刘艳红:《二十年来恐怖犯罪刑事立法价值之评价与反思》,《中外法学》2018年第1期。

③ 《关于加强反恐怖工作有关问题的决定》第2条规定:恐怖活动是指以制造社会恐慌、危害公共安全或者胁迫国家机关、国际组织为目的,采取暴力、破坏、恐吓等手段,造成或者意图造成人员伤亡、重大财产损失、公共设施损坏、社会秩序混乱等严重社会危害的行为,以及煽动、资助或者以其他方式协助实施上述活动的行为。《反恐怖主义法》第3条规定:本法所称恐怖主义,是指通过暴力、破坏、恐吓等手段,制造社会恐慌、危害公共安全、侵犯人身财产,或者胁迫国家机关、国际组织,以实现其政治、意识形态等目的的主张和行为。本法所称恐怖活动,是指恐怖主义性质的下列行为:① 组织、策划、准备实施、实施造成或者意图造成人员伤亡、重大财产损失、公共设施损坏、社会秩序混乱等严重社会危害的活动的……⑤ 其他恐怖活动。本法所称恐怖活动组织,是指三人以上为实施恐怖活动而组成的犯罪组织。本法所称恐怖活动人员,是指实施恐怖活动的人和恐怖活动组织的成员。本法所称的恐怖事件,是指正在发生或者已经发生的造成或者可能造成重大社会危害的恐怖活动。

动的暴力性;后者强调恐怖活动的政治、意识形态的目的性。"而这种分歧,只是国际学界对恐怖主义上百种定义之不同点的小小投射而已",后者对"恐怖主义"的解释实际上是对前者"恐怖活动"的嫁接,"恐怖活动组织"与"恐怖活动人员"之间的解释是在用"恐怖"解释"恐怖"。对它们进行精确的定义非常困难。[①]《反恐怖主义法》在解释什么是"恐怖活动"时,涵盖了"其他恐怖活动"。这种同义反复的定义、立法的不明确性,给恐怖犯罪的认定留下了很大的空间,极易侵犯公民的人身权利。

二、持有型等罪名法益侵害关联稀薄

我国《刑法修正案(九)》关于非法持有宣扬恐怖主义、极端主义物品罪与强制穿戴宣扬恐怖主义、极端主义服饰、标志罪的规定,将"预备行为"规定为实行行为,刑法介入可能过于靠前,不具有"确定的"、重大法益侵害的、"紧迫的"危险性,容易侵犯公民的人身权利。理论上一般认为,持有型犯罪一般要满足行为对象的特定性、关联犯罪的严重性、关联犯罪的紧密性3个要件,将持有型犯罪限定在大致合理的范围内,否则,容易引起法益侵害关联的稀薄性。而《刑法修正案(九)》增设的非法持有宣扬恐怖主义、极端主义物品罪可能超越了这个要求。该罪非法持有的对象为"宣扬恐怖主义、极端主义的图书、音频视频资料或者其他物品",虽然物品具有特定性,但该物品本身不具有严重的法益侵害性,最多可能只具有一定的抽象危险性,该物品既可能被用于宣扬后再实施恐怖活动犯罪行为,也可能用于资助恐怖活动培训,还可能用于准备实施恐怖活动行为等。《刑法修正案(九)》规定的宣扬恐怖主义、极端主义、煽动实施恐怖活动罪、准备实施恐怖活动罪、帮助恐怖活动罪、利用极端主义破坏法律实施罪、强制穿戴宣扬恐怖主义、极端主义服饰、标志罪等,基本都具有"抽象危险犯"设置的特

---

① 刘艳红:《二十年来恐怖犯罪刑事立法价值之评价与反思》,《中外法学》2018 年第1 期。

征,并不具有法益侵害的实害结果,也不是对法益侵害结果具有现实、紧迫危险的具体危险犯。因此,非法持有宣扬恐怖主义、极端主义物品罪对法益侵害的危险要比抽象危险"抽象",对具体保护法益的危险也更为间接。[①] 同样,强制穿戴宣扬恐怖主义、极端主义服饰、标志罪,其穿戴对象为宣扬恐怖主义、极端主义的服饰、标志,该穿戴行为本身并不具有确定的、紧迫的重大法益侵害危险,既有可能用于宣扬恐怖主义、极端主义,也有可能用于其他非法律禁止的行为,即强制穿戴行为离具体实施恐怖活动行为不具有紧密的关联性,是恐怖犯罪实行行为的预备行为,故非法持有宣扬恐怖主义、极端主义物品罪与强制穿戴宣扬恐怖主义、极端主义服饰、标志罪虽然周延了法益保护、严密了刑事法网,但客观上也有违反刑法谦抑的最后手段性以及削弱人权保障功能的可能性。

[①] 阎二鹏:《持有型犯罪立法动向及其正当化根据》,《国家检察官学院学报》2019年第3期。

第四节　我国恐怖犯罪预防性
刑事立法的完善

一、进行前置法益保护的同时不能忽视人权保障

在适度扩张犯罪圈、提前保护法益的同时要防止处罚无辜。要既注重刑法的法益保护功能，又不能忽视刑法的人权保障功能。考虑到我国恐怖犯罪立法以安全价值为核心、刑事立法犯罪圈扩大、刑法介入提前、犯罪前置化、法网趋向严密而严厉等态势，有学者表现出了人权风险的隐忧，主张建立"以自由为前提的安全价值观"。[1] 笔者认为，我国恐怖犯罪预防性刑事立法的趋向是顺应恐怖活动犯罪的形势变化，以问题为导向而因应设立。恐怖活动犯罪的形势时刻在变化，新的犯罪手段与方式在不断涌现，预防和控制恐怖犯罪越来越重要。"恐怖犯罪背后牵涉的是人类世界最为深层次、最不易解决的种族与文化、政治与经济问题……国际社会试图通过各种国际公约为制裁恐怖犯罪提供良方，但事实证明，法治反恐没能达到预期效果。"[2]

基于刑法对反恐犯罪作用的有限性，建议在进行预防性刑事立法时，我们既要树立预防和控制恐怖犯罪，确保安全的价值观，又要树立确保不侵犯公民基本人权和自由的底线思维，二者要辩证统一。虽然"没有安全的自由就不是自由"，但是"失去了人权和自由的安全也将毫无意义"。恐

---

[1] 刘艳红：《二十年来恐怖犯罪刑事立法价值之评价与反思》，《中外法学》2018 年第 1 期。

[2] 刘艳红：《二十年来恐怖犯罪刑事立法价值之评价与反思》，《中外法学》2018 年第 1 期。

怖主义的产生和蔓延有政治、历史、文化、意识形态、国际局势等因素的作用。而刑法作为惩罚犯罪的部门法,并不能有效地解决包括政治、意识形态、历史、文化问题在内的深层次社会矛盾。虽然扩大犯罪圈、刑法介入提前容易限缩公民权利,产生消极的影响,影响反恐怖工作的效果,但是要防止"刑法无用论",既要适度的应社会需求扩大犯罪圈,将法益保护提前,也要考虑立法的比例性原则、有效性原则、刑法的谦抑性等原则,防止过度犯罪化、介入过度提前化,侵犯公民的自由和人权保障,恐怖犯罪立法要理性面对恐怖主义威胁,保持社会防卫和人权保障之间的平衡。

从长远来看,可以逐步转向"严而不厉"的处罚模式。由于恐怖犯罪具有特殊性,恐怖分子往往不惧牺牲,具有自己坚定的"信仰",采取极为严厉的刑罚来惩治恐怖分子,可能并不能对其起到有效的惩罚和警诫作用(当然在特定时间、地点、恐怖犯罪形势极其严峻,不采取严厉的刑罚甚至极刑不足以遏制与预防的情形时另当别论),因此,借助极为严厉的刑罚来惩治、防范恐怖犯罪,常常难以取得理想的效果,但是严密刑事法网、加强刑事责任追究则是有益的。另外,犯罪圈扩大、逐步犯罪化是一个适应社会发展的需要而逐步扩大的过程。对于是否入罪、是否加大刑罚惩治力度等问题可以暂缓解决,并根据实践中的变化进行调适。考虑到恐怖犯罪的产生系多种复杂因素导致的结果,仅依靠刑罚的手段可能难以起到有效的效果,因此,对恐怖犯罪要加强综合治理,通过加快经济社会发展、民主政治发展、教育文化发展、化解民族矛盾、促进司法公正等手段,消除恐怖主义滋生的社会土壤。

二、完善恐怖犯罪罪名体系

目前,我国《刑法》经过《刑法修正案(三)》《刑法修正案(九)》的修正和罪名增设,使得恐怖犯罪的帮助行为、预备行为均独立成罪,但似乎缺少恐怖犯罪的核心实行行为罪名,例如组织、领导、参加恐怖组织罪;帮助恐怖活动罪;准备实施恐怖活动罪;宣扬恐怖主义、极端主义、煽动实施恐怖活动罪;等等,实际都是围绕恐怖活动犯罪而进行的组织、领导、参加、帮助、准备实施、宣扬、煽动实施等行为,却没有恐怖活动罪的罪名。这对独具特点的恐怖活动犯罪的罪名是否合适? 这是一个值得考虑的问题,当然,有学者认为,因为恐怖活动常常表现为杀人、暴力伤害、放火、人肉炸弹等,可以使用故意杀人、故意伤害、放火、以危险方法危害公共安全等罪名进行处罚,没有必要单独规定恐怖活动罪。然而,《刑法修正案(九)》增设了恐怖犯罪的新罪名,"但主要属于暴恐活动的预备行为或煽动行为,并未将暴恐活动的实行行为规定为独立的犯罪。由于我国现行刑法典中尚缺乏专门的反恐罪名……难以体现反恐怖工作的特殊性……应当……结合特殊的犯罪目的,合并设置为专门罪名——恐怖活动罪,规定于……第二章危害公共安全罪之中。"[1]对此,有学者认为,"这种观点就是一种继续扩大恐怖主义犯罪圈的入罪化论……这种做法是对恐怖犯罪的泛化,并无实益。"[2]笔者认为,学者们站在不同的角度所得出的观点有一定的道理,应辩证看待,但是犯罪的预备、帮助行为均单独规定为犯罪罪名,却没有规定被帮助的实行行为的犯罪罪名,即有共犯罪名,无正犯罪名,导致体系不完整。另外,恐怖活动犯罪具有特殊性,与普通的故意杀人、故意伤害、放火、爆炸等有区别,针对恐怖活动犯罪的严重危害性、国际惩罚性、政治宗教信仰性等特点,可考虑单独设置恐怖活动罪,更容易准确有效地打击恐怖犯罪。当然,若单独设置了恐怖活动罪,还要考虑对恐怖犯罪中恐怖活动罪的实行行为及教唆、帮助等共犯行为进行整体性、体系性的梳理、检视、完善,以构建理性的恐怖犯罪罪名体系,既发挥刑事立法的有效预防和控制恐怖犯罪的作用,又确保恐怖犯罪的治理遵守人权保障的法治底线,并推进我国总体国家安全观的合理构建。

---

① 赵秉志、杜邈:《刑法修正案(九):法益保护前置织密反恐法网》,《检察日报》2015 年 9 月 28 日,第 3 版。

② 刘艳红:《二十年来恐怖犯罪刑事立法价值之评价与反思》,《中外法学》2018 年第 1 期。

三、明确恐怖犯罪基本概念的内涵和外延

坚守罪刑法定的明确性原则,可使恐怖犯罪基本概念的内涵和外延进一步明确。我国《刑法》对"恐怖活动""恐怖主义""极端主义"概念的内涵和外延的确定,对认定是否恐怖犯罪具有重要作用,"恐怖活动犯罪""恐怖主义犯罪"会涉及是否能认定为恐怖犯罪、拒绝提供恐怖主义犯罪证据罪、洗钱罪、特殊累犯,程序上是否需要提级管辖、限制律师会见、加强证人保护、采取技术侦查措施取证、适用违法所得没收程序等。暂且不论《刑法》中的恐怖犯罪概念与《反恐怖主义法》之间的概念能否相互通用,仅就《反恐怖主义法》中的相关概念进行探讨就可发现以下问题。虽然《反恐怖主义法》第 3 条对"恐怖主义""恐怖活动""恐怖活动组织"作出了概念性解释,但是概念规定的内涵和外延不明确,概念之间存在互相交叉、相互借用的问题,采取的是"同义反复、循环定义"的定义方法,例如恐怖主义是指通过暴力、破坏、恐吓等手段,制造社会恐慌……以实现其政治、意识形态等目的的主张和行为。恐怖活动是指恐怖主义性质的下列行为:(一)组织、策划……(二)宣扬恐怖主义,煽动实施恐怖活动,非法持有恐怖主义的物品……(三)组织、领导、参加恐怖活动组织的;(四)为恐怖组织、人员、实施恐怖活动或者恐怖活动培训提供信息、物资……(五)其他恐怖活动。①

从这个概念中可以发现,首先,概念之间互相借用,例如以恐怖主义解

---

① 《中华人民共和国反恐怖主义法》第 3 条规定:本法所称恐怖主义,是指通过暴力、破坏、恐吓等手段,制造社会恐慌、危害公共安全、侵犯人身财产,或者胁迫国家机关、国际组织,以实现其政治、意识形态等目的的主张和行为。本法所称恐怖活动,是指恐怖主义性质的下列行为:(一)组织、策划、准备实施、实施造成或者意图造成人员伤亡、重大财产损失、公共设施损坏、社会秩序混乱等严重社会危害的活动的;(二)宣扬恐怖主义,煽动实施恐怖活动,或者非法持有宣扬恐怖主义的物品,强制他人在公共场所穿戴宣扬恐怖主义的服饰、标志的;(三)组织、领导、参加恐怖活动组织的;(四)为恐怖活动组织、恐怖活动人员、实施恐怖活动或者恐怖活动培训提供信息、资金、物资、劳务、技术、场所等支持、协助、便利的;(五)其他恐怖活动。

释恐怖活动,或者以恐怖活动解释恐怖主义,导致概念含义不明确。其次,"恐怖主义"概念的解释点为"主张和行为",而根据《现代汉语词典》的解释,"主义"是指对客观世界、社会生活以及学术问题等所持有的系统的理论和主张、思想作风、一定的社会制度和政治经济体系。由此可见,"主义"一般是指某种思想、理论、主张、体系等,而《反恐怖主义法》中对"恐怖主义"解释为:"主张和行为",由于定义不规范、不准确、不明确,使得内涵和外延扩张到"行为",并与"恐怖活动"概念解释中的"行为"相融合和混淆。再次,将"恐怖活动"解释为组织、策划、准备实施等严重危害社会活动的;宣扬恐怖主义、煽动实施恐怖活动……,将恐怖活动的预备、帮助等行为解释为恐怖活动,会造成"恐怖活动"的核心内涵和外延不清,导致有关机关在执法办案时对反恐怖工作的"泛化"或边界不清,有碍公民根据基础概念准确认识恐怖主义的特征和社会危害性,进而影响对恐怖活动相关行为、刑法后果的预判。

笔者认为,可以尝试将恐怖活动的行为解释为:通过暴力、破坏、恐吓等手段,实施造成或意图造成人员伤亡、重大财产损失、公共设施损坏、社会秩序混乱、社会恐慌、危害公共安全等严重社会危害,以实现其政治、意识形态等目的的行为。如此,其他的组织、领导、预备、帮助等行为可以围绕该恐怖活动行为进行解释。另外,《反恐怖主义法》没有专门解释"极端主义"的概念,而是在第4条规定:"国家反对一切形式的以歪曲宗教教义或者其他方法煽动仇恨、煽动歧视、鼓吹暴力等极端主义,消除恐怖主义的思想基础。"有学者认为,"极端主义犯罪"与"恐怖主义犯罪"之间的关系如何、二者是否存在交叉和包含关系则需要进一步明确。理论上,不同的学者对"恐怖主义"等基础性概念各持己见、看法不一。由于在反恐实践中,专门机关和普通民众对此的认知程度不足,故以立法形式确定权威、划一的基础性概念成为当务之急。① 笔者认为,目前立法机关可以考虑通过立

---

① 赵秉志、杜邈:《我国反恐怖主义立法完善研讨》,《法律科学(西北政法学院学报)》2006年第3期。

法解释、司法解释的方法,对相关基础性概念进行解释界定,特别是厘清关联概念、相似概念之间的关系,使涉及恐怖犯罪的法律概念相互协调和统一,为相关犯罪准确适用法律提供明确的依据。

四、理性坚守责任主义原则

《刑法》第 120 条之六非法持有宣扬恐怖主义、极端主义物品罪系持有型犯罪,宣扬恐怖主义、极端主义物品的行为本身并不具有法益侵害的紧迫性,是一种"抽象危险",故非法持有这类物品的行为是一种间接的"抽象危险"。"对于本罪之司法适用,符合构成要件之行为与法益侵害的抽象危险之间的关系呈现出不确定性,故单纯判断符合构成要件之行为事实即可推定其具有法益侵害的抽象危险的思维,不能成立。"①若仅凭行为人持有宣扬恐怖主义、极端主义的物品就直接认定其具有法益侵害危险,构成恐怖犯罪是不严谨的,也极易侵害公民的基本人权和自由,因为如果不考虑行为人的主观心态和目的,仅凭其持有的状态就认定其构成恐怖犯罪,很有可能会冤枉无辜,例如某学生为了追求刺激,经常一个人在家里的电脑上下载观看宣扬恐怖主义的音(视)频,并保存在电脑中,但并未用于其他。在这种情形下,若不考虑其持有这些物品的主观心态和目的,仅从客观上看,其行为符合非法持有宣扬恐怖主义物品罪的构成要件,如果就此认定其构成恐怖犯罪显然不妥当。即使其主观上是故意,也要考虑其持有这些物品的目的。另外,宣扬恐怖主义、极端主义物品是为了实施恐怖活动而做准备,因此宣扬行为是实施恐怖活动行为的预备行为,而非法持有恐怖主义、极端主义物品行为从一定意义上可以说是宣扬恐怖主义、极端主义的预备行为,因此,非法持有宣扬恐怖主义、极端主义物品的行为是实施恐怖活动的"预备行为"的"预备行为"。我国《刑法》第 22 条规定:"为了犯

---

① 阎二鹏:《持有型犯罪立法动向及其正当化根据》,《国家检察官学院学报》2019 年第 3 期。

罪,准备工具,制造条件的,是犯罪预备",即处罚预备行为的前提是:行为人主观上必须要具备为了犯罪的目的,是为了实施犯罪而做准备行为,否则,不能处罚预备行为,这也是为了防止处罚无辜。因此,针对非法持有恐怖主义、极端主义物品罪,刑法介入过于提前(处罚恐怖犯罪"预备行为"的"预备行为")而可能处罚无辜的问题,可以考虑在对该罪的构成要件要素"情节严重"进行立法或司法解释时增加主观目的的要求,例如增设"为了实施恐怖犯罪"的主观要件。同样,《刑法》第120条之五强制穿戴宣扬恐怖主义、极端主义、服饰、标志罪也需要进行一定的目的性限制,否则,可能侵害公民的基本人权和自由。例如某青年甲为了追求另类表现,平时不仅喜欢自己穿着一些奇装异服,而且喜欢强制其朋友乙穿奇装异服,某天,甲故意穿着宣扬恐怖主义、极端主义的服饰,而且强制乙也穿着与他一样的衣服在公园里炫耀和玩耍。若此时不考虑甲的主观目的,仅凭其客观行为和主观故意就认定其构成恐怖犯罪是不妥当,因为其主观上并不具有实施恐怖犯罪的目的。建议在该罪中增加"为了实施恐怖活动"的主观要素,以限制该罪的非理性扩张。

第七章

结　语

工业化、全球化、信息化的不断发展,助长了风险社会及各种风险源的形成。"科学技术的快速发展以及全球化的迅猛扩张,今天的社会已经发生了根本性转变,同时,在这个转变进程当中不可避免地带来了各种各样的危险,即社会产生危险,同时危险改变社会。"①经济社会的高速发展、全球化与全球风险社会与网络社会的交替交织孕育了当代刑法积极预防风险的时代任务。以预防和控制法益侵害危险、实现社会控制为目的,以安全价值为优位,法益保护前置、刑法介入提前、犯罪化、活性化等为特征的预防性刑事立法观随着社会的变迁因应而生。在当代中国社会转型、矛盾凸显、法益侵害及其重大危险发生的风险社会背景下,我国的刑事立法呈现出犯罪化、活性化、法益保护前置化、刑法介入提前化的预防性刑事立法扩张的倾向。

预防性刑事立法的扩张一方面具有正当性的理论根据和实践根据;另一方面,预防性刑事立法的不断扩张也隐含着模糊刑法界限、脱离法治原则极端工具化的危险,侵袭公民自由和人权保障,以及法治国家建设的危险。如何平衡法益保护与自由保障、合理限制预防性刑事立法扩张的限度,使其既能发挥刑法预防和控制法益侵害危险,有效保护安全与秩序法益,实现社会控制,又不侵犯公民自由和人权保障是本书写作的目的。笔者认为,应坚守人民主权原则、人权保障底线原则、比例原则、刑法谦抑性原则,构建预防性刑事立法扩张的宪法性防控机制。在坚持罪刑法定、法益保护、责任主义等刑法基本原则的前提下,本书通过确立以下关键要件构建了预防性刑事立法的规范框架:一是要求存在"确定的"紧迫法益侵害危险;二是设定"严重或重大"的法益侵害危险程度标准;三是强调危险的"实质性"特征;四是限定故意及特定过失的主观要件;五是采用例外性立法模式。这一框架为预防性刑事立法提供了系统的保障机制和明确的限制条件。本书以恐怖主义犯罪为具体分析样本,对预防性刑事立法的扩

---

① [德]乌尔斯·金德霍伊泽尔:《安全刑法:风险社会的刑法危险》,刘国良编译,《马克思主义与现实》2005年第3期。

张趋势及其规范限制进行了实证检验。通过考察恐怖犯罪预防性立法的实践背景与现实隐忧,提出了相应的完善建议,以对我国刑事立法实践提供理论参考。需要特别指出的是,"立法本质上是一个价值判断的过程,在规范层面难以建立如科学实验般精确的标准来严格区分犯罪行为与一般违法行为。理论研究永远无法为犯罪化提供一劳永逸的精确标准,我们只能不断接近而永远无法完全掌握真理。"①

本书尚存诸多不足,预防性刑事立法的很多问题还需要深入研究:一是如何通过理性立法平衡犯罪形态的演变与刑事政策的克制性,确保预防性刑事立法的科学性与正当性;二是如何构建系统化的预防性立法模式;三是如何推动刑法体系与时代发展相适应;四是在风险社会背景下,如何结合刑事司法与其他社会综合治理手段,形成风险防控合力,共同维护社会安全与秩序稳定。

---

① 陈璐:《犯罪化如何贯彻法益侵害原则》,《中国刑事法杂志》2014 年第 3 期,第 9 页。

参 考 文 献

一、中文文献

（一）著作

高铭暄：《中华人民共和国刑法的孕育诞生和发展完善》（精编本），北京大学出版社 2012 年版。

高铭暄、赵秉志：《中国刑法规范与立法资料精选》，法律出版社 2013 年版。

高铭暄：《刑法学原理》（第 1 卷），中国人民大学出版社 1993 年版。

马克昌：《宽严相济刑事政策研究》，清华大学出版社 2012 年版。

马克昌：《犯罪通论》，武汉大学出版社 1991 年版。

马克昌：《刑罚通论》，武汉大学出版社 1999 年版。

马克昌、莫洪宪：《近代西方刑法学说史》，中国人民公安大学 2008 年版。

储槐植：《刑事一体化论要》，北京大学出版社 2007 年版。

储槐植、江溯：《美国刑法》，北京大学出版社 2012 年版。

赵秉志、袁彬：《刑法最新立法争议问题研究》，江苏人民出版社 2016 年版。

赵秉志：《刑法立法研究》，中国人民大学出版社 2014 年版。

赵秉志、宋英辉：《当代德国刑事法研究》，法律出版社 2017 年版。

陈兴良：《教义刑法学》，中国人民大学出版社 2014 年版。

陈兴良：《本体刑法学》，中国人民大学出版社 2011 年版。

陈兴良：《宽严相济刑事政策研究》，中国人民大学出版社 2007 年版。

张明楷：《犯罪论的基本问题》，法律出版社 2017 年版。

张明楷：《刑法学》，法律出版社 2016 年版。

张明楷：《责任刑与预防刑》，北京大学出版社 2015 年版。

张明楷：《法益初论》，中国政法大学出版社 2003 年版。

周光权：《刑法历次修正案权威解读》，中国人民大学出版社 2011 年版。

周光权：《行为无价值论的中国展开》，法律出版社 2015 年版。

周光权：《刑法各论》，中国人民大学出版社 2011 年版。

周光权：《刑法学的向度》，中国政法大学出版社 2004 年版。

周光权：《法治视野中的刑法客观主义》，法律出版社 2013 年版。

梁根林：《当代刑法思潮论坛（第三卷）：刑事政策与刑法变迁》，北京大学出版社 2016 年版。

梁根林：《刑事法网：扩张与限缩》，法律出版社 2005 年版。

梁根林：《刑事政策：立场与范畴》，法律出版社 2005 年版。

夏勇：《和谐社会目标下"犯罪化"与"非犯罪化"的标准》，法律出版社 2016 年版。

何荣功：《自由秩序与自由刑法理论》，北京大学出版社 2013 年版。

劳东燕：《风险社会中的刑法：社会转型与刑法理论的变迁》，北京大学出版社 2015 年版。

劳东燕：《刑法基础的理论展开》，北京大学出版社 2008 年版。

张晶：《风险刑法：以预防机能为视角的展开》，中国法制出版社 2012 年版。

姜敏：《刑法修正案犯罪化及其限制》，中国法制出版社 2015 年版。

卢建平等：《刑事政策与刑法完善》，北京师范大学出版社 2014 年版。

孙万怀：《重申罪刑法定主义》，法律出版社 2017 年版。

陈家林：《外国刑法理论的思潮与流变》，中国人民公安大学出版社

2017 年版。

柳忠卫：《刑事政策与刑法关系论》，法律出版社 2015 年版。

魏东：《现代刑法的犯罪化根据》，中国民主法制出版社 2004 年版。

魏东：《保守的实质刑法观与现代刑事政策立场》，中国民主法制出版社 2011 年版。

叶良芳：《转型期刑事立法的宪政制约研究》，知识产权出版社 2010 年版。

刘仁文：《刑法的结构与视野》，北京大学出版社 2010 年版。

刘仁文：《法律的灯绳》，中国民主法制出版社 2012 年版。

高长见：《轻罪制度研究》，中国政法大学出版社 2012 年版。

于改之：《刑民分界论》，中国人民公安大学出版社 2007 年版。

陈忠林：《刑法的界限——刑法第 1～12 条的理解、适用与立法完善》，法律出版社 2015 年版。

刘艳红：《实质刑法观》，中国人民大学出版社 2009 年版。

利子平、蒋帛婷：《新中国刑法的立法源流与展望》，知识产权出版社 2015 年版。

李卫红：《刑事政策的重构及展开》，北京大学出版社 2008 年版。

李永升：《刑法的功能与价值》，中国检察出版社 2012 年版。

李永升：《侵犯社会法益的犯罪研究》，法律出版社 2014 年版。

贾学胜：《非犯罪化研究》，法律出版社 2011 年版。

汪明亮：《道德恐慌与过剩犯罪化》，复旦大学出版社 2014 年版。

王政勋：《刑法的正当性》，北京大学出版社 2008 年版。

朗胜、朱孝清、梁根林：《时代变迁与刑法现代化》，中国人民公安大学出版社、群众出版社 2017 年版。

白建军：《法律实证研究方法》，北京大学出版社 2014 年版。

刘宪权、杨兴培：《刑法学专论》，北京大学出版社 2007 年版。

刘宪权：《金融刑法学》，北京大学出版社 2010 年版。

刘宪权、谢杰：《贿赂犯罪刑法理论与实务》，上海人民出版社 2012

年版。

黄荣坚:《刑法问题与利益思考》,中国人民大学出版社 2009 年版。

黄荣坚:《基础刑法学》,中国人民大学出版社 2009 年版。

徐松林:《刑法修改的当代使命:聚焦〈刑法修正案(九)〉》,法律出版社 2015 年版。

焦旭鹏:《风险刑法的基本立场》,法律出版社 2014 年版。

焦旭鹏:《刑法生态法益论》,中国政法大学出版社 2012 年版。

姜涛:《宽严相济刑事政策实施的基本原理》,法律出版社 2013 年版。

韩轶:《法益保护与罪刑均衡:法益保护之优先性与罪刑关系的合理性》,中央民族大学出版社 2015 年版。

李正新:《犯罪化与非犯罪化研究》,武汉大学出版社 2016 年版。

孙战国:《犯罪化基本问题研究》,中国法制出版社 2013 年版。

姚龙兵:《刑法立法基本原则研究》,中国政法大学出版社 2014 年版。

张武举:《刑法的伦理基础》,法律出版社 2008 年版。

童伟华:《财产罪基础理论研究:财产罪的法益及其展开》,法律出版社 2012 年版。

童伟华:《犯罪客体研究:违法性的中国语境分析》,武汉大学出版社 2005 年版。

杜琪:《刑法与行政法关联问题研究》,中国政法大学出版社 2015 年版。

张军:《刑事违法理论研究:犯罪评价的规范基础及其实践价值》,中国检察出版社 2017 年版。

杨临宏:《立法学:原理、制度与技术》,中国社会科学出版社 2016 年版。

邓子滨:《中国实质刑法观批判》,法律出版社 2017 年版。

逄锦温:《刑法的机能》,法律出版社 2014 年版。

王明星:《刑法谦抑精神研究》,中国人民公安大学出版社 2005 年版。

刘媛媛:《现代刑法中的危险问题研究》,法律出版社 2013 年版。

冯军：《刑法问题的规范理解》，北京大学出版社 2009 年版。

李怀胜：《刑事立法的国家立场》，中国政法大学出版社 2015 年版。

叶希善：《犯罪分层研究：以刑事政策和刑事立法意义为视角》，中国人民公安大学出版社 2008 年版。

胡骏：《古希腊刑事立法研究》，上海人民出版社 2013 年版。

王昌学：《当代中国经济刑法研究：以改革开放、现代化与强国富民为视野》，陕西人民出版社 2018 年版。

黄太云：《刑事立法的理解与适用：刑事立法背景、立法原意深度解读》，中国人民公安大学出版社 2014 年版。

喻海松：《刑法的扩张——〈刑法修正案（九）〉及新近刑法立法解释司法适用解读》，人民法院出版社 2015 年版。

谭兆强：《法定犯理论与实践》，上海人民出版社 2013 年版。

许家馨、王正嘉、李圣杰等：《谈刑法妨害名誉犯罪》，元照出版有限公司 2016 年版。

孙国祥：《刑法基本问题》，法律出版社 2007 年版。

谢望原：《刑事政策与刑法专论》，中国人民大学出版社 2017 年版。

雷建斌：《〈中华人民共和国刑法修正案（九）〉解释与适用》，人民法院出版社 2015 年版。

齐文远、周详：《刑法、刑事责任、刑事政策研究：哲学、社会学、法律文化的视角》，北京大学出版社 2004 年版。

徐松林：《刑法修改的当代使命》，法律出版社 2015 年版。

米传勇：《加罗法洛自然犯与法定犯理论研究》，法律出版社 2017 年版。

李晶：《程序法视野下的非犯罪化研究》，中国人民公安大学出版社 2016 年版。

董泽史：《危险犯研究：以当代刑法的转型为导向》，社会科学文献出版社 2015 年版。

康均心、郑青：《和谐社会的刑事法治建设》，武汉大学出版社 2008

年版。

韩忠谟：《刑法原理》，中国政法大学出版社 2002 年版。

胡先锋：《刑法的历史与逻辑》，中国政法大学出版社 2015 年版。

林丹：《乌尔里希·贝克风险社会理论及其对中国的影响》，人民出版社 2013 年版。

阎二鹏：《侵犯个人法益犯罪研究》，中国人民公安大学出版社 2009 年版。

阎二鹏：《侵犯社会法益犯罪研究》，中国人民公安大学出版社 2010 年版。

阎二鹏：《犯罪参与体系之比较研究与路径选择》，法律出版社 2014 年版。

李晓明：《行政刑法新论》，法律出版社 2014 年版。

严励：《中国刑事政策的构建理性》，中国政法大学出版社 2010 年版。

林东茂：《危险犯与经济刑法》，五南图书出版公司 1996 年版。

张训：《刑法科学化进程中的新探索》，中国社会科学出版社 2017 年版。

刘志伟：《刑法规范总整理》，法律出版社 2016 年版。

姚龙兵：《刑法立法基本原则研究》，中国政法大学出版社 2014 年版。

李海东：《刑法原理入门》，法律出版社 1998 年版。

肖怡：《无被害人犯罪的刑事政策与刑事立法研究》，中国方正出版社 2008 年版。

李占洲：《罪与非罪界定论》，中国人民公安大学出版社 2011 年版。

辛金学、刘友江：《中国刑法的罪与非罪》，法律出版社 2008 年版。

张桂梅、陈俊洁、李岩：《和谐社会语境下的刑法改革》，山东大学出版社 2012 年版。

吴富丽：《刑法谦抑实现论纲》，中国人民公安大学出版社 2011 年版。

胡先锋：《刑法的历史与逻辑》，中国政法大学出版社 2015 年版。

孙建保：《刑法中的社会危害性理论研究》，上海人民出版社 2016

年版。

何立荣：《中国刑法发展的辩证研究》，中国政法大学出版社 2013 年版。

李海东：《刑法原理入门（犯罪论基础）》，法律出版社 1998 年版。

聂慧萍：《刑法中社会危害性理论的应用研究》，法律出版社 2013 年版。

苏青：《社会危害性理论研究：渊源、比较与重构》，法律出版社 2017 年版。

余振华：《刑法违法性理论》，元照出版有限公司 2001 年版。

林钰雄：《新刑法总则》，中国人民大学出版社 2009 年版。

许恒达：《法益保护与行为刑法》，元照出版有限公司 2016 年版。

郝艳兵：《风险刑法：以危险犯为中心的展开》，中国政法大学出版社 2012 年版。

张道许：《风险社会的刑法危机及其应对》，知识产权出版社 2016 年版。

戴玉忠、刘明祥：《犯罪与行政违法行为的界限及惩罚机制的协调》，北京大学出版社 2008 年版。

何跃军：《风险社会立法机制研究》，中国社会科学出版社 2013 年版。

李林：《危险犯与风险社会刑事法治》，西南财经大学出版社 2012 年版。

杨春然：《刑法的边界研究》，中国人民公安大学出版社 2013 年版。

李婕：《抽象危险犯研究》，法律出版社 2017 年版。

周国文：《刑罚的界限——Joel Feinberg 的"道德界限"与超越》，中国检察出版社 2008 年版。

岳臣忠：《刑法之重》，四川大学出版社 2017 年版。

张训：《刑法科学化进程中的新探索》，中国社会科学出版社 2017 年版。

马献钊：《宽严相济刑事政策实证研究》，法律出版社 2015 年版。

许健：《犯罪预备行为处罚限度研究》，中国人民公安大学出版社 2015 年版。

徐凯：《抽象危险犯正当性问题研究：以德国法为视角》，中国政法大学出版社 2014 年版。

叶慧娟：《见危不助犯罪化的边缘性审视》，中国人民公安大学出版社 2008 年版。

平旭、栾爽：《法律与社会》，光明日报出版社 2014 年版。

杨斐：《法律修改研究：原则·模式·技术》，法律出版社 2008 年版。

沈宗灵：《现代西方法理学》，北京大学出版社 1992 年版。

陈玲：《背信犯罪比较研究》，上海社会科学院出版社 2012 年版。

潘伟杰：《当代中国立法制度研究》，上海人民出版社 2013 年版。

刘树德：《政治视域的刑法思考》，北京大学出版社 2007 年版。

聂慧萍：《刑事政策的刑法规范化研究》，法律出版社 2015 年版。

林山田：《刑法通论》（上册），北京大学出版社 2012 年版。

叶良芳：《转型期刑事立法的宪政制约研究》，知识产权出版社 2010 年版。

李怀胜：《刑事立法的国家立场》，中国政法大学出版社 2015 年版。

高金桂：《利益衡量与刑法之犯罪判断》，元照出版有限公司 2003 年版。

苏永生：《刑法断思》，法律出版社 2017 年版。

欧阳本祺：《刑事政策视野下的刑法教义学》，北京大学出版社 2016 年版。

古承宗：《刑法的象征化与规制理性》，元照出版有限公司 2017 年版。

古承宗：《刑法之理论与释义（一）》，元照出版有限公司 2017 年版。

蔡墩铭：《现代刑法思潮与刑事立法》，汉林出版社 1997 年版。

李希慧：《刑法修改研究》，武汉大学出版社 2011 年版。

贾宇：《刑事违法性理论研究》，北京大学出版社 2008 年版。

徐松林：《刑法修改的当代使命：聚焦〈刑法修正案（九）〉》，法律出版社 2015 年版。

于改之、周长军：《刑法与道德的视界交融：西原春夫刑法理论研讨》，中国人民公安大学出版社 2009 年版。

李圣杰、许恒达：《犯罪实行理论》，元照出版有限公司 2012 年版。

刘志伟、王秀梅：《时代变迁与刑法发展——赵秉志教授六秩华诞祝贺文集》，法律出版社 2015 年版。

屈学武：《刑法改革的进路》，中国政法大学出版社 2012 年版。

（二）译著

［日］伊东研祐：《法益概念史研究》，秦一禾译，中国人民大学出版社 2014 年版。

［日］松原芳博：《刑法总论重要问题》，王昭武译，中国政法大学出版社 2014 年版。

［美］E. 博登海默：《法理学：法律哲学与法律方法》，邓正来译，中国政法大学出版社 2004 年版。

［德］克劳斯·罗克辛：《德国刑法学总论(第 1 卷)：犯罪原理的基础构造》，王世洲译，法律出版社 2005 年版。

［德］克劳斯·罗克辛：《德国刑法学总论(第 2 卷)：犯罪行为的特别表示形式》，王世洲等译，法律出版社 2013 年版。

［德］克劳斯·罗克辛：《德国最高法院判例·刑法总论》，何庆仁、蔡桂生译，中国人民大学出版社 2012 年版。

［德］克劳斯·罗克辛：《刑事政策与刑法体系》，蔡桂生译，中国人民大学出版社 2011 年版。

［德］施塔姆勒：《现代法学之根本趋势》，姚远译，商务印书馆 2016 年版。

［德］雅科布斯：《规范·人格体·社会：法哲学前思》，冯军译，法律出版社 2001 年版。

［德］乌尔里希·贝克：《风险社会》，何博文译，译林出版社 2004 年版。

〔日〕山口厚：《刑法总论》，付立庆译，中国人民大学出版社 2018 年版。

〔日〕西原春夫：《刑法的根基与哲学》，顾肖荣等译，中国法制出版社 2017 年版。

〔日〕前田雅英：《刑法总论讲义》，曾文科译，北京大学出版社 2017 年版。

〔日〕高桥则夫：《规范论和刑法解释论》，戴波、李世阳译，中国人民大学出版社 2011 年版。

〔日〕泷川幸辰：《犯罪论序说》，王泰译，法律出版社 2005 年版。

〔日〕大塚仁：《犯罪论的基本问题》，冯军译，中国政法大学出版社 1993 年版。

〔日〕大塚仁：《刑法概说（总论）》，冯军译，中国人民大学出版社 2003 年版。

〔日〕大谷实：《刑法总论》，黎宏译，中国人民大学出版社 2008 年版。

〔日〕大谷实：《刑事政策学》，黎宏译，中国人民大学出版社 2009 年版。

〔日〕佐伯仁志：《刑法总论的思之道·乐之道》，于佳佳译，中国政法大学出版社 2018 年版。

〔日〕平野龙一：《刑法的基础》，黎宏译，中国政法大学出版社 2016 年版。

〔日〕松原芳博：《刑法总论重要问题》，王昭武译，中国政法大学出版社 2014 年版。

〔英〕吉米·边沁：《立法理论：刑法典原理》，李贵方等译，中国人民公安大学出版社 1993 年版。

〔德〕汉斯·海因里希·耶赛克、托马斯·魏根特：《德国刑法教科书》，徐久生译，中国法制出版社 2017 年版。

〔德〕汉斯·海因里希·耶塞克、托马斯·魏根特：《德国刑法教科书（总论）》，徐久生译，中国法制出版社 2001 年版。

［德］汉斯·韦尔策尔：《目的行为论导论：刑法理论的新图景》,陈璇译,中国人民大学出版社 2015 年版。

［德］安塞尔姆·里特尔·冯·费尔巴哈：《德国刑法教科书》,徐久生译,中国方正出版社 2010 年版。

［法］让-雅克·卢梭：《社会契约论》,陈阳译,浙江文艺出版社 2016 年版。

［德］乌尔里希·齐白：《全球风险社会与信息社会中的刑法：二十一世纪刑法模式的转换》,周遵友、江溯等译,中国法制出版社 2012 年版。

［德］埃里克·希尔根多夫：《德国刑法学：从传统到现代》,江溯、黄笑岩等译,北京大学出版社 2015 年版。

［德］乌尔斯·金德霍伊泽尔：《刑法总论教科书》,蔡桂生译,北京大学出版社 2015 年版。

［德］李斯特：《德国刑法教科书》,徐久生译,法律出版社 2006 年版。

［日］日高义博：《违法性的基础理论》,张光云译,法律出版社 2015 年版。

［德］冈特·施特拉腾韦特：《刑法总论Ⅰ：犯罪论》,杨萌译,法律出版社 2004 年版。

［德］沃尔克玛·金斯纳等：《欧洲法律之路：欧洲法律社会学视角》,高鸿钧等译,清华大学出版社 2010 年版。

［德］康德：《法的形而上学原理：权利的科学》,沈叔平译,商务印书馆 1991 年版。

［美］乔治·弗莱彻：《反思刑法》,邓子滨译,华夏出版社 2008 年版。

［日］西田典之：《日本刑法总论》,王昭武、刘明祥译,法律出版社 2013 年版。

［日］森本益之、濑川晃、上田宽、三宅孝之：《刑事政策学》,戴波、江溯、丁婕译,中国人民公安大学出版社 2004 年版。

［英］哈耶克：《法律、立法与自由》,邓正来等译,中国大百科全书出版社 2000 年版。

〔英〕威廉姆·威尔逊：《刑法理论的核心问题》，谢望原、罗灿、王波译，中国人民大学出版社 2014 年版。

〔英〕边沁：《道德与立法原理导论》，时殷弘译，商务印书馆 2009 年版。

〔日〕川岛武宜：《现代化与法》，申政武、王志安、渠涛、李旺译，中国政法大学出版社 1994 年版。

〔法〕米海依尔·戴尔马斯-马蒂：《刑事政策的主要体系》，卢建平译，法律出版社 2000 年版。

〔法〕卡斯东·斯特法尼：《法国刑法总论精义》，罗结珍译，中国政法大学出版社 1998 年版。

〔美〕乔尔·范伯格：《刑法的道德界限：对他人的伤害》（第一卷），方泉译，商务印书馆 2013 年版。

〔美〕乔尔·范伯格：《刑法的道德界限：无害的不法行为》（第四卷），方泉译，商务印书馆 2015 年版。

〔美〕富勒：《法律的道德性》，郑戈译，商务印书馆 2005 年版。

〔美〕罗科斯·庞德：《通过法律的社会控制》，沈宗灵译，商务印书馆 2010 年版。

〔美〕道格拉斯·胡萨克：《过罪化及刑法的限制》，姜敏译，中国法制出版社 2015 年版。

〔美〕道格拉斯·胡萨克：《刑法哲学》，姜敏译，中国法制出版社 2015 年版。

〔美〕罗科斯·庞德：《法的新路径》，李立丰译，北京大学出版社 2016 年版。

〔美〕罗斯科·庞德：《法律与道德》，陈林林译，中国政法大学出版社 2003 年版。

〔美〕约翰·亨利·梅利曼：《法系》，顾培东、禄正平译，法律出版社 2004 年版。

〔美〕布赖恩·Z. 塔玛纳哈：《法律工具主义：对法治的危害》，陈虎、杨洁译,北京大学出版社 2016 年版。

〔意〕切萨雷·贝卡里亚:《论犯罪与刑罚》,黄风译,北京大学出版社 2014 年版。

〔古希腊〕亚里士多德:《尼各马科伦理学》,苗力田译,中国人民大学出版社 2003 年版。

〔匈〕珀尔特·彼得:《匈牙利新〈刑法典〉述评(第 3—4 卷)》,郭晓晶、宋晨晨译,上海社会科学院出版社 2016 年版。

〔德〕阿图尔·考夫曼:《刑法总论讲义》,刘幸义等译,法律出版社 2011 年版。

〔德〕弗里德里希·卡尔·冯萨维尼:《论立法与法学的当代使命》,许章润译,中国法制出版社 2001 年版。

〔日〕伊东研祐:《法益概念史研究》,秦一禾译,中国人民大学出版社 2014 年版。

〔德〕乌尔里希·贝克、约翰内斯·威尔姆斯:《自由与资本主义——与著名社会学家乌尔里希·贝克对话》,路国林译,浙江人民出版社 2001 年版。

〔德〕乌尔里希·贝克:《世界风险社会》,吴英姿、孙淑敏译,南京大学出版社 2004 年版。

(三)期刊类

高铭暄、孙道萃:《总体国家安全观下的中国刑法之路》,《中南大学学报(哲学社会科学版)》2021 年第 2 期。

刘艳红:《积极预防性刑法观的中国实践发展:以〈刑法修正案十一〉为视角的分析》,《比较法研究》2021 年第 1 期。

高铭暄、孙道萃:《刑法修正案(十一)(草案)的解读》,《法治研究》2020 年第 5 期。

高铭暄、孙道萃:《预防性刑法观及其教义学思考》,《中国法学》2018 年第 1 期。

高铭暄、李彦峰:《刑法修正案(九)立法理念探寻与评析》,《法治研究》2016 年第 2 期。

高铭暄:《风险社会中刑事立法正当性理论研究》,《法学论坛》2011 年第 4 期。

高铭暄:《深思刑法立法:评赵秉志教授〈刑法立法研究〉一书》,《法学杂志》2015 年第 3 期。

高铭暄、谢佳文:《推动刑法立法进程需把握的几个关键点》,《检察风云》2018 年第 10 期。

赵秉志:《当代中国犯罪化的基本方向与步骤:以〈刑法修正案(九)〉为主要视角》,《东方法学》2018 年第 1 期。

张明楷、陈兴良、车浩:《立法、司法与学术:中国刑法二十年回顾与展望》,《中国法律评论》2017 年第 5 期。

赵秉志:《中国刑法最新修正宏观争议问题研讨》,《学术界》2017 年第 1 期。

赵秉志:《中国刑法立法晚近 20 年之回眸与前瞻》,《中国法学》2017 年第 5 期。

陈兴良:《风险刑法理论的法教义学批判》,《中外法学》2014 年第 1 期。

陈兴良:《犯罪范围的扩张与刑罚结构的调整:〈刑法修正案(九)〉述评》,《法律科学》2016 年第 4 期。

陈兴良:《刑法的刑事政策化及其限度》,《华东政法大学学报》2013 年第 4 期。

陈兴良:《"风险刑法"与刑法风险:双重视角的考察》,《法商研究》2011 年第 4 期。

张明楷:《网络时代的刑法理念:以刑法的谦抑性为中心》,《人民检察》2014 年第 9 期。

张明楷:《"风险社会"若干刑法理论问题反思》,《法商研究》2011 年第 5 期。

张明楷:《日本刑法的发展及其启示》,《当代法学》2016 年第 1 期。

张明楷：《法益保护与比例原则》，《中国社会科学》2017 年第 7 期。

张明楷：《刑事立法的发展方向》，《中国法学》2006 年第 4 期。

张明楷：《避免将行政违法行为认定为刑事犯罪：理念、方法与路径》，《中国法学》2017 年第 4 期。

劳东燕：《风险社会与功能主义的刑法立法观》，《法学评论》2017 年第 6 期。

劳东燕：《转型中的刑法教义学》，《法商研究》2017 年第 6 期。

周光权：《积极刑法立法观在中国的确立》，《法学研究》2016 年第 4 期。

周光权：《转型时期刑法立法的思路与方法》，《中国社会科学》2016 年第 3 期。

夏勇：《"风险社会"中的"风险"辨析：刑法学研究中"风险"误区的澄清》，《中外法学》2012 年第 2 期。

何荣功：《预防刑法的扩张及其限度》，《法学研究》2017 年第 4 期。

何荣功：《社会治理"过渡刑法化"的法哲学批判》，《中外法学》2015 年第 2 期。

何荣功：《预防性反恐刑事立法思考》，《中国法学》2016 年第 3 期。

刘艳红：《象征性立法对刑法功能的损害——二十年来中国刑事立法总评》，《政治与法律》2017 年第 3 期。

刘艳红：《"风险刑法"理论不能动摇刑法谦抑主义》，《法商研究》2011 年第 4 期。

刘艳红：《我国应该停止犯罪化的刑事立法》，《法学》2011 年第 4 期。

刘艳红：《入出罪走向出罪：刑法犯罪概念的功能转换》，《政法论坛》2017 年第 5 期。

梁根林：《刑法修正：维度、策略、评价与反思》，《法学研究》2017 年第 1 期。

梁根林：《预备犯普遍处罚原则的困境与突围》，《中国法学》2011 年第 2 期。

梁根林：《传统犯罪网络化：归责障碍、刑法应对与教义限缩》，《法学》2017年第2期。

梁根林：《预备犯普遍处罚原则的困境与突围：〈刑法〉第22条的截堵与重构》，《中国法学》2011年第2期。

王志远：《〈刑法修正案（九）〉的犯罪控制策略视野评判》，《当代法学》2016年第1期。

吴飞飞：《〈刑法修正案（九）〉对危险驾驶罪的修改》，《中国检察官》2015年第21期。

车浩：《刑事立法的法教义学反思：基于〈刑法修正案（九）〉的分析》，《法学》2015年第10期。

阎二鹏：《预备行为实行化的法教义学审视与重构：基于〈中华人民共和国刑法修正案（九）〉的思考》，《法商研究》2016年第5期。

阎二鹏：《法教义学视角下帮助行为正犯化的省思：以〈中华人民共和国刑法修正案（九）〉为视角》，《社会科学辑刊》2016年第4期。

阎二鹏：《共犯行为正犯化及其反思》，《国家检察官学院学报》2013年第3期。

魏昌东：《新刑法工具主义批判与矫正》，《法学》2016年第2期。

孙万怀：《违法相对性理论的崩溃：对刑法前置化立法倾向的一种批评》，《政治与法律》2016年第3期。

孙万怀：《生产、销售假药行为刑事违法性之评估》，《法学家》2017年第2期。

孙万怀：《刑事立法过度回应刑事政策的主旨检讨》，《青海社会科学》2013年第2期。

劳东燕：《刑事政策与刑法体系关系之考察》，《比较法研究》2012年第2期。

刘明祥：《"风险刑法"的风险及其控制》，《法商研究》2011年第4期。

侯艳芳：《关于我国污染环境犯罪中设置危险犯的思考》，《政治与法律》2009年第10期。

卢建平:《法国违警罪制度对我国劳教制度改革的借鉴意义》,《清华法学》2013 年第 3 期。

卢建平:《加强对民生刑法的保护:民生刑法之提倡》,《法学杂志》2010 年第 12 期。

卢建平:《风险社会的刑事政策与刑法》,《法学论坛》2011 年第 4 期。

卢建平、刘传稿:《法治语境下犯罪化的未来趋势》,《政治与法律》2017 年第 4 期。

卢建平:《宽严相济与刑法修正》,《清华法学》2017 年第 1 期。

齐文远:《刑法应对风险之有所为与有所不为》,《法商研究》2011 年第 4 期。

付立庆:《论刑法用语的明确性与概括性:从刑事立法技术的角度切入》,《法律科学》2013 年第 2 期。

付立庆:《平衡思维与刑法立法的科学化》,《法学》2018 年第 3 期。

付立庆:《战后日本刑法学的发展谱系及其课题》,《苏州大学学报(哲学社会科学版)》2016 年第 4 期。

刘宪权:《目的正当性与比例原则的重构》,《中国法学》2014 年第 4 期。

刘宪权:《刑事立法应力戒情绪:以〈刑法修正案(九)〉为视角》,《法学评论》2016 年第 1 期。

刘仁文、焦旭鹏:《风险刑法的社会基础》,《政法论坛》2014 年第 3 期。

黎宏:《日本刑事立法犯罪化与重刑化研究》,《人民检察》2014 年第 21 期。

黎宏:《〈刑法修正案(九)〉中有关恐怖主义、极端主义犯罪的刑事立法——从如何限缩抽象危险犯的成立范围的立场出发》,《苏州大学学报(哲学社会科学版)》2015 年第 6 期。

黎宏:《法益论的研究现状和展望》,《人民检察》2013 年第 7 期。

门中敬:《比例原则的宪法地位与规范依据:以宪法意义上的宽容理念为分析视角》,《法学论坛》2014 年第 5 期。

苏永生：《刑法谦抑主义的西方图景与中国表达》，《法学杂志》2016 年第 6 期。

程红、吴荣富：《刑事立法活性化与刑法理念的转变》，《云南大学学报（法学版）》2016 年第 4 期。

邵博文：《晚近我国刑事立法趋向评析：由〈刑法修正案（九）〉展开》，《法制与社会发展》2016 年第 5 期。

王焕婷：《刑法立法的正当性根据：一种历史维度上的观照》，《江汉学术》2016 年第 3 期。

王群：《当下中国刑事立法何以谦抑化》，《北京理工大学学报（社会科学版）》2017 年第 1 期。

［意］弗朗西斯科·维加诺：《意大利反恐斗争与预备行为犯罪化——一项批判性反思》，吴沈括译，《法学评论》2015 年第 5 期。

郭旨龙：《预防性犯罪化的中国境域：以恐怖主义与网络犯罪的对照为视角》，《法律科学》2017 年第 2 期。

姜敏：《法益保护前置：刑法对食品安全保护的路径选择——以帮助行为正犯化为研究视角》，《北京师范大学学报（社会科学版）》2013 年第 5 期。

吕英杰：《风险刑法下的法益保护》，《吉林大学社会科学学报》2013 年第 4 期。

王永茜：《论现代刑法扩张的新手段：法益保护的提前化和刑事处罚的前置化》，《法学杂志》2013 年第 6 期。

王牧：《我国刑法立法的发展方向》，《中国刑事法杂志》2010 年第 1 期。

卫磊：《刑事政策视域下的刑法立法解释》，《社会科学辑刊》2010 年第 3 期。

柳忠卫：《刑法立法模式的刑事政策考察》，《现代法学》2010 年第 3 期。

马荣春：《刑法立法的正当性根基》，《中国刑事法杂志》2013 年第

3 期。

利子平：《风险社会中传统刑法立法的困境与出路》，《法学论坛》2011年第 4 期。

何群：《论我国刑法立法的科学化发展》，《学术论坛》2016 年第 9 期。

石亚淙：《网络时代的刑法面孔："网络犯罪的刑事立法与刑事司法前沿问题"研讨会观点综述》，《人民检察》2016 年第 15 期。

左袖阳：《关于当前食品安全刑事立法政策的反思》，《中国人民公安大学学报（社会科学版）》2015 年第 3 期。

［德］乌尔斯·金德霍伊泽尔：《法益保护与规范效力的保障：论刑法的目的》，陈璇译，《中外法学》2015 年第 2 期。

米铁男：《基于法益保护的计算机犯罪体系之重构》，《河南大学学报（社会科学版）》2014 年第 4 期。

于志刚：《刑法修正何时休》，《法学》2011 年第 4 期。

陈伟：《刑事立法的政策导向与技术制衡》，《中国法学》2013 年第 3 期。

刘军：《危险驾驶罪的法理辨析——兼论刑法法益保护的前期化》，《法律科学（西北政法大学学报）》2012 年第 5 期。

杨萌：《德国刑法学中法益概念的内涵及其评价》，《暨南学报（哲学社会科学版）》2012 年第 6 期。

张晶：《风险社会下刑法功能化发展路径研究》，《江西社会科学》2012年第 5 期。

苏青：《法益理论的发展源流及其启示》，《法律科学》2011 年第 3 期。

黄星：《食品安全刑事规制路径的重构——反思以唯法益损害论为判断标准规制食品安全关系》，《政治与法律》2011 年第 2 期。

王振：《坚守与超越：风险社会中的刑法理论之流变》，《法学论坛》2010 年第 4 期。

舒洪水、张晶：《法益在现代刑法中的困境与发展：以德、日刑法的立法动态为视角》，《政治与法律》2009 年第 7 期。

舒洪水：《我国反恐应坚持"重重轻轻"的刑事政策》，《理论探索》2018年第2期。

颜九红：《我国刑事政策对刑法立法的影响》，《北京政法职业学院学报》2017年第1期。

于改之：《我国当前刑事立法中的犯罪化与非犯罪化：严重脱逸社会相当性理论之提倡》，《法学家》2007年第4期。

张翔：《刑法体系的合宪性调控：以"李斯特鸿沟"为视角》，《法学研究》2016年第4期。

姜敏：《"危害原则"的法哲学意义及对中国刑法犯罪化趋势的警喻》，《环球法律评论》2017年第1期。

梅传强、李洁：《我国反恐刑法立法的"预防性"面向检视》，《法学》2018年第1期。

王昭武：《法秩序统一性视野下违法判断的相对性》，《中外法学》2015年第1期。

李兰英、屈舒阳：《论民生刑法的边界：以〈刑法修正案（九）〉为视角》，《江西社会科学》2017年第7期。

王强军：《实用主义刑法修正的进化论观察》，《政法论丛》2018年第1期。

苏彩霞：《"风险社会"下抽象危险犯的扩张与限缩》，《法商研究》2011年第4期。

王秀梅、赵远：《当代中国反恐刑事政策研究》，《北京师范大学学报（社会科学版）》2016年第3期。

陈洪兵：《准抽象危险犯概念之提倡》，《法学研究》2015年第5期。

徐岱、韩劲松：《论俄罗斯刑法的犯罪本质之争及中国反思》，《吉林大学社会科学学报》2017年第4期。

皮勇、杨淼鑫：《网络时代微恐怖主义及其立法治理》，《武汉大学学报（哲学社会科学版）》2017年第2期。

李晓明：《论刑法与行政刑法的并立》，《法学杂志》2017年第2期。

邢志人：《中国反恐怖主义专门立法问题研究》，《北京师范大学学报（社会科学版）》2015年第6期。

阴建峰、侯日欣：《我国新时期反恐刑法立法宏观问题论要》，《北京师范大学学报（社会科学版）》2015年第6期。

刘炯：《法益过度精神化的批判与反思：以安全感法益化为中心》，《政治与法律》2015年第6期。

徐伟：《改革开放40年来中国刑法结构的动态走势和变化规律》，《深圳大学学报（人文社会科学版）》2018年第3期。

李川：《危险犯的扩张逻辑与正当性思考》，《法学评论》2017年第3期。

张凯：《法益嬗变的困境与坚守》，《中国刑事法杂志》2017年第2期。

南连伟：《风险刑法理论的批判性展开》，《刑事法评论》2012年第1期。

南连伟：《风险刑法理论的批判与反思》，《法学研究》2012年第4期。

冯军：《刑法教义学的规范化塑造》，《法学研究》2013年第1期。

季卫东：《风险社会与法学范式的转换》，《交大法学》2011年第2期。

陈晓明：《风险社会之刑法应对》，《法学研究》2009年第6期。

田宏杰：《"风险社会"的刑法立场》，《法商研究》2011年第4期。

吕英杰：《风险刑法下的法益保护》，《吉林大学社会科学报》2013年第4期。

熊永明：《我国罪名建言热潮之隐忧及其批判》，《法学评论》2015年第6期。

陈小平：《想象竞合与法条竞合之厘清：形式标准与实质标准"双阶层"判断路径的提倡》，《郑州大学学报（哲学社会科学版）》2018年第3期。

徐放：《功能主义刑法解释的矛盾与困境：立足于风险社会的再检视》，《政法学刊》2023年第5期。

王俊：《积极刑法观的反思与批判》，《法学》2022年第2期。

夏伟：《刑法新预防主义：理论发展与体系构建》，《法学》2024年第

11 期。

张义健:《〈刑法修正案(十一)〉的主要规定及对刑事立法的发展》,《中国法律评论》2021 年第 1 期。

张义健:《〈刑法修正案(十二)〉的理解与适用》,《法律适用》2024 年第 2 期。

黎宏:《刑法修正案(十一)若干要点解析:从预防刑法观的立场出发》,《上海政法学院学报(法治论丛)》2022 年第 2 期。

刘艳红:《我国刑法的再法典化:模式选择与方案改革》,《法制与社会发展》2023 年第 3 期。

〔日〕关哲夫:《法益概念与多元的保护法益论》,王充译,《吉林大学社会科学学报》2006 年第 3 期。

〔德〕克劳斯·罗克辛:《对批判立法之法益概念的检视》,陈璇译,《法学评论》2015 年第 1 期。

〔德〕G. 雅各布斯:《刑法保护什么:法益还是规范适用?》,王世洲译,《比较法研究》2004 年第 1 期。

〔日〕高山佳奈子:《"政治"主导下之今年日本刑事立法》,谢煜伟译,《月旦法学杂志》2009 年第 172 期。

(四) 报纸类

苏永生:《德国刑事政策与刑法关系借鉴》,《检察日报》2018 年 8 月 9 日,第 3 版。

姜涛:《严守刑事立法犯罪化边界》,《检察日报》2017 年 12 月 18 日,第 3 版。

王世洲:《科学界定法益概念,指引刑法现代化》,《检察日报》2018 年 7 月 26 日,第 3 版。

季卫东:《中国法学理论的转机》,《中国社会科学报》2011 年 12 月 27 日,第 10 版。

于冲:《完善刑事立法应保持积极与谨慎》,《检察日报》2017 年 3 月 23 日,第 3 版。

陈伟：《新时代刑事立法的民生关怀》，《中国社会科学报》2018 年 3 月 16 日，第 5 版。

赵秉志、杜邈：《刑法修正案（九）：法益保护前置织密反恐法网》，《检察日报》2015 年 9 月 28 日，第 3 版。

（五）学位论文类

李琳：《风险刑法的反思与批判》，东南大学博士学位论文，2016 年。

张军：《抽象危险犯研究》，武汉大学博士学位论文，2015 年。

邓琳君：《环境犯罪预防论》，华南理工大学博士学位论文，2015 年。

李晓龙：《刑法保护前置化趋势研究》，武汉大学博士学位论文，2014 年。

高袁：《抽象危险犯立法规制研究》，西南政法大学博士论文，2017 年。

王赞：《惩治恐怖主义犯罪立法研究》，大连海事大学博士论文，2012 年。

二、外文文献

Douglas Husak. *Overcriminalization: The Limits of Criminal Law*. Oxford University Press，2008.

Andrew Ashworth and Jeremy Horder. *Principles of Criminal Law*. Oxford University Press，2013.

Andrew Ashworth and Lucia Zedner. *Preventive Justice*. Oxford University Press，2014.

Herbert L. Packer. *The Limits of the Criminal Sanction*. Stanford University Press，1968.

R. A. Duff, Lindsay Farmer, S. E. Marshall, Massamo Renzo, Victora Tardos Edited. *The Boundaries of Criminal Law*. Oxford University Press，2010.

Nina Persak. *Criminalizing Harmful Conduct*. Springer，2006.

Jonathan Herring. *Great Debates in Criminal Law*. Palgrave M. Acmillan Press，2012.

Gideon Yaffe. *Attempts: In the Philosophy of Action and the Criminal Law*. Oxford University Press，2010.

Richard J. Bonnie. *Criminal Law*. Foundation Press，2010.

索　引

后　记

本书系笔者在博士论文的基础上修改而成。"事非经过不知难"。回想 2020 年当我终于写完论文的主体部分,并经过多次修改,开始写最后的"致谢"部分时,心中像打翻了五味瓶一样,酸甜苦辣咸一并涌上心头,眼眶湿润,心中冒出八个字:"读博不易""人生不易"! 自接到博士研究生录取通知书起,时间过得既慢又快。当听到学校说博士要读 4 年才能毕业时,感觉时间太慢了,特别是对年龄偏大的我来说,恨不得赶紧学习、上课、研究、写论文、发论文、顺利毕业。然而,当我真正开始按照我的导师阎二鹏老师开的好几页书单以及学校的毕业要求开始学习和写论文时,才发现时间根本不够用,似乎一转眼时间就溜走了,特别是到了毕业论文写作、预答辩、正式提交论文时,更感觉时间过得太快,觉得还有很多东西没有学透、研深。

回首四年的博士研究生学习,学识渊博的老师们的授课、讲座、指导、启发,学校丰富的图书资料的借阅,知网大量文献的研阅,自己按导师开列好几页书单买的书籍的研读,无数个日日夜夜努力地学习、研究、拼搏,让我感觉既艰辛又欣喜,既充实又有所收获。

在本书付梓之际,首先,要感谢我的导师阎二鹏老师。阎老师学术功底扎实,研究造诣深厚,治学严谨,认真负责,为人正直、谦和。一开学就告诫我读博士很辛苦,要抓紧时间扎扎实实地学习、研究、创新,时间不等人。老师从毕业论文的选题到大纲的框架、文献的提供、论文的修改等方面悉心指导,耐心解释,反复指导修改。没有阎老师的精心指导,我的博士论文将难以完成。感谢传道并解惑的恩师,感谢博达、睿智的恩师!

其次，要感谢童伟华老师。童老师知识渊博，功底深厚，学术造诣深厚，治学认真、严谨，博达谦和，宽厚正直，亲自为我们讲授专业课并传授写论文的方法，让我再次领略了刑法学的博大精深，并受益匪浅。

再次，感谢王崇敏副校长、叶英萍书记、王琦院长、黎其武老师、陈秋云老师、张丽娜老师、冯源老师、刘荣老师、武良军老师、潘伟老师、金海兰老师、刘琼芳老师、张国超老师、谭波老师，以及校外聘请的刘明祥老师、夏勇老师、陈子平老师、朱景文老师、费安玲老师、郑永流老师、高祥老师等。感谢对我博士论文开题指点的王志远老师、吴飞飞老师、熊永明老师；感谢论文预答辩老师、教育部的盲审老师，以及答辩老师王充、王志远、单勇、杜文俊、张磊等教授，是他们的辛勤与智慧让我的论文得以改进，学业得以完成。感谢我的硕士研究生同学徐红军，我们虽不在同一学校读博士，但我们互相鼓励与帮助；感谢师兄王霖、徐海波、李凌旭，感谢我的博士研究生同学侯丽维、魏亮、陈宝军、刘亮、张庆昌、戚笑雨；感谢我们单位的时任专委徐振华、处长郭胜兰等领导与同事，他们鼓励、帮助，并鞭策我不断前行。

最后，感谢我的爱人徐趁丽女士，是她在繁忙的教学工作外承担了较多的家务，让我有更多的时间投身研究与写作；感谢我的母亲、两个可爱的孩子及兄弟们，是他们给予了我幸福、温暖的亲情和奋斗的支持；感谢上海交通大学出版社的编辑汪娜，以及我的工作单位海南省人民检察院的张毅检察长、邱利军副检察长、李顺华副检察长、刘涛副检察长、王庆民副检察长、周恒主任等领导及各位同事，是他们热情的帮助和鼓励才进一步坚定了我出版本书的决心。感谢出版社其他老师的辛苦付出。

由于本人学养不足，驽马铅刀，绵力薄材，书中难免存在舛误之处，敬请各位读者批评指正。

谢恩无法言尽，唯有继续努力！

陈小平

2025 年 3 月 31 日于海口

图书在版编目(CIP)数据

我国预防性刑事立法的扩张及其限制研究 / 陈小平
著. --上海 ：上海交通大学出版社，2025. 8. -- ISBN
978-7-313-32994-3

Ⅰ. D924.02

中国国家版本馆 CIP 数据核字第 2025JM2056 号

我国预防性刑事立法的扩张及其限制研究

WOGUO YUFANGXING XINGSHI LIFA DE KUOZHANG JIQI XIANZHI YANJIU

著　　者:	陈小平			
出版发行:	上海交通大学出版社	地　　址:	上海市番禺路 951 号	
邮政编码:	200030	电　　话:	021 - 64071208	
印　　制:	苏州市古得堡数码印刷有限公司	经　　销:	全国新华书店	
开　　本:	710 mm×1000 mm　1/ 16	印　　张:	15.5	
字　　数:	211 千字			
版　　次:	2025 年 8 月第 1 版	印　　次:	2025 年 8 月第 1 次印刷	
书　　号:	ISBN 978 - 7 - 313 - 32994 - 3			
定　　价:	68.00 元			